LA FEMME

DU

INGTIÈME SIÈCLE

PAR

JULES SIMON

DE L'ACADÉMIE FRANÇAISE

ET

GUSTAVE SIMON

DOCTEUR EN MÉDECINE

TREIZIÈME ÉDITION

PARIS

CALMANN LÉVY, ÉDITEUR

RUE AUBER, 3, ET BOULEVARD DES ITALIENS, 15

A LA LIBRAIRIE NOUVELLE

1892

LA FEMME

DU VINGTIÈME SIÈCLE

CALMANN LÉVY, ÉDITEUR

ŒUVRES DE JULES SIMON

De l'Académie française

Format in-8°.

UNE ACADÉMIE SOUS LE DIRECTOIRE. . . . . 1 vol.
DIEU, PATRIE, LIBERTÉ. . . . . 1 —
MIGNET, MICHELET, HENRI MARTIN. . . . . . . 1 —
NOS HOMMES D'ETAT. . . . . 1 —
SOUVENIRS DU 4 SEPTEMBRE :
ORIGINE ET CHUTE DU SECOND EMPIRE . . . . 1 —
LE GOUVERNEMENT DE LA DÉFENSE NATIONALE. 1 —
THIERS, GUIZOT, RÉMUSAT . . . . 1 —
LE GOUVERNEMENT DE M. THIERS. . . . . . . 2 —

Format grand in-18.

DIEU, PATRIE, LIBERTÉ. . . . . 1 vol.
NOS HOMMES D'ÉTAT. . . . . 1 —
SOUVENIRS DU 4 SEPTEMBRE. . . . . 2 —
TROIS CONDAMNÉS A MORT. . . . . 1 —
LE GOUVERNEMENT DE M. THIERS. . . . . . . 2 —

Format petit in-8°, papier vergé à la cuve.

L'AFFAIRE N[illegible]. . . . . [illegible] vol.

Paris. — Charles Unsinger, imprimeur, 83, rue du Bac.

LA FEMME

DU

VINGTIÈME SIÈCLE

PAR

JULES SIMON

DE L'ACADÉMIE FRANÇAISE

ET

GUSTAVE SIMON

DOCTEUR EN MÉDECINE

TREIZIÈME ÉDITION

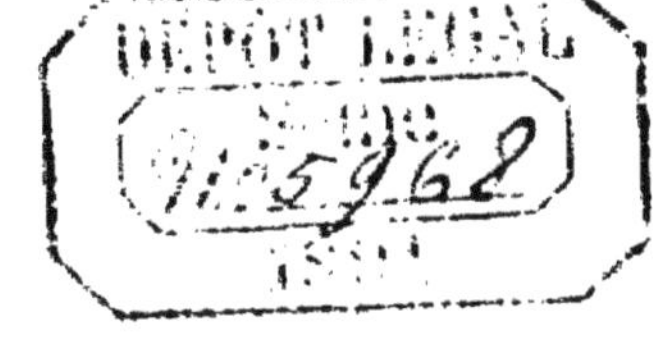

PARIS

CALMANN LÉVY, ÉDITEUR

ANCIENNE MAISON MICHEL LÉVY FRÈRES

3, RUE AUBER, 3

1892

LA FEMME

DU VINGTIÈME SIÈCLE

LA VRAIE RÉFORME

Je voudrais dire, après beaucoup d'autres, mon avis sur la condition des femmes. Je n'ai pas l'espoir de dire du nouveau; mais quand je ne ferais que remettre en honneur de bons préceptes un peu oubliés, il me semble que cela vaut la peine d'essayer.

J'ai hâte de dire que je ne propose aucune révolution, et que je ne veux toucher à l'ordre établi que pour le consolider en l'améliorant. Ce n'est pas ce dont on a coutume de se vanter; mais je n'aime pas les nouveautés en matière de morale. Je ne demande pour les femmes aucune transformation politique ou sociale, mais je veux pour elles une grande augmentation d'autorité, et surtout d'autorité morale à l'intérieur de la famille.

Elles auront une instruction beaucoup plus étendue, en rapport avec le progrès général des sciences, et une éducation d'autant plus sévère qu'elles ont à lutter contre le relâchement des mœurs et à reconstituer le lien familial de plus en plus menacé.

C'est surtout de l'éducation que je m'occupe. Mon but, hautement déclaré, est de revenir en arrière, et de faire la femme du XXe siècle sur le modèle de la femme du XVIIe. Cette femme-là était, avant tout, une femme d'intérieur. Elle est un peu sortie de sa maison, aux deux siècles suivants; et qu'en est-il résulté? C'est que la maison, privée de son bon génie, a sombré. Nous commençons à vivre uniquement sur la place publique, et comme conséquence, nous ne tarderons pas à imiter jusqu'au bout les Américains, et à vivre en hôtels garnis.

Ne me prenez pas pour un partisan « du bon vieux temps ». Je suis de mon siècle, et je crois même, dans mes moments de vanité, que je suis du siècle prochain. Je vois les progrès accomplis depuis la Révolution et par la Révolution : ils sont immenses. D'abord, pour commencer par moi-même, j'occupe un des premiers rangs dans mon pays. Sans la Révolution, c'est tout au plus si j'aurais pu aspirer à quelque petite fonction dans une bourgade. Je me suis trouvé à treize ans sans aucune ressource, sans parents et sans amis, obligé de pourvoir par mes propres forces non seulement aux frais de mon éducation, mais à mes besoins matériels. J'y suis parvenu; et je me suis donné à moi-même la meilleure éducation possible, puisque j'ai été élève de l'École normale. Comment aurais-je fait sous l'ancien régime?

J'aurais été obligé de prendre une profession manuelle, ou d'entrer dans quelque corporation religieuse.

On sent bien que je me prends pour exemple, uniquement parce que cet exemple est frappant et que je l'ai là sous la main. Il y a bien peu d'hommes actuellement vivants qui ne puissent se dire comme moi qu'ils ont fait eux-mêmes leur destinée, et que, si elle n'est pas plus grande ou plus heureuse, ce n'est pas par la faute de la société, car la commune, la patrie, la loi, mettent à la disposition de chacun de nous tous les moyens de se suffire par le travail et de s'élever par l'étude. Les amis des siècles passés qui nient cette transformation sous prétexte qu'il y avait au XVIIe siècle et au XVIIIe beaucoup d'écoles, savent bien, au fond, à quoi s'en tenir sur le progrès de l'instruction. Ils savent que ces écoles ou n'existaient que sur le papier ou n'étaient que des chapitres de prébendiers. Ils ont vu les registres des paroisses, et compté le nombre des conjoints qui ne savaient ni lire ni écrire. De quelque côté que nous jetions les yeux, quand nous étudions l'ancien régime, armée, magistrature, finances, industrie, nous trouvons toujours l'obstacle invincible de la naissance arrêtant l'essor du talent et du caractère. Oui, cela est vrai, même pour l'industrie, où on ne pouvait pénétrer sans être d'une famille de maître ou d'une famille de compagnon. Il faut être bien aveugle et bien ingrat pour ne pas reconnaître la grandeur d'une révolution politique et sociale qui nous a dotés de l'égalité et qui a rendu à chacun de nous sa place au soleil. Pour ma part, je la remercie de ce qu'elle a fait pour moi, et je la remercie encore plus de ce qu'elle a fait pour les hommes de génie, car en les émancipant, en les aidant, elle nous a fait profiter de leurs découvertes.

Les uns ont propagé les idées philosophiques et les méthodes : ceux-là sont les plus bienfaisants de tous, parce qu'ils ont créé des outils; les autres ont perfectionné les lois dans le sens de l'égalité et de la liberté; d'autres ont transformé la médecine et créé l'hygiène; ils ont très positivement diminué le nombre de nos infirmités et augmenté la durée de la vie humaine; d'autres, en appliquant la vapeur à l'industrie et à l'agriculture, ont augmenté le nombre des objets manufacturés et les ressources de l'alimentation : le progrès dans les deux ordres est frappant, même quand on l'envisage seulement au XIXe siècle. Je vois encore les paysans en haillons, marchant pieds nus et manquant de linge avant 1830. Je me rappelle les familles nombreuses qui remplaçaient le pain par des châtaignes ou de grossières galettes de maïs, et pour qui l'usage de la viande était inconnu. On mourait alors dans le coin de terre où on était né. L'invention des carrosses ne remonte qu'à quatre siècles, leur usage général à trois siècles, les voitures en commun à deux siècles; et dans ce siècle-ci, combien on admirait les diligences de 1820 qui faisaient douze lieues par jour! A présent on peut déjeuner à Paris et souper à Marseille. On fait la conversation de Paris à Marseille, de Paris à Brest comme si on demeurait dans la même ville. Je ne parle que de la France, mais c'est le monde entier qui est transformé. Le monde est rapetissé, puisque nous pouvons le parcourir en quelques semaines; et il est augmenté puisque nous pouvons le parcourir avec facilité, jouir de lui, au lieu d'être confiné dans un coin comme dans une prison. C'est à présent qu'on peut dire, mais dans un autre sens que Sénèque : *Non sum uni angulo natus*. L'espace et le temps sont vaincus. Notre pensée est présente à la fois sur tous les points du globe. Nous pouvons, avec peu d'efforts, transporter tous nos produits jusqu'aux antipodes. Le monde est comme une boule dans les mains d'un enchanteur qui la diminue peu à peu en l'usant entre ses doigts. Encore un moment, et nous le trouverons trop petit pour notre activité.

Et je ne parle pas des moyens nouveaux d'éclairage et de chauffage, ni de la photographie, ni de tant d'inventions qui se précipitent chaque jour sur le vieux monde pour le transformer ou le détruire. J'imagine que si les savants du XVIIe siècle avaient pu revivre tout à coup il y a deux ans, et parcourir les galeries de l'Exposition, ils se seraient crus transportés dans le monde des *Mille et une Nuits*; ceux du XVe auraient fait appel à l'Inquisition. Ils auraient brûlé M. Pasteur, M. Edison, M. Berthelot. Quant à mon ami Renan, il n'y aurait pas eu de bûcher assez haut pour le réduire en cendres. Nous aurions pu montrer à Turenne des armées de quatre cent mille hommes, et ce n'est pas ce dont je me félicite le plus; mais nous lui aurions dit que sur ces quatre cent mille hommes, il n'y en a pas quatre mille qui n'aient pas appris à lire, et cela l'aurait confondu. J'aimerais mieux nier les vérités mathématiques les plus évidentes que de contester les progrès accomplis de tous côtés, dans la justice, dans l'hygiène, dans l'instruction, dans la médecine, dans la chimie, dans la physique, dans l'industrie. Le progrès a marché d'abord lentement, puis plus vite sous l'action des philosophes, puis il s'est précipité par la force de la Révolution française et à présent rien ne peut l'arrêter; c'est à peine si l'œil peut le suivre.

Mais ce progrès universel, qui rend aujourd'hui si attrayant le spectacle du monde, se produit-il sans causer chemin faisant quelque dommage? Tout est-il bon dans ce qu'il apporte? Tout est-il mauvais dans ce qu'il détruit? Ne regardons pas uniquement le côté physique, l'industrie, les sciences. Jetons un instant les yeux sur le côté moral. Dans ce monde-là, la scène est un peu différente.

Je ne dis pas, comme beaucoup de penseurs, que la morale soit abaissée. Elle est relevée sur certains points.

Relevée! Entendons-nous. La morale est éternelle. La justice n'est pas une convention humaine. Quelle que soit sa nature, elle est éternelle et immuable. Si le monde était emporté par un souffle, réduit au néant, et remplacé par un monde nouveau, la même justice qui règne sur celui-ci régnerait sur celui-là.

Il suffirait qu'il y eût une intelligence pour la concevoir, et une liberté pour lui obéir. Mais l'intelligence est plus ou moins éclairée sur les lois de l'éternelle justice. On voit le même soleil, mais on le voit par de meilleurs yeux. Les preuves abondent. L'antiquité vivait, en quelque sorte, sur la doctrine de l'esclavage. Platon avait des esclaves, Aristote envisageait l'esclavage avec sang-froid, comme toutes choses, et il en donnait la théorie. En France, la théorie de l'esclavage, et le fait, ont persisté avec des modifications de surface, jusqu'à la nuit du 4 Août. Ce n'est qu'à partir de cette nuit-là que la justice a été la même pour tous les hommes. Comprendre qu'un roturier a les mêmes droits qu'un noble, c'était un progrès considérable. Cela nous paraît si simple aujourd'hui! Cela parut, il y a un siècle, très admirable et très effrayant. La victoire ne fut complète que sur le papier. On se soumit à Paris; on s'insurgea en Europe. En Vendée, les paysans se firent tuer pour n'être pas assimilés aux nobles.

Les vainqueurs mêmes, comme effrayés de leur victoire, proposèrent des exceptions pour l'atténuer. Les juifs seraient-ils citoyens? Les comédiens jouiraient-ils de leurs droits? Les nègres étaient-ils des hommes? La liberté a été décrétée bien tard pour les nègres, puisque je suis un de ceux qui ont signé le décret.

D'autres idées générales ont été mises dans une lumière nouvelle, par le progrès de la morale. J'en cite une : le patriotisme. Je connais la mort de d'Assas. Mais l'idée de patrie a été longtemps obscure; elle devait l'être, quand la nationalité dépendait d'une guerre ou d'un traité, et quand l'homme se croyait la propriété d'un homme. On mourait pour son roi, plutôt que pour son pays. L'émigration en 1792 était une grande scission sur la définition du patriotisme. On voulait se dévouer; mais à qui? Au sol, ou au prince? A d'autres époques on avait dit : Au prince, ou à Dieu?

Je sais, je vois que l'idée de patrie est mieux comprise aujourd'hui, malgré les efforts tentés par une secte odieuse pour la détruire dans les ateliers; on comprend mieux le devoir de la fidélité aux doctrines; on n'aurait plus pour un Talleyrand l'enthousiasme qu'il inspirait à certains libéraux de la Restauration; l'idée de la fraternité a fait aussi des progrès; le mouvement antisémite ne peut être qu'une maladie étrange et passagère. Mais remarquez la nature de tous ces progrès : il s'agit partout de la morale générale, de ce qu'on pourrait appeler la morale publique, la morale politique. Au contraire, nous n'avançons pas en ce qui touche la morale privée. Les actes d'improbité se multiplient. Toute une nouvelle famille de vols et d'escroqueries est née avec l'importance croissante de la fortune mobilière. On a reculé aussi pour les mœurs proprement dites. Le lien familial s'est relâché de toutes façons. L'adultère est devenu populaire. Les vertus domestiques ont été publiquement tournées en dérision. La loi a sapé l'autorité paternelle. Elle a émancipé de bonne heure les enfants. Elle les a rendus égaux entre eux, et égaux à leurs ascendants. Elle a établi et facilité le divorce par deux lois : l'une qui établit le divorce prononcé par la justice après débat contradictoire; je la repousse, mais je la comprends; l'autre, qui s'impose comme simple conséquence de la séparation de corps, et qui est, à mes yeux du moins, un attentat contre la justice et la liberté. Ainsi la morale privée s'abaisse au moment où la famille se relâche. Là est le péril. C'est là que je veux porter remède.

Je demande à la femme du XXe siècle de relever la famille, que les femmes des deux siècles précédents ont laissé péricliter.

Ce dernier mot pourrait faire croire que je reproche aux femmes du XIXe siècle d'avoir manqué à leur mission. Nouvelle équivoque, que je veux dissiper. Je crois certainement qu'elles auraient pu faire plus et autre chose que ce qu'elles ont fait; je le dirai tout à l'heure; mais je dois avant tout reconnaitre tout ce que leur doit la patrie. Je ne veux pas remonter aux dernières années du siècle passé, où elles ont déployé ce qu'on n'attendait pas d'elles, un grand mépris de la mort. Je me borne à l'histoire contemporaine, et je rappelle leur attitude pendant la guerre de 1870. Elle a été magnifique. Partout elles ont soufflé le courage par leurs discours et par leurs exemples. A Paris, où j'étais, j'ai pu voir de près leur énergie pour pousser à la résistance, leur activité pour diminuer les privations de leurs familles, leur active charité pour secourir les pauvres, leur résignation pour souffrir le froid et la faim. Tout était réuni, une épidémie cruelle, un froid rigoureux, le bombardement, la ruine; elles n'ont pas faibli un instant. On n'entendait de leur part ni plaintes publiques, ni plaintes privées; femmes du peuple et grandes dames faisaient leur devoir avec la même simplicité et la même fermeté. Elles n'ont cessé, depuis, de contribuer au relèvement matériel et moral de la patrie. Les œuvres de bienfaisance se sont multipliées pendant ces dernières années dans une proportion considérable sous l'impulsion et avec le concours des femmes. La société française a pris, grâce à elles, une allure plus sérieuse; le travail et l'étude y sont plus que jamais en honneur. L'ambassadeur d'une grande nation amie me disait pendant le Centenaire : « Vos femmes font votre force ». Il a raison. Il y a pourtant des reproches à leur faire.

Je ne leur reproche pas en ce moment de n'avoir pas lutté avec plus d'ardeur contre les laïcisations et les neutralisations des écoles, des hôpitaux et des prétoires; d'avoir souffert avec indifférence le rétablissement du divorce ou même d'y avoir applaudi; de ne s'être pas affiliées en foule aux sociétés de paix et d'arbitrage international. Ce sont là des faits éclatants, sur lesquels je ne renonce pas à revenir; mais je me préoccupe ici de détails qui semblent plus petits, et qui, en réalité, sont le tissu même de la vie. Les femmes ont cessé d'être, dans leurs salons, les arbitres du goût et les dispensatrices de la renommée; dans leur ménage, près de leurs maris et de leurs enfants, les apôtres autorisés de la morale. Elles se sont laissé arracher pièce à pièce le gouvernement de la famille. Même pour la première éducation des enfants, malgré les peines qu'elles se donnent et leur collaboration constante avec les maîtres, elles ne jouent plus qu'un rôle d'auxiliaire; la direction leur a échappé depuis qu'elles ne peuvent rien sur le choix de l'école et la désignation des instituteurs. A tous les degrés de l'échelle sociale, les hommes vivent de leur côté, les femmes restent à part, la séparation est presque aussi grande que dans le monde oriental; il n'y a d'autre différence que l'absence du voile et de la grille qui, dans l'Orient même, ne sont plus guère que des symboles. C'est la faute des hommes, direz-vous; c'est aussi la faute des femmes. C'est peut-être surtout la faute des femmes. Nous avons voulu partir, mais nous n'avons pas été retenus.

Je suis loin de vouloir substituer l'autorité légale de la femme à l'autorité prépondérante du mari. Je ne parle ici que de l'autorité morale, de la force morale, de la coutume. Autrefois la femme régnait dans la maison, et elle régnait aussi sur les âmes. C'est la bonne règle; il y faut revenir. Il faut pour cela pétrir à nouveau l'âme des femmes. Il ne s'agit pas pour les femmes de gémir comme des colombes, et de laisser faire. Il faut apporter dans la communauté le sentiment profond de son droit fondé sur le devoir qu'on a à remplir. Ce n'est pas une difficulté pour la femme de se faire aimer, et ce n'en doit pas être une de se faire respecter. Elle n'a pas besoin de lois pour cela; elle est armée par la nature. S'il faut des lois, on les fera. C'est à elle d'y pousser, à elle de les exiger. Nous crions tous de tous les côtés : le premier et le plus pressant des devoirs est de reconstituer la vie de famille. Adressons-nous aux femmes. C'est par elles que ce grand ouvrage se fera. La femme chrétienne du XVIIe siècle était maîtresse de sa famille. Ce qu'elle a fait, nos femmes peuvent le faire. La puissance légale du père de famille était alors bien autrement étendue. Il était maître absolu par la loi. En réalité, il se contentait d'être indépendant au dehors. Au dedans, il subissait, il aimait, il appelait la domination de son premier ministre. La vie publique était misérable ou nulle; la vie de famille était forte et puissante. Sur elle reposait la société comme sur une base solide.

Il est d'autant plus urgent de revenir à ces anciennes mœurs que nous sommes en république. Il faut que la liberté du citoyen soit compensée par l'autorité du père.

Non seulement nous n'en sommes plus à l'ancienne famille étroitement unie, où le père était souverain, et la mère, bien plus souveraine encore par la force de l'amour; où le foyer domestique était semblable à un sanctuaire; où l'on était fidèle à l'honneur du nom comme un soldat est fidèle à son drapeau. Mais la famille du XIXe siècle, cette famille atténuée, diminuée, tend à se dissoudre. Le mari est parti depuis longtemps; l'enfant échappe. Le mariage n'est plus qu'un contrat dissoluble par le divorce. Encore un peu, et il ne sera que la moins garantie et la moins durable des associations civiles.

La femme du XXe siècle aura une tâche d'autant plus lourde qu'elle a perdu plusieurs forces jadis au service de ses devancières. Elle a perdu la force de la religion, la force de la tradition et de l'habitude, la force du rang et du respect, la force de la propriété immuable.

La force de la religion. Non qu'elle soit elle-même irréligieuse; mais son mari est irréligieux à peu près irrémédiablement. Elle a encore la force que sa religion lui donne sur elle-même, mais elle a perdu la force que la religion de son mari lui donnait sur son mari. Le fait que la femme a de la religion tandis que le mari n'en a plus, est, dans beaucoup de ménages, un dissolvant. La femme déserte la maison pour l'église; elle a un conseiller et un directeur autre que son mari; elle a des lois qu'elle s'impose et qu'il dédaigne. Elle sait que leur union doit finir avec la vie; la mort sera une séparation absolue et éternelle. Le mari du XVIIe siècle était croyant et même pratiquant. Celui du XVIIIe était croyant dans les basses classes. Il n'était incrédule qu'en haut. Là même, l'incrédulité militante valait mieux que l'indifférence d'aujourd'hui.

Une autre force de la femme était la tradition. On vivait partout, dans ce temps-là, sur la tradition. Tout ce qui était antique était vénérable. La durée était la source du droit. Elle était au-dessus de la loi. Ce qui s'était toujours fait devait continuer à se faire. La faiblesse de la femme était défendue par la tradition, l'habitude, les usages. Les femmes se montraient conservatrices obstinées d'usages, quelquefois bizarres ou futiles, très souvent gênants pour elles. Elles y trouvaient un assujettissement à subir, et une force à exercer. La vie alors était sans doute une lutte; mais ce n'était pas comme à présent une lutte forcenée.

On cheminait sur une route tracée d'avance, d'après des règles convenues et acceptées, tandis qu'aujourd'hui, il faut prendre conseil de soi-même et lutter contre tout venant. Il faut à chaque instant défendre son rang, parce qu'il n'y a plus de rang. Autrefois l'épouse, la mère, enseignait, représentait la dignité de la maison; le mari combattait s'il fallait combattre; mais quand il ne s'agissait que d'établir, de constater, d'expliquer et d'appliquer, c'était l'affaire de la femme. Elle était la maîtresse du protocole.

Nous rions de voir de grands esprits, des Saint-Simon, des Bossuet tenir à l'étiquette, au symbole. Tout cela se rattachait à l'esprit religieux. La royauté avait ses rites comme l'Église. Noblesse était chevalerie. Boileau, qui avait des difficultés pour faire reconnaître sa noblesse, écrivait à Racine : il s'agit d'être ou de n'être pas. Les femmes triomphaient par ce formalisme. Elles étaient un dogme.

La propriété immobilière était une de leurs grandes forces. C'était une force créée par la loi, et mise par la loi au service de leur faiblesse. Il y avait entre le noble et la terre comme un contrat d'alliance. Chaque individu était lié à ses ascendants et à ses descendants, et tous ensemble à la terre familiale par des liens plus étroits que tous ceux que nous connaissons, ayant à la fois la force légale, la force morale et la force religieuse. La femme, qui paraît faible dans son isolement, était forte comme chaînon de cette chaîne. Tout ce qui est immuable la fortifie; tout ce qui est mobile l'abaisse, parce qu'elle n'est pas faite pour la lutte.

La religion, la tradition, le rang, la propriété, quatre remparts qui entouraient la femme autrefois, et qui sont tombés l'un après l'autre ou menacent de tomber; car il est sans doute superflu de montrer la différence entre la propriété immuable et cette propriété voyageuse et tapageuse qui consiste en un morceau de papier, qui gonfle ou se désenfle au moindre caprice de la fortune, symbole éloquent de la transformation du monde, où notre vie autrefois calme, solide et majestueuse, est devenue fiévreuse, agitée, éphémère. Le monde qui a été une charte n'est plus aujourd'hui qu'une loterie.

La femme doit lutter pour reconstituer la vie de famille, avec son ancien cortège de respect, de tendresse et de bonnes mœurs. Le salut de l'humanité, et pour parler de l'intérêt le plus présent, le salut de la France est à ce prix. La tâche n'est pas au-dessus de ses forces. Elle doit compter surtout sur l'éducation, instrument de toutes les réformes sociales. La grande dame dans son hôtel, et l'ouvrière à peine garantie contre la pluie et le froid, dans sa pauvre chambre, ont la même tache à remplir, et doivent y travailler par les mêmes moyens.

LE SALON

Tous les problèmes qui touchent à l'éducation et à l'instruction sont aujourd'hui étudiés avec ardeur. Les révolutions politiques, qui sont toujours en réalité des révolutions sociales, ont leur contre-coup dans la pédagogie. Rollin ne songeait qu'à élever les jeunes seigneurs et les enfants de la haute bourgeoisie; mais il faut que M. Gréard se préoccupe de tous les enfants, et peut-être des enfants du pauvre plus encore que de ceux du riche.

La condition des femmes a-t-elle été modifiée aussi profondément que celle des hommes par les événements de la Révolution? Elles subissent toutes les évolutions de leurs familles, ce qui constitue un grand changement, car il s'en faut que les conditions de la vie soient restées identiques depuis un siècle; mais elles contribuent à produire ces transformations dans la même proportion qu'autrefois, et par conséquent il n'y a pas lieu de préparer les filles à la terrible bataille qui attend nos garçons dès demain matin. Je voudrais insister un moment sur cette pensée.

Les femmes, et surtout les jolies femmes, ont toujours eu un billet de loterie dans leur horoscope. Il arrive de loin en loin, de très loin en très loin, qu'elles décrochent le numéro gagnant; et alors, c'est une métamorphose complète, quelque chose comme le coup de baguette d'une fée. On a fait, sur Cendrillon, cette remarque, qu'elle change complètement avec sa fortune, et qu'une fois passée princesse par la vertu d'une courte cérémonie, elle l'est jusqu'au bout des ongles. Ces sortes d'aventures sont si rares et si merveilleuses, qu'il n'y pas lieu d'en tenir compte. En général, la destinée des femmes est tout unie et sans grande secousse; le mariage même, qui en est la crise décisive, influe sur leur bonheur ou leur malheur, mais non pas sur leur condition sociale. On se marie entre égaux. On est, le lendemain, grande dame ou bourgeoise comme on l'était la veille. Comme on avait suivi la fortune de son père, on suit celle de son mari. On jouit de la prospérité, on souffre des revers, sans avoir directement contribué à les produire. C'est le mari qui entreprend une affaire, qui dirige une manufacture, qui prend la parole dans une assemblée électorale ou au Parlement. La femme est assise dans le train, et se déplace en même temps que lui; mais c'est le mari qui surveille la locomotive.

Je ne veux pas dire que nos femmes ne soient pour

rien dans le succès de nos entreprises; j'examinerai tout à l'heure quelle est la part qui leur revient; je constate seulement qu'elles n'ont ni l'initiative, ni la direction, ni la responsabilité. Cette inégalité dans les attributions et les fonctions résulte-t-elle de la nature des choses, ou simplement des conventions humaines?

Quelques femmes — accompagnées de quelques hommes, un peu déclassés dans un camp et dans l'autre — se sont mises à réclamer l'égalité de fonctions et de droits pour les deux sexes. Entendez bien qu'elles ne demandent pas à porter les armes, malgré l'exemple des Amazones, ni à frapper sur l'enclume; elles reconnaissent qu'elles sont inférieures en force physique, mais elles se prétendent égales en force intellectuelle, égales ou supérieures en valeur morale. La nature ne les a pas faites pour forger; mais elles soutiennent qu'elles peuvent administrer et gouverner aussi bien que nous, et remplir aussi bien que nous toutes les fonctions qui dépendent du jugement. Si nous accaparons ces fonctions pour nous seuls, c'est par un abus de la force et en violation de la justice. Cet abus a des suites fâcheuses, non seulement pour les dépossédées, mais pour la société entière qui se prive à plaisir d'une grande moitié des forces intellectuelles dont elle pourrait disposer. Il ne faut pas dire que les hommes ayant la charge de la défense et de la production ont droit, comme conséquence, à la possession de l'autorité, puisque les femmes peuvent invoquer la maternité, qui est une compensation plus que suffisante.

Je n'ai pas dessein de discuter ces assertions et ces prétentions, dont l'immense majorité des femmes ne fait que sourire. Je les repousse en bloc; j'en retiens quelque chose dans le détail. En d'autres termes, je crois qu'on ne ferait pas une belle affaire en établissant l'égalité civile et politique des citoyennes et des citoyens; mais je crois qu'il y aurait lieu de faire avec prudence, et après une étude attentive des faits, d'assez importantes réformes.

D'abord le point dont on part, c'est-à-dire l'égalité de force intellectuelle, est à discuter. Qu'entend-on par l'égalité? Si c'est équivalence, je ne conteste pas; je n'ai pas besoin de traiter la question; elle est en dehors de mon sujet. Si c'est identité, l'erreur est grossière; les deux sexes diffèrent autant par l'esprit que par le corps. Ni les goûts, ni les aptitudes ne sont les mêmes. Ces différences viennent de la nature; les habitudes et l'éducation y entrent pour peu de chose. Il suffit pour s'en convaincre de donner à un garçon l'éducation d'une fille ou à une fille l'éducation d'un garçon. On n'aboutira qu'à faire un être révolté ou dégradé.

C'est toujours à ce résultat que doivent s'attendre ceux qui, tout en croyant ne protester que contre les lois et les usages, s'insurgent en réalité contre la nature. La femme qu'ils auront affranchie de l'autorité de son mari, et introduite dans la vie publique, ne sera certainement plus une femme, et n'arrivera jamais à être un homme.

On cite des femmes qui administrent avec supériorité un fonds de commerce; d'autres qui ont régné avec éclat. Mais en quel petit nombre pour ces dernières! Encore n'est-il pas prouvé qu'elles aient gouverné par elles-mêmes. Les commerçantes, c'est une autre affaire. Il y a deux choses distinctes : le génie commercial, l'esprit d'entreprise essentiellement masculin, et l'économie domestique, qui répond parfaitement aux aptitudes des femmes. Loin de vouloir restreindre leurs droits dans la direction des fortunes privées, je suis d'avis qu'il y a lieu de les augmenter. Mais il n'y a ni raison ni prétexte pour leur faire le triste cadeau des droits politiques. Elles le sentent bien; elles savent ce qu'elles perdraient en honneur et en dignité à sortir de leurs maisons pour aller dans les réunions publiques proférer et subir des injures et des calomnies. On les traiterait en collègues, qu'elles ne s'y trompent pas; et comme elles ont l'esprit mordant, et se laissent facilement emporter par la colère, leurs maris, car elles ne pousseraient pas l'imitation jusqu'à se battre elles-mêmes, auraient une existence par trop militante.

Elles pensent, avec raison, que la plupart des hommes politiques n'entendent pas grand'chose à la politique; mais elles sentent parfaitement qu'elles n'y entendent rien du tout. Cela tient en partie à ce qu'elles n'y ont jamais réfléchi; elles n'y pensent pas plus qu'à l'escrime, dont elles n'useront jamais; elles ne connaissent la politique que par les douleurs qu'elle leur cause. Mais quand elles l'étudieraient, elles s'apercevraient bien vite qu'elles s'aventurent dans un pays où elles ne sont pas appelées à faire de belles découvertes. Aucune loi, que je sache, ne leur interdit d'écrire sur la politique, et pourtant je ne vois guère que madame de Staël qui ait pris place parmi les penseurs; encore sa politique est-elle surtout de la philosophie.

Pour la philosophie, mon opinion est bien différente. Je vais étonner peut-être nos contemporaines : les femmes aiment la philosophie, elles y réussissent; c'est-à-dire elles réussissent à la comprendre, plutôt qu'à la juger. Elles ont l'esprit plus subtil que nous. Tous les confesseurs (la théologie est de la philosophie) comprendront et approuveront ce que je dis là. Sainte Thérèse, Héloïse, madame Guyon pour citer les plus glorieuses, sont des philosophes mystiques d'une grande et étrange habileté. De celles-là mêmes on peut dire que si elles comprennent tout, elles n'inventent rien. Il en est de même de la musique : les virtuoses de premier ordre abondent parmi les femmes; c'est à peine si elles comptent quelques compositeurs de second et de troisième ordre. Le même phénomène se produit au théâtre : elles produisent des actrices incomparables, et tout au plus, de siècle en siècle, une jolie petite pièce à laquelle un collaborateur a mis la main.

Elles excellent dans le genre épistolaire. Il n'y a pas besoin de citer madame de Sévigné; nous savons tous, par une expérience journalière, comment une femme d'esprit tourne une lettre. Voici une observation qui résume tout : elles n'ont pas produit un seul historien, et elles nous égalent, si elles ne nous battent pas, dans le roman.

Je ne fais qu'effleurer le sujet sans le traiter; mon but est surtout de bien expliquer ce que je veux faire, et je devais déclarer tout d'abord qu'il ne s'agit pas pour moi d'élever les jeunes filles pour la vie publique. Je ne suis pas pour les nouveautés en matière de femmes. Je crois même qu'au moment où nous sommes, le vrai et souhaitable progrès consisterait à rétrograder. Je rêve une société où les femmes seraient maîtresses dans leur intérieur, et ne paraîtraient dans les affaires publiques que par l'intermédiaire de leurs pères et de leurs maris. Je leur donnerais une action prépondérante sur les mœurs, et je ne leur en donnerais aucune sur la confection des lois. Je reviendrais à la vieille morale de nos pères qui ne traitaient les femmes ni en collègues ni en camarades; qui les traitaient un peu en divinités; qui aimaient à se sacrifier pour elles, et à ne pas leur obéir. Je les ferais intervenir dans l'éducation beaucoup plus qu'elles ne le font aujourd'hui, et je ferais durer l'éducation longtemps après l'émancipation. Je crois que, si nous sommes encore un grand peuple, un peuple respectable, malgré la réputation que cherchent à nous faire nos ennemis, c'est à nos femmes que nous le devons. Elles ont un grand sentiment de l'honneur et de la droiture. Elles ont, pour la plupart, une croyance religieuse, que nous n'avons plus. Je repousse leur domination; mais j'appelle leur influence. La nuance est délicate; mais je tâcherai de la faire bien saisir par les développements que je lui donnerai.

Je disais un jour aux femmes en leur parlant du gouvernement de leur propre personne, opération capitale pour elles : « Défendez vos avant-postes ». Elles ne les ont pas défendus comme corporation. Elles ont laissé se produire une transformation des mœurs qui leur fait plus de tort que toutes les lois dont se plaignent les partisans de leurs droits politiques.

Je ne parle pas ici de toutes les femmes; je parle de celles qui ont un salon. Qu'en ont-elles fait?

Le salon est l'instrument de travail des femmes. C'est là, et par là, qu'elles doivent régner. Le mari peut être un bon conseiller, mais dans la coulisse; pendant la représentation, il n'est qu'une grande utilité, un régisseur tout au plus. La femme est tout. Quelques femmes ont des salons tellement insignifiants qu'on y va comme à une corvée, et seulement parce qu'on y est contraint. D'autres ont recours à la récitation ou à la musique. Quand la musique est bonne, il n'y a qu'à approuver; mais c'est un concert, ce n'est pas un salon. Quand elle est mauvaise, ou irrémédiablement médiocre, quel supplice, mes amis! Au théâtre, vous siffleriez, et mieux que cela, vous vous en iriez. Ici, il faut rester, rester debout; paraître attentif pendant les morceaux, applaudir à la fin, et, si on est tant soit peu un personnage, féliciter l'exécutant. Je ne fais pas plus grand cas de la récitation d'une fable. Il y a fable et fable, récitant et récitant. On m'a presque dégoûté des jolies fables de La Fontaine, à force de me les réciter le soir. Les récitants que je préfère sont les très mauvais. Ceux qui ont pris des leçons, et qui récitent dans les règles, en soulignant les intentions, même quand il n'y en a pas, je les ai tout bonnement en horreur. D'abord, c'est toujours le même débit; c'est le même maître qu'on entend par la bouche de ses écolières. C'est comme les gens qui apprennent tard à écrire : ils écrivent bien; ils ont tous la même écriture. Quel malheur d'écrire avec l'écriture de tout le monde! Et quel malheur de réciter avec les incantations et les intentions de tout le monde! Je ne parle pas de la comédie de société. Celle-là au moins, si elle ennuie à périr ceux qui l'écoutent, amuse ceux qui la jouent.

Vous me direz : Qu'appelez-vous un salon? Ce n'est pas un raout anglais, où on ne fait que passer avec un *shake-hand* et une tasse de thé pour tout divertissement; ce n'est pas un concert, qu'on trouverait, dans de meilleures conditions, aux cafés chantants des Champs-Élysées; ce n'est pas une fable de La Fontaine récitée par un bellâtre ou une bégueule : j'aime mieux demander à faire partie d'une délégation cantonale, et me faire réciter tout La Fontaine, et tout Florian par-dessus le marché, par des bébés de huit à dix ans. Vous me demandez ce que c'est qu'un salon? Eh bien! je vais vous le dire : un salon, c'est la conversation.

Je prétends qu'il n'y en a plus. Presque partout, vous voyez les dames assises ensemble d'un côté, et les messieurs, quand ils ne sont pas au fumoir, debout dans un autre coin. On cause ici de je ne sais quoi, peut-être de chiffons, certainement de médisances; et là de l'écurie ou de la Chambre. S'il y a quelque escarmouche d'un camp à l'autre, c'est pour échanger une banalité sur la pièce à la mode.

Comment! est-ce que nous n'avons plus de femmes d'esprit? — Nous en avons par centaines. Mais elles ont laissé les hommes leur glisser entre les doigts. Elles leur ont permis de fonder et de perfectionner les clubs; elles ont organisé entre elles, sous forme de représailles, de petites réunions, où les hommes se sentent déplacés quand par hasard ils y paraissent; elles trouvent bon qu'on se débarrasse d'elles avec quatre paroles, et ne prennent pas la peine de montrer l'esprit qu'elles ont, et de forcer les autres à se dépenser un peu. En un mot, elles n'ont pas défendu les avant-postes, et à présent elles ne peuvent plus se servir de leurs trésors que dans l'intimité.

Il était si bon, autrefois, si on parlait de théâtre, d'en parler en gens lettrés, et qui s'y connaissent; d'entendre de temps en temps une lecture, mais une lecture faite par l'auteur, ce qui était un événement; d'égratigner un peu le prochain, sans aller au delà de la médisance; de parler de la religion et de la philosophie, avec çà et là un mot profond qui éclatait et qui bien vite se cachait derrière des fusées étincelantes; car il ne faut pas toujours rire dans un salon, mais il faut toujours être prêt à le faire. La politique venait aussi, mais par ses grands côtés, où s'entendent très bien les femmes, la politique, prise ainsi de très haut, n'étant plus que de la philosophie. On parlait là de l'honneur national et des droits de l'humanité mieux qu'à la tribune, parce qu'on y échappait aux minuties et aux intrigues. Les salons faisaient un académicien de temps en temps; ils faisaient un député; ils rendaient un député célèbre. Les hommes de premier ordre avaient le devoir d'y venir; ils y venaient aussi par plaisir, et se donnaient de la peine pour s'y montrer dignes d'eux-mêmes. Les femmes surtout y brillaient : elles n'ont que ce genre-là à leur disposition, la causerie; comme elles n'ont, dans la littérature, que le genre épistolaire et le roman. Elles écrivent toujours des lettres adorables; elles font de beaux romans; elles ne causent plus! Quel malheur pour elles et pour nous! Quelle conspiration contre notre plaisir, et contre leur propre gloire! Cela est surtout à déplorer en France, parce que les Françaises étaient les reines des élégances, c'est-à-dire les reines des salons.

Il ne suffit pas de dire à présent : Vous allez voir comme je vais renouveler mon répertoire, obliger les hommes à quitter leurs insipides cigares, et leurs conversations de jockeys, les habituer à écouter les femmes, à leur parler, à y prendre plaisir, à tenir compte de leurs jugements, et à se conduire en conséquence. De telles transformations ne se font pas en un jour. Il y faut du temps et de la patience. Il faut surtout préparer les hommes à se laisser faire, et pour cela les élever autrement que vous ne le faites.

Ah! vous n'avez pas défendu vos avant-postes? Eh bien! à présent il faut recommencer l'édifice par ses fondements; et vous en êtes là, mes chères amies, plutôt par votre faute que par la nôtre.

LE ROMAN ET LE THÉATRE

Commencer par les salons des notes familières sur l'éducation des femmes, c'est bien frivole. Patience! les choses plus sérieuses auront leur tour; et celle-ci même est plus sérieuse qu'elle n'en a l'air. Le salon est pour les femmes ce qu'est le forum pour leurs maris. Elles y enseignent la politesse des mœurs; c'est presque comme si je disais qu'elles y enseignent la civilisation, mais j'évite à dessein les grands mots. Ce serait un grand bonheur, pour un peuple tombé dans le scepticisme, de tenir encore à l'opinion des femmes; d'abord parce qu'elles sont rarement sceptiques en matière de religion, et ensuite parce qu'elles ne le sont jamais en matière de convenances sociales. Au moyen âge, elles tenaient des cours d'amour, elles présidaient les tournois, elles distribuaient la gloire ou la honte après les grands faits de guerre. Je ne crois pas que l'accroissement de leur influence ait pour effet d'amollir les hommes; au contraire, elles font aimer la gloire. Elles aiment tout ce qui la donne, et le courage par-dessus tout. Elles en sont les inspiratrices et le prix.

Il y a des salons de toutes dimensions. Une princesse a ses salons où sont rassemblées toutes les merveilles de l'art; et une petite bourgeoise a une pauvre petite pièce dont elle est fière, et qu'elle appelle aussi son salon. Elle a raison d'en être fière, elle a raison d'y tenir, car c'est ce salon qui fait d'elle *une dame*. Elle se rattache par ce salon au monde civilisé où les femmes sont l'objet d'un culte. Il n'est pas bon que les étrangers ou même les membres de sa famille la voient toujours occupée aux travaux du ménage. Il lui faut ce recoin, où on lui parle avec quelque cérémonie, pour établir ses droits à la déférence et au respect. Ce respect-là n'est pas la même chose que le respect inspiré par la vertu; c'est un respect plus superficiel, et en même temps plus formaliste, dont une femme a besoin de s'entourer. Elle doit parer sa vie comme elle pare sa personne. Cet apprêt, bien contenu dans de justes bornes, ne nuit pas au naturel. Qu'est-ce qu'un homme civilisé? C'est un homme paré, assujetti à mille petites règles, à mille petits besoins, dont quelques-uns le fatiguent sans lui profiter, et dont les autres lui sont nécessaires pour son agrément et pour sa défense. Une femme surtout a besoin d'être défendue par des conventions bien établies, que personne n'oserait enfreindre, et grâce auxquelles, toute faible qu'elle est, elle fait trembler un homme qui, partout ailleurs que dans ce salon, fait trembler tous les autres hommes.

Cette timidité de la force devant la faiblesse est le triomphe même de la civilisation. Ce colosse est contrit de sa timidité; il se sent honteux et gauche; mais nous, au contraire, qui faisons galerie, nous ne l'en admirons que plus, et nous n'en comprenons que mieux cette force dont il renonce à se prévaloir. La femme, qui l'enlace ainsi par la seule vertu des convenances, remporte sur lui une victoire qui est toute au profit de la civilisation. On serait tenté, pour la célébrer, d'emprunter les paroles de Malebranche quand il vient d'exposer sa chimère de la prémotion physique. Vous ne connaissez pas la prémotion physique et vous ne connaissez pas Malebranche, dont nos ennemis ont coutume de dire que c'est le seul philosophe que nous ayons jamais eu, oubliant ainsi qu'ils parlent aux compatriotes de Descartes. Malebranche a imaginé, pour expliquer l'action de l'esprit sur le corps, un système qui la supprime. Le corps seul agit sur le corps. Mon âme a beau vouloir; mon corps reste insensible à sa volonté. Si mes jambes se meuvent quand j'ai envie de marcher, ce n'est pas mon esprit qui les met en mouvement; c'est Dieu qui se prête complaisamment à les mouvoir pour moi. Il n'est pas seulement la toute-puissance, il est la puissance unique; et comme il produit tous les êtres, il produit aussi tous les mouvements. Il ne nous laisse que l'illusion d'en être les causes; c'est-à-dire, il la laisse à ceux qui ne sont pas philosophes, et philosophes de l'école de Malebranche. « Puisque c'est de la puissance même de Dieu que nous nous servons, dit en terminant son exposé cet excellent Père de l'Oratoire, de grâce, ne l'employons pas à des usages indignes d'elle. » Et je dis aussi aux femmes : Puisque vous êtes, ou pouvez être, quand vous le voudrez, les maîtresses des mœurs qui adoucissent la grossièreté des hommes, servez-vous de votre force pour faire régner la justice et pour protéger la faiblesse ; à ceux qui n'entendent pas la voix de la vertu, faites au moins entendre la voix de l'honneur qui en est l'écho. Les courtisanes, qui ont des boudoirs et n'osent pas se vanter d'avoir des salons, obtiennent leur influence en sacrifiant tout ce que vous êtes chargées de garder ; et je vois certaines d'entre vous essayer de lutter contre elles en faisant aussi des sacrifices. Erreur funeste, car vous auriez horreur de les suivre jusqu'au bout, et c'est une voie où l'on ne s'arrête plus quand on y est entrée. Le jour où on veut mettre le holà, on trouve les mêmes difficultés qu'on aurait trouvées au commencement, augmentées encore par la faiblesse que l'on a montrée, et par la confiance en soi que l'ennemi en a conçue. Non, revenez à l'ancien système. Luttez contre le vice avec toutes les forces de la vertu. Ne la rendez pas farouche ; elle est aimable, dans son austérité. Elle a toutes les forces sociales à son service : l'amour filial, qu'il faut entretenir avec soin, car c'est de lui que découlent toutes les vertus, comme d'une source féconde et bénie ; l'amour conjugal, que vous avez mille moyens de retenir; l'honneur du foyer, dont vous êtes les dépositaires; les traditions de famille, que vous enseignez, que vous respectez, que vous faites aimer; la vieille morale de nos pères, qui, en réalité, est la morale de nos mères, car ce sont nos mères qui l'enseignent aux petits enfants parmi leurs premiers baisers, et qui nous l'enseignent pendant toute notre vie en la pratiquant; la foi paternelle qu'il ne faut pas nous prêcher, car les sermons sont fort ennuyeux, dont il ne faut pas nous imposer les pratiques, mais qu'on peut tout doucement nous apprendre à respecter d'abord, et peut-être, avec le temps, à aimer. Et vous pouvez aussi lutter contre la littérature dépravée, de mauvais goût et de mauvais lieu, avec tous les chefs-d'œuvre de l'esprit humain qui seront, si vous voulez, vos auxiliaires naturels. Quelle belle bataille à livrer! Quelles puissantes ressources! Quelle joie d'être ainsi entourées et aidées de tout ce qui est beau et de tout ce qui est sain! Et quel prix de la victoire! Le salut des enfants, la paix du foyer, le relèvement de la patrie.

N'allez pas me dire que tout cela est passé de mode, et que je parle comme la *Morale en action.* Il n'y a pas de mode pour la vertu. Toutes ces vieilleries dont je vous parle sont vieilles parce qu'elles sont éternelles; et la morale complaisante ou relâchée que vous avez laissée pénétrer dans vos salons, c'est celle-là qui change avec les caprices de la mode, parce qu'elle n'est qu'un jeu d'esprit, au lieu d'être une doctrine et une force.

Vieilleries si vous voulez; je voudrais revoir ces vieilleries dans les salons, avec leur cortège de bonnes et de solides pensées. Cela nous rappellerait notre temps de collège; les meilleurs d'entre nous aiment à se le rappeler. Ils s'en cachent; ils se le rappellent pourtant, et leurs vieux auteurs, qu'ils aimeraient à voir dans vos mains. Je ne proscris pas les nouveautés; je vous conseille seulement d'être sévères. Ne flirtez pas avec le vice. Chaque complaisance que vous avez pour lui est une décadence pour vous. Ne faites pas non plus de votre salon le parloir d'un couvent. Il faut en tout de la mesure. C'est l'art particulier des femmes, un peu négligé dans ces derniers temps, de savoir jusqu'où on peut aller avec sécurité.

M. Rousse, dans un de ses plus charmants discours (il n'en fait que de charmants), se félicitait de la baisse de nos romanciers au dehors. On ne les achète plus autant, disait-il; et c'est tant mieux, par ce que leurs romans sont mauvais, et qu'ils cesseront de produire quand ils auront perdu leurs débouchés. Je ne partage ni son dédain ni son espérance. Il y a eu à toutes les époques des romans obscènes, des romans immoraux et de pitoyables romans. Je n'ai jamais compris le plaisir qu'on trouve à lire des livres obscènes. Il parait cependant qu'il y a des gens que cela amuse, et parmi eux, chose étrange, des gens d'esprit. *La Pucelle* de Voltaire, qui est un crime pour d'autres motifs, a trouvé un grand nombre de lecteurs et d'admirateurs. Une femme ne parviendrait pas, quand elle le voudrait, à lire ces sortes d'ouvrages, et, si elle les lisait, il en résulterait pour elle, même dans le monde scandaleux, une flétrissure. Les romans immoraux sont bien plus nombreux et bien plus dangereux. Je vois beaucoup de femmes les tolérer, pourvu que tout soit dit en termes de bonne compagnie. Il y a un certain art, aujourd'hui fort répandu, de raconter les actions les plus immorales, sans apologie, mais sans blâme, et avec une simplicité si naturelle, que le vice paraît une chose acceptée et convenue. Il entre ainsi de plain-pied dans les esprits peu éclairés qui l'admettent sans défiance comme un enfant de la maison. Le chef-d'œuvre du genre est *la Chartreuse de Parme*, de Stendhal. Balzac a aussi bien des méfaits sur la conscience, malgré ses prétentions de grand moraliste. Il est très difficile de faire un choix de lectures, car le faire après avoir lu, c'est une duperie, et le faire sans avoir lu, c'est une ineptie. Une dévote se fiera à son confesseur. Une simple honnête femme prendra pour directeur un critique honnête et impartial, s'il y en a; je veux dire, si elle en a un sous la main. Pour le théâtre, dont la puissance est bien plus grande, le plus souvent on n'est pas avertie; car, je vous le demande, qu'est-ce qu'un bruit de coulisses? On est réduite à se risquer. C'est une mode dans un certain monde, et presque une convenance d'état, d'assister aux grandes premières. Quand une pièce a du succès, il faut nécessairement l'avoir vue. On ne parle que d'elle pendant quinze jours

« Que pensez-vous de cette scène? Et de cette tirade? Et du jeu de Mounet-Sully? Et que dites-vous de mademoiselle Bartet?

Je comprends qu'on aille à la comédie, pourvu qu'on y mette du discernement. Je crois que notre théâtre est très riche en belles œuvres. La censure, qui ne nous protége pas contre l'immoralité, nous protége au moins contre l'obscénité. Et nous avons de grandes scènes, comme celle du Théâtre-Français, qui sont par elles-mêmes une protection. Nul n'oserait mettre certaines paroles ou certains récits dans la bouche de mademoiselle Reichemberg ou de mademoiselle Bartet, et je crois qu'elles ne sauraient comment s'y prendre pour les dire. Je ne chicane pas les femmes pour être allées à une première représentation, même quand il se trouve que la pièce est regrettable. Mais cette pièce a du succès, je leur reproche ce succès, et je dis qu'elles ont le droit et les moyens de faire la police du théâtre.

Allez au Théâtre-Français le jour d'une première. Le rez-de-chaussée est abandonné aux hommes. Il y a là les concurrents de l'auteur qui font une assez forte phalange, et les critiques. Les femmes sont en très grande majorité dans le reste de la salle. Les critiques sortent pendant les entr'actes, et vont discuter, au foyer et dans les couloirs, sur le sort de la pièce. Ils influent beaucoup sur la chute ou sur le succès; mais, au fond, ce sont les femmes qui en décident. Outre que, pendant la représentation, elles font ce qu'on appelle l'aspect de la salle, elles font plus que les journaux, le bruit public après cette première soirée. C'est là que les salons se retrouvent dans toute leur force. Si les femmes prennent une pièce sous leur patronage, elle est sauvée; si elles la condamnent, elle est perdue. Quand la pièce est d'Alexandre Dumas, vous pouvez dire à coup sûr qu'il va soutenir une thèse; et vous pouvez jurer aussi que, dès les premiers mots où la thèse sera présentée, l'esprit de toutes les femmes sera en l'air pour savoir comment il va la résoudre.

Le salon, le roman, le théâtre, est-ce là tout le rôle extérieur des femmes? Non, il y a encore les *œuvres*, dont je veux vous parler en détail; les *bonnes œuvres*, comme disent les catholiques. — Et puis? — Mais c'est tout. Après cela nous étudierons le rôle des femmes dans la famille, et c'est le grand côté de leur mission. — Quoi! pas de club, pas de journaux, pas de conférences, pas de réunions électorales? — Non, je ne veux voir les femmes dans aucune armée. Mais je ne regarde pas comme si frivole l'influence qu'elles exercent sur les mœurs par leur salon, et au nom des mœurs sur le roman ou le théâtre.

Vous ne m'accuserez pas de ne penser qu'aux grandes dames, puisque j'ai fait des réserves pour les plus petites bourgeoises, et que je crois réellement qu'il y a, à Paris et en province, des salons ignorés, qui n'ont d'autre attrait que la grâce et l'habileté de celles qui les habitent, où c'est un grand honneur d'être admis, où l'on prend beaucoup de plaisir, et d'où l'on ne sort jamais sans se sentir amélioré.

Mais enfin, direz-vous, même en ajoutant vos petites bourgeoises, vous ne parlez que d'un nombre très restreint de femmes. Vous oubliez celles qui devraient vous préoccuper avant toutes les autres, les ouvrières, pour lesquelles vous avez écrit tout un gros livre : ouvrières des villes, ouvrières des campagnes, qui forment la majorité.

Que Dieu me préserve de les oublier jamais! J'ai vécu dans mon enfance avec les ouvriers et les pauvres; et quand la politique brisa ma carrière de professeur en 1852, je suis retourné vers eux pour étudier plus particulièrement le sort de leurs femmes. C'était l'époque où la vapeur achevait de chasser les derniers métiers à bras. Les femmes quittaient la chambre où elles travaillaient au milieu de leur famille, pour aller s'enfermer dans l'usine de sept heures du matin à six heures du soir. Nous reconnaissions avec effroi que celle qui, la veille, était surtout épouse et mère, ne serait plus qu'une ouvrière désormais. Michelet lançait ses anathèmes contre ce mot terrible qui annonçait au monde une transformation radicale des rapports sociaux. Parmi les patrons, les uns se préoccupaient du sort des enfants, abandonnés pendant la journée entière, et commençaient l'organisation, non encore terminée au bout de quarante ans, des écoles de garde; les autres, comme Jean Dollfus, rêvaient de transporter la vapeur dans la famille, au lieu de transporter la famille dans l'antre même de la vapeur, le père d'un côté, la mère de l'autre, laissant les enfants dans le ruisseau, à la garde de Dieu, ou enfermés sous clef dans la solitude du logis, pendant que le soleil luit pour toutes les créatures de Dieu. Aujourd'hui, la victoire de la vapeur est définitive; toute l'industrie est rangée sous sa loi; et l'agriculture elle-même devient intensive, et de plus en plus mécanique. Je n'oublie pas les ouvrières, non! Mais je voudrais que, tout en restant ouvrières, puisqu'il le faut, elles devinssent de plus en plus *des dames*. C'est un souhait qui peut paraître bizarre dans ce cher pays de France, et qui ne le serait pas autant en Angleterre ou en Amérique.

Toutes les questions sont dans cette question du rôle des femmes dans la société; entre autres, le socialisme d'État. L'État peut-il intervenir pour limiter le travail des femmes, quant au genre et à la durée? Interdire, par exemple, le travail de nuit? ou le travail souterrain? ou la journée de onze heures? Est-il possible de remplacer utilement le salaire d'ouvrière de manufacture par le travail de la mère comme femme de ménage de la famille, cuisinière de la famille, tailleuse ou raccommodeuse d'habits pour la famille, et ajoutant quelque travail rétribué de fileuse, de couturière, fleuriste, etc., ou de teneuse de livres? Une telle réforme poussée un peu loin est-elle possible en fait? Peut-on la provoquer sans porter un coup à l'industrie nationale? Outre les réformes que la loi et les règlements peuvent faire, n'y a-t-il rien à attendre des mœurs?

La femme du peuple en Angleterre et surtout en

Amérique, a, dans son éducation, sa mise et ses habitudes, quelque chose d'une dame. C'est plus que je n'en pourrais dire de beaucoup de nos bourgeoises. Je ne parle pas des femmes de la plus basse classe, vouées dans tous les pays du monde à l'abjection et à la misère. On voit, en Amérique, des femmes de paysans et d'ouvriers, obligées de gagner un salaire, et pourtant ne faisant que peu de travail grossier, vêtues avec une certaine élégance, ayant une culture intellectuelle qui leur permet les plaisirs de la lecture et de la musique, moins accablées que nos petites bourgeoises, et entourées de plus de respect et de soins par ceux qui les entourent. Je voudrais voir une révolution en ce sens se produire chez nous. Cela vous semble aristocratique? Oui, je voudrais que les femmes fussent comme une aristocratie dans la population; et ce vœu me paraît être conforme au plus pur esprit de la démocratie. Leur influence s'accroîtrait d'autant. Leur rôle, dans la maison, qui est aujourd'hui celui de servantes, serait désormais le rôle d'institutrices.

Notez bien que je ne rêve pas et que je ne souhaite pas de leur donner l'autorité légale. Je suis sur ce point de l'école de Molière, qui est l'école du sens commun. C'est l'autorité morale que je leur confie.

Entrez dans la hutte du sauvage. Le maître ne sait que chasser et se battre. Il sera infatigable à la guerre; il est inactif partout ailleurs. La femme portera les fardeaux, se livrera, sans intervalle de repos, aux travaux les plus durs. L'Américain, au contraire, prend toute la peine pour lui. Il ne laisse à sa compagne que les travaux qu'elle fait avec plaisir, et qu'il ne saurait pas faire aussi bien qu'elle. Il se sait le supérieur et le maitre; mais sa manière d'affirmer sa supériorité est de prendre pour lui en toute occasion la fatigue et le péril. Il en reçoit une première récompense par la beauté de celle qu'il aime.

LES DÉCLASSÉES

On peut me faire deux objections :

Me reprocher d'avoir dit qu'il n'y a plus de salons, ou m'accuser de transformer en dames nos paysannes et nos ouvrières. Il y a bien quelques autres difficultés, mais celles-ci sont les seules qui méritent une discussion.

Ai-je dit qu'il n'y avait plus de salons? J'ai voulu dire qu'il n'y en avait pas assez. Si on avait dit devant Victor Hugo qu'il n'y avait plus de poètes, il aurait entendu ce blasphème sans sourciller, parce qu'il savait, à n'en pas douter, qu'il y en avait au moins un.

Mon Dieu, madame, votre salon est charmant. Si vous aviez voulu donner des bals, rien ne vous manquait, ni pour la magnificence ni pour la grâce. Vous vouliez un salon, comme ceux que je demande, où l'on court pour s'amuser, et où l'on découvre, tout en s'amusant, qu'on s'instruit. Vous y avez appelé beaucoup de jolies femmes, et vous tenez à y avoir tous les hommes qui, dans les sciences, les lettres et les arts, acquièrent un nom célèbre. Un provincial, un étranger, qui serait reçu chez vous, n'eût-il vu le monde que là, le connaîtrait dans ce qu'il a de plus aimable, et dans ce qu'il a de plus puissant. Vous ne ressemblez pas, même du plus loin, à un bureau d'esprit; on n'a pas, chez vous, la prétention de faire les réputations : si on en fait, c'est sans y prétendre, et si on en défait, de temps en temps, c'est sans y penser, et par la seule force du bon sens qui remet les hommes et les choses à leur véritable place. On joue une fois ou deux, pendant l'hiver, une comédie, moins pour elle-même, je crois, que pour le plaisir des répétitions; mais ce n'est pas chez vous une manie, et vous ne souffrez pas que votre salon devienne un théâtre. Son véritable attrait est la conversation, la vôtre, madame, et celle de toute cette élite de gens d'esprit et de femmes charmantes que vous réunissez autour de vous. Un trait particulier de votre maison, c'est la liberté dont on y jouit : liberté décente, bien entendu; personne n'oublie qu'on est chez vous dans le monde et dans le meilleur monde; mais enfin, il y a tel salon, dans le faubourg Saint-Germain, où il faut rester fidèle à la branche aînée, et il y a tel autre, sur la rive droite, où on ne peut attaquer le gouvernement qu'en ami. Vous avez votre opinion, madame, comme vous avez vos amitiés, et vous les proclamez bien haut; mais vous ne les imposez à personne, et vous ne vous montrez pas blessée quand on les conteste. Il en est de même pour la religion : j'ai entendu chez vous des négations bien audacieuses; mais j'y ai entendu aussi des réfutations bien victorieuses. On n'avait pas l'air de deux adversaires discutant une thèse dans une académie. C'étaient deux hommes du monde soutenant, en riant, et comme pour se jouer, deux paradoxes, à coups d'arguments et d'épigrammes, avec des saillies et des plaisanteries qui faisaient le bonheur des auditeurs frivoles, tandis que les esprits pénétrants devinaient la passion sous cet enjouement, et notaient au passage des pensées neuves et fortes. Pour tout dire en un mot, madame, et pour faire à la fois l'éloge de votre personne et de vos soirées, c'est que votre salon est un salon où l'on cause.

Avouez à présent que, tout en m'accablant de vos reproches, vous êtes secrètement mon alliée; et que, tout en voulant me faire dire qu'il y a encore des salons, vous pensez comme moi qu'il n'y en a plus. C'est comme Victor Hugo, quand on lui disait : « Il n'y a plus de poètes! » Il regardait cela comme un hommage. Il y a pourtant, madame, d'autres salons que le vôtre. Il y en a deux ou trois que je pourrais nommer. Mais quel pas de clerc, si je les nommais; et que d'ennemies je me ferais parmi mes amies! J'aime mieux me borner à des généralités, et dire, malgré votre beau salon, qu'il n'y a plus de salons. Je souhaite comme patriote, comme ami des mœurs, et, si vous voulez bien, comme ami des femmes, que votre exemple soit suivi, et que nous ayons des salons à tous les étages du monde honnête. Permettez-moi, madame, de regarder cette querelle comme assoupie.

Je pourrais pourtant dire un mot d'une objection que vous me faites en passant sur le même sujet. Ce n'est pas aux femmes, dites-vous, qu'il faut reprocher la décadence des salons, puisqu'elles y restent; c'est aux hommes, puisqu'ils les fuient. Elles y restent, la belle raison! Ce n'est pas d'y rester qu'on leur demande; c'est de nous y attirer et de nous y retenir. Savez-vous que, quand on se décide à rester et à essayer de causer, on se trouve quelquefois en pleine consultation de tailleuses et de marchandes de modes? On a l'air d'un intrus, et on en est réduit à soupirer après le retour des fumeurs pour sortir de l'impasse où on s'est fourré. D'ailleurs, c'est aux femmes que je parle; je leur adresse mes gronderies; et cela ne veut pas dire que je pardonne aux palefreniers et aux gens du monde qui parlent, dans leur fumoir, le langage de leurs écuries.

Je vais à présent m'expliquer au sujet des déclassées.

Oui, je le sais : il n'y a rien de pire que les déclassés.

On dit que l'Université fait des déclassés parce qu'elle fait trop de bacheliers.

Ce n'est pas elle qu'il faut accuser. Elle a créé, à côté de l'enseignement classique, l'enseignement industriel. Elle s'efforce, par tous les moyens en son pouvoir, de détourner des études classiques les enfants qui n'en retirent aucun profit. Ce n'est vraiment pas sa faute si les parents ont la manie du bachelier; et il est bien vrai qu'une fois bachelier, cette dignité vous monte tellement à la tête qu'on aimerait mieux mourir de faim que d'exercer un métier manuel.

Je me souviens d'avoir une fois surpris mon valet de chambre assis dans mon fauteuil et lisant Horace dans l'original pour se distraire. C'était mon *Horace* de Baskerville, bien conservé avec la reliure du temps, et que je ne laisse pas volontiers traîner. Cet homme était évidemment bachelier. Il le cachait pour ne pas blesser les convenances, qui exigent qu'un bachelier vive noblement, et ne cire les bottes de personne. Mais il n'est pas nécessaire d'être bachelier pour devenir un déclassé.

Il y a dans toutes les classes une manie générale de quitter sa classe.

Un ouvrier des champs veut se transformer en ouvrier de fabrique, parce qu'il croit monter au rang de bourgeois, ou, comme il le dit, devenir un monsieur. L'ouvrier des villes, qui a horreur des patrons, rêve jour et nuit de passer patron à son tour. Le patron! Plus il le hait, plus il l'envie. Un vieux sergent veut que son fils porte l'épaulette. C'est peut-être pour cela qu'on appelle le XIXe siècle le siècle du progrès.

Je me rappelle (j'étais bien jeune alors) le paysan de 1825. Il était plus mal logé, plus mal vêtu et plus mal nourri que le paysan de 1889. O ciel! il n'y a pas de comparaison. Comme on n'avait pas encore inventé les grèves, il se contentait du salaire qu'on lui donnait, et ce salaire était dérisoire. Il habitait des cahutes couvertes de chaume, où le sol, fait de terre battue, devenait de la boue en hiver, sans fenêtre à cause de l'impôt, et qui renfermaient, dans une pièce unique, une quantité invraisemblable d'êtres humains de tout âge et de tout sexe. Quand une maladie contagieuse survenait, il y en avait pour toute la chambrée. Le médecin, à trois ou quatre lieues de là, ne se dérangeait que pour les riches. On vivait de châtaignes et de pommes de terre; les plus aisés avaient le samedi un pain de seigle, où le son dominait, et qui durait toute une semaine. Des vêtements de toile, même en hiver, tombant en lambeaux, et d'une malpropreté sordide. Les chaussures étaient inconnues : de gros sabots quelquefois; mais la plupart, hommes et femmes, marchaient pieds nus. Ceux qui regrettent ce bon vieux temps, croyez-moi, ne l'ont jamais vu.

Au-dessus du journalier et du domestique, il y avait le fermier ou le propriétaire. Celui-là avait dans son cellier sa barrique de cidre, et sa flèche de lard pendue au plafond de la cuisine. Il mangeait en carême son plat de morue. Il travaillait comme ses gens toute la semaine, et se divertissait comme eux le dimanche, en jouant aux quilles et à la boule entre la messe et les vêpres. Très souvent, l'amusement dominical consistait à se soûler. A la brume, les femmes ramassaient les hommes dans les ruisseaux, et les ramenaient cahin-caha cuver leur cidre ou leur eau-de-vie de pomme de terre sur leur paillasse. Ces patriarches ne savaient pas lire, et ne voulaient pas qu'on apprît à lire à leurs enfants. Ils n'aspiraient pas à monter. « Mes enfants seront ce que je suis, disaient-ils. Ils ne sont pas d'une autre pâte que moi. »

Comment vivaient les femmes de ces ivrognes, souvent battues, faisant tout l'ouvrage de la maison, et leur grande part de l'ouvrage des champs? Elles n'avaient ni les boules, ni le cidre pour se divertir. La religion leur tenait lieu de tout. Elle les soutenait. Leur éternel dévouement, sans tendresse, mais sans repos et sans gémissements, était, à mes yeux du moins, comme un miracle. Les plus riches prenaient un peu de bien-être. Elles avaient quelque part un retrait, qu'elles appelaient pompeusement leur chambre. Elles portaient le dimanche les beaux costumes du pays, mais elles travaillaient durement comme leurs servantes, mangeaient à la table commune, et assistaient aux offices, agenouillées par terre ou assises sur leurs talons. Je parle du Nord. Il y avait plus de gaieté dans le Midi et autant de misère.

Les progrès de l'industrie ont changé tout cela. Les chemins de fer et les écoles primaires ont porté le XIXe siècle dans les recoins d'Auvergne et de Bretagne où on était arriéré de plus de cent ans. Quatre-vingt-quatre personnes sur cent savent lire. Tout le monde porte des souliers. Les habits sont raccommodés et blanchis. On porte des étoffes chaudes en hiver. On a des toits en ardoise, un peu d'air et de jour dans les maisons, des étables pour les animaux qui, il y a trente ou quarante ans, vivaient familièrement dans la même chambre avec leurs maitres. Presque partout se sont établis des comices, et il en est résulté des chemins vicinaux, de bonnes méthodes d'agriculture, l'emploi de machines perfectionnées. On a fait en trente ans plus de progrès qu'on n'en faisait en cent autrefois.

Le progrès moral n'a peut-être pas marché du même pas que le progrès matériel.

On lit; mais que lit-on? Le journal à un sou. Et parmi les journaux à un sou il en est quelques-uns qui prônent la démagogie et le nihilisme. Ils expliquent aux paysans que le cléricalisme, voilà l'ennemi. Le paysan en conclut que le curé est un charlatan, la religion une duperie. S'il n'y a pas de religion, il n'y a pas de morale : la morale, qu'est cela? Et qu'est-ce que Dieu, si le curé se moque de nous? Il ne va pas, ce paysan, jusqu'au communisme, qui est une idée un peu abstraite, et que personne d'ailleurs ne comprend très clairement; mais il se dit qu'il faut amasser le plus qu'on peut et jouir de ce qu'on a. Dès qu'il a quelques écus, il veut être bourgeois tout comme un autre. Il aura des valets d'écurie. Son métier à lui sera de courir les foires et de hanter les cabarets, qui ont monté d'un cran comme tout le reste, et s'appellent à présent des cafés. Il est assidu aux combats de coqs, aux courses de trot; il fait des paris. Il porte, au lieu de blouse, une redingote achetée à quelque succursale de la Belle-Jardinière. Ce qu'il connait le moins, c'est sa ferme. Et sa ferme, comme de raison, ne manque pas de lui glisser entre les doigts. C'est un déclassé.

Sa femme, par imitation, quitte le costume pittoresque du pays, et achète les rebuts de magasins de modes, sous lesquels elle est, comme on dit, endimanchée. Elle a un salon, dont elle ne sort pas, de peur de salir ses belles jupes dans la cour de la ferme. Elle ne met les pieds ni aux champs ni à l'étable. C'est tout au plus si elle tient son livre de comptes, et si elle consent à savoir le nombre de ses fromages. Elle est, comme son mari, une déclassée. Elle n'est plus une paysanne, et ne sera jamais que la caricature d'une bourgeoise. Ne me faites pas l'injure de penser que je sois partisan de ces nouvelles mœurs.

Je désire d'une façon générale que chacun remplisse la fonction à laquelle il est propre. Je souhaite que chacun aime sa condition, et qu'on en soit fier. Je voudrais que chaque homme fût respecté, non pour la beauté ou la dignité de sa fonction, mais pour la manière dont il la remplit. J'aime mieux un paysan laborieux qu'un bourgeois oisif et dissipé. Je suis plein de déférence pour un patron attentif et avisé, qui mène sa barque comme un pilote habile à travers tous les écueils; mais quand je vois la direction d'une maison livrée à un paresseux, à un étourdi, à un incapable, je me dis qu'il serait bien heureux pour la maison d'être débarrassée de son patron, et pour le patron, puisqu'il a des bras, de les employer à gagner une bonne journée en obtenant un établi. Je dis qu'entre un bon ouvrier et un sot patron, c'est l'ouvrier qui mérite d'être estimé et considéré.

De même pour la paysanne, transformée en fausse dame, dont je parlais tout à l'heure, je pense qu'elle fait tout ce qu'elle peut pour se rendre malheureuse. Elle n'est plus paysanne, puisqu'elle n'en porte plus les habits et n'en remplit pas les obligations. Elle est l'objet de la jalousie et du mépris de celles qu'elle a quittées. Elle a quatre-vingt-dix chances sur cent pour être punie de sa vanité par la ruine; elle l'est dès à présent par l'ennui auquel elle se condamne en s'imposant des habitudes qui lui sont une cause perpétuelle de gêne. On ne la souffre plus dans sa classe, mais on ne l'admet pas dans l'autre; elle y est un sujet de risée; elle ne sait plus ni s'habiller, ni marcher, ni s'asseoir, ni parler, ni écouter. Elle a elle-même conscience de sa gaucherie; elle rougit de ce qu'elle est et de ce qu'elle veut être; elle a honte de son mari et d'elle-même. Elle détourne quand même ses enfants de leur vocation, car l'expérience la fait souffrir sans l'éclairer, et elle ne veut pas les laisser déchoir. Elle croit que ce serait pour eux une déchéance que de revenir à un état dont ils rempliraient parfaitement les devoirs, et où ils se trouveraient heureux, parce qu'ils s'y trouveraient chez eux. Elle n'aura de cesse qu'elle n'en ait fait des bacheliers... et des déclassés.

Non, non. La dame dont je parlais ne cache pas sa profession et sa condition. Elle est paysanne, elle est ouvrière; elle s'en vante. Elle tient les comptes de la ferme en comptable exercée. Elle sait mieux coudre, repasser et laver, que ses servantes. Elle leur apprend à faire la cuisine. Quand viennent les foins et les moissons, elle prend sa faucille comme les autres. Elle connaît ses bêtes par leur nom. Elle n'a pas peur de traire une vache; elle gouverne la basse-cour, elle jardine un peu à son loisir, et quand il y a un pot de fleurs sur la table, il y a à parier que c'est elle qui les a plantées et soignées. Ce que je demande, c'est que sa tâche ne dépasse pas ses forces; que l'homme fasse un peu plus de besogne, pour qu'elle en fasse un peu moins; qu'on lui épargne certains travaux dégoûtants ou malpropres; qu'on la pousse à prendre soin de sa personne; qu'elle ait quelques plaisirs convenables à ses goûts, peut-être un peu de musique; qu'elle sache chanter sans prétention; qu'elle voie ses amies le dimanche; qu'elle ait deux ou trois bons livres dans son armoire. Dans une vie si active et si sérieuse, il n'y a de place ni pour la coquetterie ni pour le luxe; mais si elle porte avec quelque élégance le costume du pays, c'est tant mieux pour elle et pour ceux qui l'entourent. En un mot, je veux que la paysanne devienne un peu une dame, sans cesser d'être une paysanne, et qu'elle honore sa classe en y restant.

Me fais-je comprendre? Je le voudrais passionnément. Parviendrai-je à me faire écouter? Je n'aime pas beaucoup l'intervention de l'État pour limiter les heures de travail, et je ne la subirai que si je ne peux faire autrement; mais que ce soit par l'État ou d'un commun accord, je voudrais qu'aucune fille de fabrique, *factory girl*, ne fît une journée entière;

je voudrais qu'elle ne fût ouvrière qu'une partie du jour, et qu'elle fût femme le reste du temps. Cela ne peut se faire que par un surcroît de travail pour le père ou le mari; mais combien ils y gagneraient en bonheur!

LES ŒUVRES FÉMININES

Il n'y a presque pas de femme, dans les classes quelque peu aisées, qui n'ait quelque bonne œuvre à laquelle elle s'adonne sans bruit. Quelques grandes dames ont deux ou trois œuvres qu'elles patronnent avec éclat; c'est un de leurs luxes. Vous trouverez de braves gens qui n'aiment pas les charités débordantes, et qui conseillent aux femmes de se consacrer uniquement à leur maison, et, comme on disait autrefois, de n'avoir pas d'histoire.

Ne pensez-vous pas, madame, qu'en ces sortes de choses, il faut du tact et de la mesure, et qu'il en faut beaucoup quand il s'agit de bien établir le rôle qui convient aux femmes? J'aimerais mieux pour elles, je l'avoue, une vie très retirée et presque cloîtrée, qu'une vie trop mondaine. Mais pourquoi ces exagérations? Je veux bien dire que le bonheur consiste principalement à remplir son devoir; mais il comporte aussi une certaine somme de plaisir. Je constaterai, si l'on veut, que le premier devoir, pour une femme, est de rendre sa maison très douce et très agréable pour ceux qui sont appelés à y vivre sous son empire; mais elle a aussi des devoirs envers les malheureux, les mêmes devoirs que nous, et d'autres encore; car notre générosité ressemblera toujours à un raisonnement ou à un calcul, toujours un peu formelle, tandis que la sienne est spontanée et trempée de larmes. Une mère de famille doit, dit-on, tous ses instants et toute sa vie à son mari et à ses enfants. Eh bien, elle leur donnera toute sa vie, et ce qui lui restera après cela, de son temps et de son cœur, elle le donnera à ceux qui souffrent.

Nous rencontrons ici d'abord la religion, ou les religions, avec lesquelles il faut toujours compter quand il s'agit de questions sociales. Les deux grandes forces religieuses sont l'éducation et la bienfaisance. Dans toute religion et dans tout pays, le clergé revendique le droit d'instruire et l'honneur de secourir. C'est aussi le goût et la vocation des femmes. Il le sait, et ne manque jamais de les prendre pour auxiliaires. Il les appelle, les enrégimente, les conduit au combat contre l'ignorance, le vice et le malheur, fait beaucoup de bien par elles, et ne manque pas de tirer profit, de ce bien fait en commun, pour son influence propre.

Il se produit, cela va sans dire, quelques excès de zèle, qui transforment les bonnes œuvres en œuvres de propagande, ou même, comme on disait il y a quelques années, en menées cléricales. Je crois que cela est fort rare. On exagère le nombre et la portée des exagérations, pour s'en faire des moyens de polémique. Le clergé est surtout préoccupé de faire de bonnes écoles, et de répandre d'abondantes aumônes. Les rêves de domination qu'il a pu avoir autrefois sont bien dissipés, et les événements lui démontrent de plus en plus que la meilleure politique qu'il puisse suivre désormais est d'invoquer la liberté, et de s'y tenir. Les femmes ont pris de leur côté l'initiative de grandes associations purement laïques. Quelques-unes de ces associations, à Paris et dans de très grands centres industriels, sont anti-cléricales; la plupart sont animées par un esprit religieux, sans aucune affiliation ni subordination à un clergé quelconque; toutes les religions y sont admises sur le pied de la plus complète égalité; et quoique les femmes soient beaucoup plus portées que les hommes à demeurer attachées à leurs doctrines confessionnelles, c'est plutôt des associations composées d'hommes que sont sortis les mouvements anti-sémitiques de ces dernières années.

Je crois devoir laisser ici de côté tout ce qui touche aux religions positives. Les femmes que nous formons ne sont pas destinées aux cloîtres. Nous souhaitons qu'elles aient de la religion; nous pensons qu'on peut en avoir dans toutes les Églises. La religion naturelle, dont j'ai tenté ailleurs de réunir les principes, n'est que l'ensemble des croyances communes à toutes les religions. Elle ne condamne rien de ce qu'elle omet. Elle n'a d'exclusion que pour l'intolérance.

Si l'on faisait une étude comparée des congrégations d'hommes et des congrégations de femmes dans l'Église catholique, qui est la grande et souveraine maîtresse de la vie mystique, on trouverait, parmi les femmes, de très nombreuses fondatrices et de très puissantes réformatrices. Les ordres féminins sont de trois sortes : contemplatifs, scolaires, hospitaliers. Les ordres scolaires et hospitaliers dominent. Dans la plupart, les deux caractères sont réunis, comme par exemple chez les sœurs de Saint-Vincent de Paul, qui tiennent des écoles, desservent des hôpitaux et portent des secours à domicile. On peut dire que dans toute femme il y a une maîtresse d'école et une sœur de charité. Les femmes du monde ont moins d'occasion en France de s'occuper des écoles qu'en Angleterre où elles ont partout leur école du dimanche. Nous avons ici les couvents, qui sont nombreux, et, depuis 1867, des écoles communales de filles dans tous les villages. On se rejette sur la fondation des orphelinats, des ouvroirs. Les femmes du monde et les religieuses se rencontrent plus souvent qu'on ne croit au chevet des malades et dans le logement des pauvres. Il y a toujours quelque chose à inventer ou à importer. Les asiles de nuit sont la dernière création de la charité. On trouvera mieux, quoique ce soit bien beau.

Je demande à présent la permission de distinguer les œuvres tapageuses et les œuvres muettes. Ce n'est pas pour jeter l'anathème au bruit que l'on fait pour recommander les œuvres. Si j'étais capable de faire du bruit, il est clair que j'en ferais le plus possible pour les deux œuvres qui me sont particulièrement chères, et qui sont le sauvetage de l'enfance et les ambulances urbaines.

Je fais tous les ans une conférence sur le sauvetage de l'enfance; je ne suis donc pas ennemi du bruit. Il faut de l'argent pour faire des œuvres, et il faut du bruit pour avoir de l'argent. Mais ce que j'appelle les œuvres tapageuses sont surtout celles auxquelles on s'affilie tout exprès pour faire du bruit; des œuvres d'ostentation, créées et imaginées pour le bonheur et la splendeur de celles qui s'y livrent. J'avoue que je ne m'intéresse pas plus aux œuvres de ce genre qu'à la création d'une nouvelle étoffe. Encore un beau tissu de soie peut-il avoir des conséquences heureuses pour Lyon ou Saint-Étienne, et je m'en préoccupe à ce point de vue-là. Mais qu'on donne un bal de bienfaisance qui coûte cinquante mille francs et ne rapporte pas cinq mille francs aux pauvres, je me demande pour qui il est donné? Je vois bien qu'on s'y amuse, qu'on y étale de belles toilettes, et qu'on reçoit force éloges dans les journaux pour sa grâce et sa charité; mais je n'admets pas qu'on ait le droit de prendre l'enseigne sacrée du malheur pour couvrir toutes ces joies, et quand je jette les yeux sur ces salles brillantes, je pense au grenier qui n'en tirera pas le bénéfice d'un morceau de pain. Ne jouons pas la comédie de la charité; elle est ignoble.

A l'époque où je m'occupais de la réforme des logements ouvriers, un homme à manteau bleu me supplia un jour d'aller visiter sa pauvre maison. Je partis avec lui. Ce n'était pas une bicoque. Il y avait là, en deux ou trois corps de logis, près de cent familles : « Cent familles, me dit-il, qui seraient sans asile si je n'avais fait cette fondation. » Il m'en démontra longuement tous les avantages, la propreté, la salubrité, les commodes dispositions. Les femmes qui étaient là approuvaient, renchérissaient. Dans ce concert et dans ce spectacle, je sentis quelque chose de faux qui me troublait. J'y pensai et repensai toute la nuit, et dès le matin, j'étais de nouveau à la porte de cette cité modèle, seul cette fois-là, et sans être attendu.

Quel changement! La crasse et la poussière étaient revenues comme par miracle en une seule nuit. Les enfants aussi étaient revenus. Où il n'y en avait que deux la veille, il y en avait sept aujourd'hui. C'était un encombrement, un étouffement. Comment aurais-je deviné que ce lit, auquel on avait prêté des draps et une couverture pour la circonstance, servait aux frères et aux sœurs qui couchaient pêle-mêle sur la planche nue! O l'habile homme! l'admirable monteur de coups! Toutes ces femmes qui l'approuvaient hier me criaient aujourd'hui qu'il avait bien fallu mentir devant lui, pour ne pas être jetées à la porte. J'appris à me méfier de la charité tapageuse. Je me demande d'abord, en présence de ces étalages, ce qu'ils rapportent en renommée et en argent à la personne qui tient la boutique.

Ce que je reproche à ces hypocrites, c'est de déconsidérer la vertu. Ils sont comme ces pauvres qui découragent de donner à force d'avoir perfectionné l'art d'apitoyer. Que ces fanfarons et ces fanfaronnes de bienfaisance ne nous empêchent pas de voir la vie comme elle est, particulièrement dans notre pays. Allez chez M. le curé : il vous dira les noms de celles qui donnent, à moins, ce qui n'est pas rare, qu'elles aient exigé de lui le silence. Beaucoup ne prennent pas d'intermédiaire. Elles sont à l'affût de la souffrance pour la guérir. Elles économisent sur leur toilette ou leur plaisir, pour se donner ce plaisir-là, qu'elles placent au-dessus de tout. A chaque privation qu'elles s'imposent, elles pensent avec délices au malheur qu'elles vont soulager. Elles ne se donnent pas toujours la joie de verser elles-mêmes le baume sur la blessure. Elles savent qu'il y a des âmes délicates qui s'efforcent de cacher leur détresse. Elles cachent aussi leur bienfaisance. Le secours arrive sans le bienfaiteur. Le secouru ne peut remercier que Dieu; et n'est-ce pas Dieu en effet qui a ouvert pour lui ce cœur délicat et charmant?

Je me donne quelquefois le plaisir de lire les listes de souscription aux belles œuvres. Toutes ces femmes ne disent pas leur nom. La plupart savent bien que peu de gens éprouveront la curiosité qui me pousse. Elles déposent là leur engagement, et n'y marquent pas leur orgueil. Voilà un nom que je connais. Mille francs par an! Je sais qu'elle est bien riche; mais cette liste est la dixième, la vingtième où je la trouve, sans compter ses charités privées. Je deviens, pour elle, indiscret. Je compare ses dons avec ses ressources.

Cette riche, à force de donner, se rend pauvre. Cette année, elle a engagé ses revenus. Oh! bien secrètement. On n'aime pas à avouer sa misère. En voilà une autre qui avait un riche écrin. Elle a tout donné, jusqu'au dernier diamant. Elle a le cœur gai, à présent : elle pense aux larmes qu'elle a séchées.

Je m'arrête aussi quelquefois à l'obole. C'est un contraste violent avec le gros chiffre qui précède. Pourquoi donner, puisqu'elle donne si peu? Hélas! elle donne sa bonne volonté, son exemple, son cœur. Elle appelle les pauvres au service des pauvres. Il y a mille à parier contre un qu'elle donne son temps, dont elle a besoin. La Sagesse des nations prononce que : « Nul ne donne ce qu'il n'a pas. » Quelle erreur! Ce sont ceux qui n'ont rien, qui donnent le plus.

Un usage touchant s'est établi de charger l'Académie de récompenser les belles actions. Les beaux talents couronnent les belles vertus. Tous les ans on lui présente des femmes qui auraient besoin d'être elles-mêmes secourues, et qui s'adonnent à élever ou à secourir toute une famille de misérables. La foi transporte les montagnes : le cœur aussi. Il est plus fort que Pasteur, plus fort qu'Edison; plus adorable, plus puissant que le génie.

Une chose me frappe. Les femmes ne font pas partie officiellement des bureaux de bienfaisance. Pourquoi? Elles y seraient chez elles. On vient, bien tardivement, de les introduire dans les conseils de l'instruction publique. Elles y sont en minorité; il suffit qu'elles y soient; je ne crois pas qu'il faille les y appeler en plus grand nombre, si ce n'est dans les délégations. La direction supérieure est une œuvre philosophique ; la surveillance des détails demande de la finesse et de la tendresse. Là surtout est leur place. Comment ne pas les appeler dans les bureaux de bienfaisance? On craint qu'elles se laissent trop dominer par la pitié! Mais elles ne seraient pas seules; et puis elles feraient leur éducation. Le bien des pauvres ne coule pas entre les doigts des filles de Saint-Vincent de Paul. Soulager, guérir, affaire des femmes. Mettons-les où elles seraient utiles, où elles sont nécessaires ; et ne les laissons pas rêver d'aller où elles seraient gênantes ou gênées.

J'aurai l'air de faire un paradoxe si je dis que je désire leur voir prendre de l'influence sur la politique, et que c'est pour cela que je ne veux pas leur donner de droits politiques. Pour cela et pour quelques autres raisons encore. Je me figure difficilement une femme entrant en querelle réglée avec son mari et avec son fils pour le choix d'un candidat. Posera-t-elle elle-même sa candidature? Espérez-vous qu'une fois jetée dans la lutte, elle sera traitée en femme? Ne savez-vous pas qu'en politique, on ne voit que l'adversaire? On ne respecte ni l'âge, ni le service rendu, ni l'illustration, ni le génie. Est-ce là la place d'une femme? Une fois notre égale, quels droits invoquera-t-elle à notre déférence? Il ne lui restera d'autre arme que sa faiblesse physique. Elle est donc perdue. Le respect, la décence, la politesse des mœurs, le secret du foyer, tout disparait, et bientôt il ne restera de la famille, déjà bien menacée par l'émancipation du fils, que les soins donnés à la première enfance. Que gagnera-t-elle en échange de tout ce qu'elle perd? De l'autorité? Je n'en sais rien. Elle n'est pas faite pour cette rude vie, elle y sera constamment vaincue. A côté de la bataille, elle était puissante, influente; mêlée à la lutte, elle ne sera rien et ne pourra rien. Et à nous, que nous apportera-t-elle? Son esprit est-il fait pour étudier les finances, la statistique, l'économie politique, la jurisprudence? Saura-t-elle sacrifier les personnes aux principes, oublier la famille pour la patrie? C'est une vérité d'évidence, qu'elle est excessive en tout, dans l'amour comme dans la haine. Quel triste présent on ferait aux hommes, et quel triste présent aux femmes! Ce n'est pas l'égalité seulement que l'on cherche par cette réforme, c'est l'identité.

La suppression des différences! La chimère des chimères! D'abord cette suppression-là est impossible : l'esprit d'une femme, le cœur d'une femme, ne sont ni l'esprit ni le cœur d'un homme. Combien on doit s'en féliciter! Et en toutes choses, que de différences maladroitement supprimées, qu'il faudrait faire renaître si on avait un peu de sagesse! Je suis bien aise qu'un Provençal et un Breton aient l'un et l'autre le cœur d'un Français. Qu'ils mettent la patrie française au-dessus de tout, j'y consens, j'en suis ravi. Mais à l'identité du costume, du langage et des habitudes, que gagnez-vous, je vous prie? Je vois bien ce que vous y perdez; ce que vous perdez à cette éducation commune, qui règne sous toutes les latitudes, s'impose à toutes les intelligences, et rend les hommes incapables, sous prétexte de les rendre égaux. Nous allons rendre le monde bien ennuyeux : un de ces matins, il suffira de connaître Paris pour connaître l'univers. L'unité dans la diversité, qui est la suprême aspiration de l'art, est aussi la condition de la science sociale. Pour moi, qui aime et respecte les femmes, je désire passionnément augmenter leur bonheur et développer leurs qualités, et je crois sincèrement qu'en essayant d'en faire des hommes, on n'arrive qu'à les dégrader.

Je suis très persuadé que si elles ne font pas des députés, et si elles n'entrent pas elles-mêmes à la Chambre, si elles ne discutent pas dans les clubs, dans les assemblées électorales, dans les bureaux et dans les commissions, si elles ne montent pas à la tribune pour appuyer ou renverser un ministère, elles gagnent à cette exclusion le droit d'exercer sur la politique une influence morale; le droit de se prononcer sur les questions de justice et d'honneur, le droit de combattre les sots préjugés qui compromettent la vie des hommes et celle des peuples. Si le honteux usage des pots-de-vin, le trafic des places, la préoccupation exclusive des intérêts privés ou des intérêts locaux s'introduisent dans l'administration, les femmes s'en aperçoivent plus vite que les hommes, parce qu'elles sont moins préoccupées des faits de la cause et que pour cette raison même, les questions pratiques ne leur cachent pas les questions de principe. Elles ne sont pas, comme les hommes, en garde contre leur sensibilité. Si elles étaient aux affaires, il est possible, il est certain que le cœur les conduirait plus que la raison. Ce serait un mal; et c'est un mal aussi, et un grand mal, d'oublier le cœur et de l'étouffer. Ce n'est pas en vain que Dieu l'a fait si puissant, et qu'il a créé les femmes tout exprès pour en être les interprètes. Elles sont, comme disait madame de Staël, les juges désintéressés des combats de la vie. Elles représentent, dans l'ordre politique, le cœur et l'honneur, qui exercent leur empire par l'opinion et par l'émotion.

Au moment où je parle, l'Europe est menacée d'une guerre auprès de laquelle toutes les guerres passées ne seraient rien. Il n'y a pas un de nos enfants dont la vie ne soit en péril; il n'y a pas une fortune laborieusement édifiée qui ne puisse être supprimée demain. Ces villes superbes ne seront plus que des ruines; ces belles campagnes seront transformées en déserts; tous les canons et tous les fusils qui sont dans le monde partant ensemble et crachant la mitraille de tous côtés détruiront des populations entières. Ceux qui ne mourront pas sur les champs de bataille pourriront dans les hôpitaux.

Les hommes laissent marcher les événements jusqu'à l'explosion, sous prétexte de ne pas paraître manquer de courage. La guerre! Qui a peur de la guerre! Eh bien? on se battra. C'est moi qui suis le plus fort. — Hélas! fous que vous êtes, qui sait où est le plus fort avant l'événement? Et qui n'a appris par de douloureuses expériences ce que peut un moment de folie sur l'esprit d'un souverain ou d'un général? Il suffit d'un ordre mal donné ou mal compris pour qu'un empire s'écroule. Ne croyez-vous pas qu'il y a là une fonction à remplir pour les femmes? La politique de la paix, voilà leur politique. C'est à elles de prêcher le désarmement et l'arbitrage. Nous faisons des listes d'amis de la paix. En comptant tout, je crois bien que nous avons cent mille signatures, et plus de signatures d'hommes que de signatures de femmes. Si toutes les femmes voulaient se liguer, elles obligeraient les peuples à faire vider leurs différends par des arbitres. Elles font des ligues pour les droits des femmes. Le premier droit d'une femme est d'avoir un mari et de sauver la vie à ses enfants. A quoi pensent les reines sur leurs trônes? Osent-elles se proclamer augustes, parce qu'elles président aux bals de la cour, et qu'elles règlent les questions de toilette et d'étiquette? Où est la reine qui a jamais dit à un conquérant : « Arrêtez-vous; vous allez devenir un meurtrier! » Si les reines oublient qu'elles ont le cœur d'une femme, que les autres femmes s'en souviennent. Elles ne pourraient pas, je le crains, supprimer les guerres; elles pourraient les ajourner, les retarder, en diminuer l'atrocité et le nombre. Je signale à toutes les femmes cette œuvre féminine par excellence. Elles souffrent de la guerre plus que nous, puisqu'elles lui survivent.

L'ÉPOUSE

Quelle est la vocation de l'homme? C'est d'être un bon citoyen. Et de la femme? D'être une bonne épouse et une bonne mère. L'un est en quelque sorte appelé au dehors; l'autre est retenue au dedans. Étudiez l'histoire, vous trouverez cela à tous les âges; parcourez la terre, vous le trouverez sous toutes les latitudes. Étudiez les goûts et les aptitudes de l'homme et de la femme, vous arriverez à la même conclusion. L'homme est fait pour combattre et pour travailler au dehors; la femme pour élever les enfants, pour faire régner l'ordre dans la maison et pour y organiser le bonheur.

Les devoirs de citoyen n'effacent pas les devoirs de famille. Ils ne sont ni plus sacrés ni plus impérieux; et cependant, quand la patrie est menacée, on lui doit le sacrifice de sa vie; il n'est même pas permis de penser aux douleurs et aux malheurs qu'on laissera derrière soi.

Le père est le chef de la famille. Il a la plus grande responsabilité; il exerce la plus grande autorité.

Aristote, qui avait le malheur d'admettre l'esclavage, disait que, dans la famille, la dignité du père résulte de la multiplicité de ses devoirs. Il conduit le navire; il met l'ordre dans l'équipage, assigne à chacun sa tâche et veille à ce qu'elle soit bien remplie. Il donne à chaque passager tout ce qui est nécessaire à la vie, et il y joint le superflu dans la mesure de ce qui est possible et de ce qui est juste. Il est attentif à ce qui se passe au dehors, parce que c'est lui qui doit signaler l'ennemi et lui faire face. L'esclave n'a ni autorité ni dignité, parce qu'il n'a la responsabilité de rien, et que toute sa vie est d'obéir.

Chez les peuples primitifs, le pouvoir du père sur la femme et les enfants était absolu. Il l'était encore dans des états de civilisation très avancée, notamment sous l'empire du droit romain.

On a regardé comme un progrès d'avoir limité la puissance paternelle dans ses effets et dans sa durée. La loi a fixé des âges au delà desquels l'enfant échappe, d'abord à certaine partie, et ensuite à la totalité de la puissance paternelle; il devient à son tour citoyen et père de famille, il exerce les mêmes droits que son pere dans la cité et dans son foyer. Même avant l'émancipation et pendant que l'autorité paternelle subsiste, elle a été restreinte tantôt par la création du conseil de famille, tantôt par l'intervention directe de la loi. L'État s'est attribué le droit de protéger l'enfant dans sa vie et dans ses biens contre l'incurie, l'incapacité ou l'avidité du père. La femme aussi a été protégée. On a pris des mesures pour lui assurer la conservation de ses biens propres, et de sa part dans les acquêts; elle a été défendue par la loi contre les sévices et mauvais traitements; on lui a accordé l'équivalent de l'émancipation, d'abord par la séparation et ensuite par le divorce. Du moment qu'elle peut demander la séparation ou le divorce, elle est armée contre les abus de l'autorité maritale.

Cette autorité n'en subsiste pas moins, et elle est très étendue. Le mari choisit le lieu de sa résidence, et la femme est obligée de l'y suivre; il ne peut aliéner les biens, mais il en a l'administration, ce qui le rend maître absolu de la dépense. Avec ces deux droits, il a tout et il peut tout. Il s'abstient seulement des actes et des procédés qui le feraient condamner, si une instance en séparation était introduite. Même pour s'adresser à la justice, la femme a besoin de l'autorisation de son mari. Il a fallu recourir à des subterfuges pour que dans certains cas cette autorisation ne pût lui être refusée, ou vendue.

Les conséquences les plus lourdes de l'autorité maritale découlent des conditions dans lesquelles s'exerce l'autorité du père sur les enfants. Je n'en citerai qu'un exemple. Le père choisit l'école, il peut même choisir la religion. Si le père est protestant, et veut élever son fils ou sa fille dans la religion protestante, la mère est obligée de se soumettre. Elle n'a d'autre ressource que de demander la séparation.

Il est possible, il n'est pas certain que le tribunal regarde cette divergence en matière d'éducation et de religion comme un empêchement à la vie commune.

Et il faut ajouter ici sur-le-champ qu'une femme catholique ne peut plus invoquer la séparation en sécurité de conscience, depuis que la séparation donne lieu de plein droit au divorce après une période de trois ans, car ce serait demander indirectement le divorce. Elle se trouve prise entre la loi religieuse et la loi civile, et obligée de subir en silence les sévices de son mari, à moins qu'ils ne tombent sous le coup de la loi pénale.

Il se produit de tous côtés des réclamations contre cette inégalité de droits entre les deux conjoints, dont on proclame théoriquement l'égalité, et dont l'un est très positivement et très effectivement le maître de l'autre. Tantôt on demande des atténuations à l'autorité du mari; tantôt on demande un droit d'appel : l'appel par exemple à un conseil de famille, ou au juge de paix; tantôt recourant, à une solution plus radicale, on demande le partage égal de tous les droits; mais ce partage égal, dans une société nécessairement composée de deux personnes, équivaut à la dissolution virtuelle de la société, puisque cette dissolution se produira à la première divergence.

Il y a une autre difficulté. Très peu de familles subsistent sur leur patrimoine. On peut même dire que, grâce à l'abaissement de la rente foncière et à la mobilisation croissante de la propriété, les derniers oisifs ne tarderont pas à disparaître. Il ne restera en dehors de l'atelier universel que des vieillards, des infirmes et des veuves. Dès à présent, toutes les familles, à très peu d'exceptions près, vivent du travail de leur chef. On a beau dire que la femme travaille à l'intérieur, et que, dans un nombre infini de cas, son travail, estimé numériquement, est l'équivalent du travail de l'homme; il n'y a pas de raisonnement, même juste, qui l'emporte sur le fait; et le fait, c'est que celui qui fait vivre la famille en est le maître.

Dans l'agriculture, où le travail des femmes a une place, et même une assez grande place, le labour proprement dit, qui est l'affaire principale, leur échappe complétement. C'est l'homme qui creuse le sillon, fait les charrois, fume la terre, jette la semence. Dans l'industrie il a en partage le travail du fer, celui du bois, la maçonnerie, les terrassements. Les femmes sont exclues de la chasse, de la pêche; tout au moins de la grande pêche. Elles ne tiennent pas la mer. A l'exception des industries textiles et des services domestiques, l'infériorité de leurs forces leur interdit presque toutes les professions manuelles. L'infériorité de leur contribution dans les gains explique et confirme l'infériorité de leur autorité dans la famille.

Les partisans de l'émancipation des femmes ont donc été amenés à chercher pour elles un travail rémunérateur. Ils ont été servis à souhait dans cette campagne par les progrès de la science, comme ils ont été servis dans leurs plans de réforme politique par les progrès de la démocratie, et dans leurs projets de transformation sociale par le mouvement philosophique. Leur triple but est de mettre la femme à même de gagner sa vie aussi bien que l'homme, et de lui donner les mêmes droits dans l'état et dans la famille.

Là comme ailleurs, la révolution scientifique marche plus vite que la révolution politique. Elle a pour but et pour effet de changer les rapports de la force humaine et des forces de la nature. Les forces de la nature qui étaient pour nous des obstacles contre lesquels nous avions à lutter, sont devenues, grâce à la science, des auxiliaires qu'il s'agit de diriger, et cette direction exigeant plus d'intelligence et d'adresse que de force, la femme y suffit dans presque tous les cas.

C'est ainsi que les femmes exercent désormais le plus grand nombre des fonctions dans les filatures et les tissages. Elles n'étaient, à l'origine, que macteuses, rattacheuses, plieuses; elles sont tisseuses à présent; elles conduisent le *self-acting*. Elles remplissent tous les emplois du téléphone, presque tous ceux de la télégraphie. On les occupe dans les imprimeries au travail de la casse, qui est la fonction principale de la typographie. Elles pénètrent peu à peu dans les bureaux; elles les rempliront : elles sont plus propres que les hommes à la vie sédentaire; elles entendent la comptabilité à merveille; elles acquièrent sans peine une bonne écriture; elles rédigent bien. On ne se contente pas pour elles de l'industrie privée, on prétend les introduire dans les services publics. Elles ne servent encore que d'avertisseuses sur les grandes lignes; le petit chemin de fer des Dombes les utilise comme chefs de gare. Elles remplissent les fonctions de receveuses, de buralistes; elles sont directrices des postes. L'impulsion donnée à l'instruction primaire pour les filles depuis la loi de 1867, et à l'instruction secondaire par la loi Camille Sée ont fait entrer les femmes en très grand nombre dans l'Université. En outre, on les préfère, avec raison, aux hommes, pour la direction des écoles mixtes; et avec raison aussi, on s'occupe de les substituer aux hommes, dans les collèges de garçons, pour la direction des classes élémentaires.

Leur aptitude presque universelle étant ainsi démontrée par les faits, on demande de les introduire sur le pied d'égalité avec les hommes dans toutes les administrations publiques et dans les professions libérales.

On invoque pour leur ouvrir les professions libérales les lois qui ont placé au début de la carrière les examens de probation. Si une femme démontre, dans un examen, qu'elle a autant de connaissances et de capacité qu'un homme, on ne voit pas pour quelle raison on lui refuserait le grade, et l'exercice de la profession dont il ouvre l'accès. Il y a en Amérique, il y a même en Belgique, des femmes inscrites au barreau. Je pense qu'il faudra encore beaucoup de temps pour introduire en France cette innovation.

Lorsque Enfantin comparut, en août 1832, devant la cour d'assises, il avait choisi pour avocats Aglaé Saint-Hilaire et Cécile Fournel. La cour refusa de les entendre. « Je proteste, dit Enfantin, contre cette exclusion des femmes dans une cause qui intéresse spécialement les femmes. » Les médecins ont été plus accommodants que les avocats. Il y a eu quelques difficultés, sous l'Empire, quand une femme se présenta à la Faculté de médecine pour une inscription. A présent, c'est chose faite. Nous avons des pharmaciennes et des doctoresses. Ce n'est plus qu'une question d'accoutumance. La barrière légale est abaissée.

On ne se contente pas de trouver de nouvelles branches de travail pour les femmes. On veut supprimer toutes les lois qui les assimilent aux mineurs; leur donner, dans l'État, tous les droits politiques dont jouissent les hommes, et, dans la famille, partage égal de l'autorité.

Entendons-nous d'abord sur le sens exact de ces mots : droits politiques.

De quels droits politiques s'agit-il? On ne parle la plupart du temps que de l'électorat, mais il ne paraît pas possible de s'arrêter à moitié chemin. Si jamais elles sont électrices, elle seront éligibles; de mêmes que, si elles sont avocats, elles seront juges. L'exclusion des femmes de l'électorat et de l'éligibilité aux fonctions publiques se comprenait plus aisément quand la loi choisissait le corps électoral. Elle disait, suivant les convenances : Il faudra avoir vingt et un ans, ou trente ans, ou quarante ans; il faudra payer un cens; et elle ajoutait : Il faut être homme. A présent que les droits politiques, au lieu d'être créés par la loi, appartiennent à tous les citoyens, on se demande pour quelle raison ils seraient refusés aux citoyennes.

Je ne vois à examiner que quatre objections : leur faiblesse physique; leur infériorité intellectuelle; l'incompatibilité de la vie publique avec les convenances et le devoirs de leur état; les conséquences nécessaires dans l'organisation de la famille.

Il ne faut tenir aucun compte de la première objection : elle est ridicule. Aucune constitution n'a jamais compris un article ainsi conçu :

« Nul n'est admis à exercer ses droits de citoyen, s'il est incapable de porter un poids de cinquante livres. »

L'infériorité intellectuelle des femmes ne me paraît pas plus défendable. Il est certain qu'on trouve à peine à signaler, dans toute l'histoire, quelques femmes de génie. Les femmes ont des poètes, et même assez nombreux, tous de second ou de troisième ordre; elles peuvent à peine citer deux ou trois auteurs dramatiques, et pour des bluettes agréables, sans aucune portée; elles n'ont pas un seul historien; pas un philosophe. Elles peuvent seulement citer quelques noms en théologie, et parmi eux, deux noms éclatants : sainte Thérèse et Héloïse. Madame de Staël occupe certainement un rang distingué dans les sciences politiques et sociales, mais c'est un exemple unique. Je ne vois que deux genres, en littérature, où les femmes soient nos égales : le genre épistolaire et le roman. J'incline à penser que le premier rang leur appartient dans le genre épistolaire, et que, dans le roman, madame Sand et madame Cottin, le disputent sans trop de désavantage à Walter Scott et Balzac. Il en est de même dans les arts. Quand vous aurez cité Rosa Bonheur et une ou deux autres, il ne restera plus que des peintres de second ordre. En sculpture, beaucoup de talents distingués; en musique, surtout des virtuoses. Les défenseurs des femmes disent à cela que c'est la faute de leur éducation. Cela n'est pas vrai, surtout aujourd'hui, où aucun moyen ne leur manque. Ma conclusion est que l'élite des hommes est supérieure à l'élite des femmes. L'histoire l'établit, et la psychologie l'explique.

Mais ce n'est pas pour le génie qu'on fait des constitutions, c'est pour l'humanité, ce qui est bien différent. En France, par exemple, qu'est-ce qu'une élite de quelques centaines de grands esprits en présence de quarante millions de personnes qui peuvent être appelées à exercer les droits de citoyens actifs? Or, il y a présomption pour que, à éducation égale, l'esprit des femmes soit aussi ouvert que celui des hommes. Ce n'est pas le même esprit, d'accord; il y a peut-être plus d'imagination d'un côté et plus de logique de l'autre; mais qu'avons-nous besoin de nous engager dans cette analyse difficile et dont le résultat est au moins douteux? Nous donnons les droits politiques à des millions et des millions d'hommes qui ne les comprennent pas mieux et ne les exercent pas avec plus de compétence que ne feraient un nombre égal de femmes auxquelles nous les donnerions. Réduite à ces termes, la question n'est même plus discutable.

Je ne juge pas de la même façon les deux objections qui restent.

Il ne faut pas s'y tromper : si vous faites de la femme un personnage politique, vous la modifiez de fond en comble. Il ne faut plus parler de réserve, de timidité, de vie murée, d'habitudes modestes; rien de tout cela ne se concilie avec les habitudes, et même les nécessités de la vie politique. Aujourd'hui surtout la vie politique est la vie à coups de poing. La réforme demandée ne fait pas seulement de la femme un citoyen, elle en fait un petit homme, moins bien doué, je le crains, que nous autres pour cette nouvelle carrière. Je crois qu'elle y sera très malheureuse, à cause de son impuissance, et de la passion qu'elle met toujours à poursuivre son but; elle nous deviendra assez promptement odieuse. Cette réforme de la société est une dissolution à bref délai de la société. C'est tout comme le mariage. Il faut l'abolir sans plus tarder, si on lui ôte sa hiérarchie. Une association formée de trois membres égaux peut durer; mais s'il n'y en a que deux, elle dure tout juste jusqu'à la première discussion. J'admire le beau cadeau que les réformatrices sont en train de se faire à elles-mêmes. Elles n'auront plus de maitre, je le veux bien, mais elles n'auront plus de protecteur. Et la question est de savoir si elles peuvent s'en passer.

Il ne faut pas placer ici les tirades ordinaires sur la liberté. Les éléments que nous comparons, et dont nous cherchons à établir les rapports au mieux de leurs intérêts communs, sont des éléments de nature fort différente. De même que la femme a été faite pour la vie intérieure, pour les travaux intérieurs, elle a été faite aussi pour se soumettre à une direction, et pour se plaire à être dirigée. Elle s'en plaint quelquefois, elle s'en plaint très justement dans les cas, assez nombreux, où la direction est mauvaise; mais la majorité des femmes le comprend; et qu'elles le comprennent ou non, l'étude de la psychologie le démontre.

Mais comme je veux seulement indiquer les questions, je me hâte de résumer la situation.

D'un côté, j'affirme que les femmes et la société ont un égal intérêt : 1° à ce que le mariage subsiste avec l'autorité maritale sans laquelle le mariage est impossible; 2° à ce que les femmes ne soient pas transformées en hommes par la concession inconsidérée des droits politiques.

Et je dirai en passant que, si la France se passait cette folie, elle ferait bien de rendre le vote des femmes obligatoire. Voici pourquoi. C'est que, si on le faisait pas, les femmes socialistes voteraient toutes, et qu'un nombre immense d'honnêtes bourgeoises resteraient chez elles. En outre, on fera bien, en France et dans tout pays catholique, de se souvenir que donner le droit de suffrage aux femmes, et livrer la politique au clergé, c'est la même chose.

Je ne suis pas partisan plus résolu des transformations industrielles qui attirent les femmes hors de chez elles par l'appât d'un salaire élevé. En un mot, pour ce qui concerne spécialement les femmes, je suis inquiet de la réforme économique qui fait d'elles des ouvrières de fabrique, de la réforme politique qui en fait des citoyens actifs, et de la réforme sociale qui a pour but et pour effet de les réduire à n'être plus que des associées en commandite d'une société à deux signatures et à responsabilité limitée. Voilà, sur toutes ces belles choses, mes opinions et mes appréhensions.

Je suis inquiet, ce qui ne veut pas dire que je sois hostile.

Parmi ces transformations, il y en a qui sont inévitables, il faut s'y accommoder; il y en a qui sont justes et désirables, par exemple, le droit, pour les femmes commerçantes, de voter pour l'élection des juges consulaires; le droit, pour les femmes salariées, ou pour les femmes auteurs, de disposer de leurs bénéfices dans les conditions des biens dotaux; le droit, pour toutes les femmes, d'intervenir efficacement dans les questions de conscience et dans les questions de mariage. Il y a des réformes qui seraient excessives et dangereuses, si on poussait la doctrine jusqu'au bout, et qui, restreintes dans de justes bornes, peuvent être acceptées sans inconvénient. Tel est le droit électoral : il fait échec à l'autorité maritale s'il est exercé pendant le mariage; mais à qui ou à quoi peut-il nuire quand il est exercé par une veuve?

J'ajoute qu'il ne s'agit pas pour nous en ce moment de modifier la législation, mais de diriger l'éducation. Je suppose qu'il soit bien établi que, pour le bonheur de la femme, et pour celui de son mari et de ses enfants, elle doit rester dans la maison et mettre son activité au service de la famille : il n'en est pas moins vrai qu'elle a le droit absolu d'entrer dans une manufacture, et qu'on ne saurait, sans injustice, l'entraver dans l'exercice de ce droit; vrai aussi que, dans les cas de chômage, ou d'infirmité du mari, et surtout dans les cas de veuvage, il peut être indispensable pour la femme de quitter tous les jours ses enfants, afin de leur gagner du pain. C'est le cas d'une nourrice, qui prend un nourrisson, confie son enfant à une étrangère, et ne le fait peut-être que par une nécessité cruelle, parce qu'entre deux maux il faut choisir le moindre. Notre tâche comme éducateurs est de former d'abord la femme pour son état d'épouse ou de mère, qui est son état normal, sa condition naturelle; de lui fournir les moyens de gagner un salaire sans déserter la maison, quand cela sera possible; et, enfin, de supposer qu'elle soit réduite à quitter ses enfants pour assurer leur subsistance, et de la préparer aussi à ce genre de vie sans l'y pousser. Je tâcherai de montrer comment on doit diriger l'éducation en se plaçant successivement à ces trois points de vue.

LA FEMME AVOCAT

Émile a épousé Julie.

Il a vingt-huit ans; il est avocat. Son père voulait le faire entrer dans la magistrature; mais il aime la profession d'avocat, active et indépendante. On se fait sa place soi-même par son talent et son activité. Il ne manque pas de talent, et il va redoubler d'activité, à présent que le voilà chef de famille.

Julie a dix ans de moins que son mari; c'est une jolie enfant, bien élevée, timide avec quelque esprit et un fond de bon sens. Elle peut être avec le temps une femme très ordinaire, si son mari reste où il est. S'il s'élève, elle croitra en grâces et en esprit avec sa situation, et sera une personne vraiment distinguée. Nous sommes tous un peu comme les pierres précieuses, qui dépendent de leur monture; et les femmes surtout ont besoin de certains accessoires qui augmentent leur valeur, en la leur révélant à elles-mêmes. Julie pour le moment n'aspire pas si

5.

haut. « Pourvu que je le rende heureux, » dit-elle dans son bon petit cœur. Elle ne fait pas d'autres rêves.

Je voudrais vous dire qu'ils se connaissaient depuis longtemps, et que peu à peu ils s'étaient aimés d'amour tendre. Mais non. Émile pensa qu'il devait chercher femme pour mettre un peu de bonheur dans sa vie; la mère de Julie, comme toutes les mères, cherchait un gendre. On se rendit compte, de part et d'autre, très prosaïquement, de la situation et des espérances. Émile, qui est homme d'affaires, s'assura que tout était pour le mieux, et demanda à être présenté.

Il le fut. Il la trouva aimable; il lui parut adorable. Elle l'aima avec passion, tout en s'efforçant de ne pas le laisser voir; il l'aima de son côté avec tendresse, et son amour ne fit que s'accroître par la durée. Ils ne se pressèrent pas, en personnes sensées. Elle disait : « Il sera mon maître! » Il disait : « Elle sera mon idole! » Ce moment de la vie où l'on est engagé l'un à l'autre, sans être encore définitivement unis, est délicieux à savourer. Les premières joies du mariage, quelle qu'en soit la vivacité, n'effacent pas dans le cœur d'une jeune femme le souvenir du temps « où on lui faisait la cour ».

Ils ne firent qu'une courte absence, et dans les environs; pas de voyage de noce. « Je ne veux pas voir le monde en ce moment-ci, lui dit-il. Tu m'empêcherais de le voir. » Il n'avait d'yeux que pour elle. Ils s'installèrent, au retour, dans la rue de Médicis, d'où l'on voit tout le beau jardin du Luxembourg. Il apporta, dans leur nouveau logement, les meubles de son cabinet, et laissa à la nouvelle maîtresse de maison le soin de meubler le reste. Elle fit dans ce nouveau rôle plus d'une gaucherie, dont ils riaient ensuite de tout leur cœur. Quand elle avait réussi, elle allait chercher ses parents pour se faire donner des éloges, qu'on ne lui ménageait pas. La famille vint; la fortune aussi. Émile entra au conseil de l'Ordre. On les citait pour des gens heureux et dignes de l'être. « Si unis! et si accueillants! Le mari sera un de nos grands avocats. La femme sera de plus en plus charmante! »

Julie était maîtresse de ses biens; Émile lui-même l'avait voulu. Il lui rendait compte de son administration. Elle prenait la chose en plaisanterie. « Voyons, mon homme d'affaires, prenez garde à moi, » disait-elle, en se donnant de grands airs. Puis elle brouillait tous les papiers, en disant : « Où faut-il que je signe? » Mais il ne l'entendait pas ainsi, et il lui rendait compte, très clairement, de ce qu'il avait fait et de ce qu'il comptait faire. Il la mettait même au courant des biens de la communauté.

En revanche, il avait obtenu d'elle très facilement qu'elle tînt avec régularité ses livres de comptes. Il ne manquait pas de les regarder avec elle à la fin du mois, et de comparer le chiffre des dépenses avec celui des recettes. Elle se moquait de lui. « Regardez, disait-elle, les comptes de l'épicier. — Je n'ai pas besoin des comptes de l'épicier, répondait-il; mais j'ai besoin de savoir si nous administrons bien une fortune qui est celle de nos enfants. » Elle l'embrassait, et il se trouvait toujours qu'elle avait à ce moment-là une visite à faire ou à recevoir.

Ils mirent leur fils au lycée Henri IV, comme externe bien entendu. Julie garda sa fille auprès d'elle, en lui faisant suivre les cours des demoiselles Fleury. C'était une mère modèle; elle accompagnait sa fille, assistait à la leçon, prenait des notes, et disait en riant qu'elle était la première élève des demoiselles Fleury. C'était l'exacte vérité. Son mari s'apercevait de ses connaissances nouvelles. Sa conversation était nourrie de faits et de citations : « Tu deviens pédante, » lui disait-il. Et de rire.

Il y avait, chez les demoiselles Fleury, un cours de droit. Julie ne l'avait pas mis sur le programme des études de sa fille. Émile insistait. « Qu'aura-t-elle besoin de savoir le droit? disait Julie. Cela regardera son mari. — Mais si son mari la trompe? — Oh! mon Dieu, et s'il l'assassine? — Pense, chère amie, qu'une femme peut devenir veuve, être tutrice de ses enfants. — N'a-t-elle pas son notaire? — Je ne veux pas faire de notre fillette une doctoresse; mais je veux qu'elle ait au moins quelque teinture du droit. Je me chargerai moi-même des répétitions. »

Ainsi fut fait. La chose marcha bien pendant quelque temps. L'enfant prenait goût à la besogne; le père s'en amusait. Mais il ne put continuer indéfiniment son métier de répétiteur. Il était alors fort occupé au Palais et n'avait plus un moment de liberté. Julie se résigna d'assez mauvaise grâce à le suppléer. Peu à peu, elle prit goût à cette nouvelle étude. Elle acheta des livres de droit pour son propre compte, et ne tarda pas à devenir d'une certaine force.

Elle rougissait un peu du contraste de son érudition nouvelle avec son ancienne indifférence pour les questions d'affaires. Elle essaya de cacher ses progrès à son mari. Elle reprenait ses airs d'insouciance et de frivolité quand il lui parlait de quelques points litigieux. Un beau jour, il lui échappa une objection; elle discuta, elle l'emporta; et son mari, entraîné d'abord par le cours de la conversation, s'aperçut tout à coup que c'était sa femme qui luttait contre lui, et qu'elle le battait. Cette transformation inattendue lui causa d'abord une sorte de mauvaise humeur. Mais il se remit très vite, et n'en fit que rire. « Voilà Julie devenue une habile praticienne. Je vais me décharger sur elle de la direction de nos affaires qui ne sont pas très compliquées, et ce sera du temps de gagné pour mon cabinet. »

Alors commença une ère nouvelle. Un an ne s'était pas écoulé, que Julie avait toutes les affaires de la maison dans la main, recettes et dépenses. Ce fut le tour d'Émile de donner des signatures à l'aveugle. Il en fit dans les premiers temps une plaisanterie. Puis il sentit la nécessité d'y regarder de plus près. Il était temps. La nouvelle administration avait pris le mors aux dents, et était en train de courir les aventures. Il le prit d'un peu haut, mais il trouva à qui parler. Il découvrit entre autres choses que Julie connaissait très exactement ses droits, et qu'elle était résolue à en user. Elle en usait à son propre détriment; mais elle y mettait un entêtement de novice et de femme. Il y eut quelques fautes commises, et des pertes assez sérieuses, qu'Émile parvint à couvrir par un redoublement d'activité.

Cela jeta un froid dans le ménage. Le mari et la femme se regardaient un peu comme des associés, ayant à la fois des intérêts communs et des intérêts opposés. Leurs conversations ressemblaient même par occasion à une conférence de deux hommes de loi plaidant chacun pour son saint. Émile, qui aimait beaucoup à prendre un ton d'enjouement avec sa femme, et à se délasser des fatigues du barreau par quelques enfantillages dans l'intimité, renonça à user de semblables familiarités avec un confrère de cette force. Il s'abstint peu à peu de lui faire des cadeaux. Elle les acceptait très gracieusement, et les portait aussitôt à son avoir, en débitant d'une somme égale l'avoir de son partenaire; car elle était devenue, par concomitance, une comptable de premier ordre. Émile, voyant cela, se tint sur la réserve. Il n'y eut plus de petites fêtes, ni de joyeuses surprises, si ce n'est avec les enfants.

Même avec les enfants, avec sa fille surtout, Julie devint positive et systématique. Il avait été résolu depuis plusieurs années que la fillette passerait ses examens pour le brevet d'institutrice. Cela ne suffit plus à l'ambition de sa mère. Elle lui donna un maître de latin, et réussit à la faire recevoir bachelier. « Que fera-t-elle du latin, et du grec, et de l'algèbre? disait Émile. Qu'a-t-elle besoin de tout cela pour tenir sa maison, élever ses enfants et faire le bonheur de son mari? » Mais Julie n'en était plus à la femme maîtresse de maison, institutrice de ses enfants, gardienne de l'honneur et du bonheur de son mari. Elle voulut faire un coup d'éclat. Elle se rendit au mois d'octobre à la Faculté de droit avec sa fille pour la faire inscrire comme étudiante. « Nous garderons notre secret le plus longtemps possible, dit-elle. Ton père a de vieux préjugés. Dans trois ans, tu lui dédieras ta thèse. »

Le bureau du secrétaire de la Faculté était encombré d'étudiants qui venaient renouveler leurs inscriptions, et qui firent à la jeune recrue un bruyant accueil. Elle fournit son diplôme de bachelier, et l'autorisation des parents, signée seulement de la mère. « Je prendrai l'autorisation du doyen, madame, » dit le secrétaire. Puis passant à l'examen des pièces et constatant l'absence de la signature du père : « Dois-je comprendre que vous êtes veuve? » demanda-t-il en s'inclinant avec politesse. Il savait parfaitement à quoi s'en tenir puisque Émile était alors député de Paris, et l'un des membres les plus actifs et les plus éloquents de la Chambre. Le doyen refusa en alléguant la nouveauté du fait, et la nécessité pour lui d'en référer au ministre. Il ajoutait que l'autorisation à fin d'inscription devait être donnée par le père, dont la signature était nécessaire et suffisante.

En présence de ce refus, Julie fut obligée de faire ses confidences à son mari, dont la mine s'allongea beaucoup. Il ne se faisait pas à l'idée d'être un jour le confrère de sa fille. Julie savait trop bien le droit pour ne pas être au fond de l'avis du doyen; mais elle demanda à Émile, tout en lui offrant pour dessert la friandise qu'il aimait le mieux, s'il admettait, comme philosophe, que l'autorité du père effaçât complétement l'autorité de la mère, et s'il ne trouvait pas, comme législateur, qu'il serait opportun de faire un projet de loi organique sur l'autorité paternelle et sur l'autorité maternelle, en prenant pour principe l'égalité des droits. Elle consentait à l'égalité; mais elle pensait, avec des auteurs estimés, disait-elle, que les droits de la mère étaient supérieurs. Émile, grand partisan de l'autorité de la barbe, se récria, non seulement contre la mesure proposée, mais contre toutes les balivernes — il se servit de ce mot — dont était farci l'esprit de sa femme. Julie l'écouta avec le plus grand sang-froid, plia méthodiquement sa serviette, et se leva de table en disant : « Cela étant, mon ami, vous ne trouverez pas mauvais que j'appuie de toutes mes forces la candidature de votre concurrent. »

Elle n'en était pas moins attentive à prévoir ses moindres désirs en tout ce qui n'était pas contraire aux idées qu'elle s'était faites sur la politique et sur les droits de la femme. Cette même année, il était candidat pour le bâtonnat. Elle se multipliait pour accroître sa popularité et pour rendre leur maison agréable à ses confrères. Elle le traitait en public avec le plus grand respect, et ce respect était sincère; mais il s'y mêlait malgré elle quelque chose de la violente antipathie qu'on ressent pour un adversaire politique. Elle nuisait sans le vouloir à la légitime ambition de son mari, parce qu'ayant pris un parti si prononcé sur des questions importantes, elle éloignait d'elle, et par conséquent de lui, tous ceux qui regardaient ces opinions comme dangereuses ou insensées.

Il lui en faisait la remarque avec beaucoup de douceur. « Vous auriez raison, mon ami, lui disait-elle, si je ne prenais toujours le plus grand soin de bien marquer notre dissentiment. Je ne manque jamais de dire : Voilà ce que je pense, mais mon mari pense le contraire. Par conséquent, c'est moi seule qui suis responsable; vous n'y êtes pour rien. — Mais vous portez mon nom, disait-il. Nous vivons ensemble dans une communauté étroite d'intérêts et, à beaucoup d'égards, de sentiments. La famille n'est pas la juxtaposition de cinq ou six individus; c'est une unité morale qui a, au dehors, une influence et une responsabilité collective. — J'en suis fâchée, disait-elle. Je fais ce que je puis pour vous être utile. Je voudrais de tout mon cœur vous être agréable. Mais je devrais exercer, dans l'état, les mêmes droits que vous. Je tiens strictement à ceux qu'on me laisse, et je réclame ceux qu'on me refuse. »

Il fut heureux que les idées de l'un et de l'autre sur la religion fussent à peu près les mêmes. Si cette cause de division s'était ajoutée à l'autre, la vie en commun serait devenue impossible. Elle n'était plus très attrayante, quoique le lien intérieur qui les avait si étroitement unis ne fût pas rompu. Ils se sentaient à la fois nécessaires et incommodes l'un à l'autre. Si un grand coup avait frappé l'un des deux, l'autre l'aurait ressenti; mais ils évitaient le tête-à-tête autant que possible, parce que les occasions de dissentiment y revenaient à chaque instant. Ils s'aimaient encore, mais ils avaient cessé de se plaire.

Un point resté commun entre eux, c'était leur tendre amour pour leur fille. Elle était en âge d'être mariée. Émile avait craint quelque lubie de sa femme; il eut le bonheur de constater qu'elle ne mêlait aucune arrière-pensée socialiste à ses préoccupations maternelles. Ils cherchèrent entre eux, d'un commun accord, comme autrefois, celui des jeunes gens de leur entourage qui leur parut le plus en état d'assurer le bonheur de leur enfant, et leurs idées se fixèrent sur le même nom. Ils en furent heureux et consolés. Émile s'engoua de cette affaire, qui était d'ailleurs excellente.

Il s'agissait d'un homme très haut placé dans la société parisienne, pour qui cependant la fille d'un grand avocat, député influent, et dont le cabinet rapportait deux cent mille francs par an, était un excellent parti. Émile chargea un ami de tâter le terrain. L'ami fut arrêté du premier coup dans ses tentatives diplomatiques et revint dire qu'il n'y fallait plus penser. « Mais pourquoi? Qu'a-t-il dit? Est-ce un autre engagement? Ou une antipathie contre les personnes? Une calomnie? Une attaque? » L'ami était lui-même fort irrité. Il laissa échapper son secret. On avait dit : « Je ne veux rien avoir de commun avec ces gens-là; » et on avait traité la pauvre Julie d'une façon aussi injuste qu'abominable. Émile une fois mis en éveil s'aperçut que le cas n'était pas isolé, et qu'on ne se gênait pas, dans le monde politique et dans monde judiciaire, pour calomnier et injurier sa femme. Ces mauvais propos commençaient à prendre consistance; il est bien difficile à une femme d'avoir impunément des idées contraires aux idées reçues. Il jugea qu'il fallait arrêter le mal dans sa racine. Il prit une occasion, et envoya un cartel. L'affaire fut menée si rondement et si secrètement que les journaux ne se doutaient de rien quand Émile fut rapporté chez lui un matin avec un coup d'épée qui mettait sa vie en péril.

Il eut le délire pendant plusieurs jours. Quand il reprit possession de sa pensée au bout d'une semaine, il trouva auprès de lui sa femme qui n'avait pas quitté son chevet une seule minute, sa femme à la fois transformée et désespérée. En présence d'une catastrophe qui paraissait inévitable, l'ancien amour s'était réveillé, accru encore, s'il était possible, par le souvenir de ces longues années de bonheur qu'elle lui devait, des chers enfants qu'il lui avait donnés, de la grande situation qu'il lui avait faite, de la sagesse de ses vues, de la douceur de ses conseils. Elle savait qu'il allait mourir pour l'avoir protégée dans son honneur. Il s'éteignit entre ses bras, laissant cette pauvre âme déchirée. Elle ne se consola jamais. Elle passa le reste de sa vie dans la pratique de tous les devoirs, soutenue par la tendresse de ses deux enfants, entourée du respect et de la compassion de tous ceux qui l'approchaient. Quelquefois, quand on parlait devant elle de certaines revendications, on l'entendait murmurer à demi-voix : « Il faut rester femme. » En mourant, elle dit à sa fille : « Ma chère enfant, voulez-vous être heureuse? Appliquez-vous uniquement à rendre tout le monde heureux autour de vous. »

La femme a le premier rôle dans la famille. Elle enseigne le devoir, elle console la douleur. A elle l'amour; à nous la bataille!

LA FEMME DOCTEUR

ET

LA FEMME PHARMACIEN

Le jour où, pour la première fois, une femme passa sa thèse, ce fut une émotion à la Faculté de médecine parmi les étudiants. La première doctoresse fut considérée avec quelque défiance; d'abord elle avait ouvert une brèche par laquelle allait passer tout l'escadron des aspirantes, ensuite elle devenait une rivale et une concurrente pour la clientèle.

Ces craintes étaient peut-être excessives, elles se traduisirent cependant par des protestations qui ne tendaient à rien moins qu'à contester aux femmes le droit de devenir docteurs. Puis quelques-unes passèrent leur doctorat, et comme elles ne faisaient pas de nombreuses prosélytes, les protestations s'apaisèrent.

Un député qui pensait sans doute que leur droit n'était pas suffisamment reconnu et qu'elles bénéficiaient seulement d'une sorte de tolérance, avait voulu faire inscrire dans la loi votée dernièrement sur l'exercice de la médecine que les femmes pourraient se présenter au doctorat. Sur l'assurance qu'il était inutile d'inscrire un droit qui ne leur avait jamais été contesté, le député n'insista pas.

La carrière leur est donc ouverte. Il est douteux qu'elles en profitent.

Nous verrons bien de temps à autre une femme qui obtiendra son diplôme; mais il n'est pas probable qu'elle l'utilise pour faire de la clientèle. Son action se trouverait d'ailleurs singulièrement restreinte; elle ne pourrait appliquer ses connaissances que dans des circonstances spéciales et déterminées.

On cherchera peut-être les causes de cette infériorité. les raisons pour lesquelles elle ne pourrait, à l'égal de l'homme, pratiquer une science et un art qui exige du flair, du coup d'œil, de l'attention, une observation soutenue, des soins méticuleux; n'a-t-elle pas, en effet, cette délicatesse, cette sollicitude, cette intuition qui constituent les plus précieuses qualités du médecin? N'y a-t-il pas dans les pays étrangers des femmes qui exercent avec succès la médecine?

Il faut compter, évidemment, avec les mœurs, les habitudes et les préjugés. Interrogez les dames, demandez-leur si elles voudraient être soignées par une femme? La réponse est presque toujours invariable : même celles qui ont le souci le plus exagéré de la pudeur, qui hésitent jusqu'à la dernière heure à recourir au médecin, qui sont retenues par l'ennui de confier à quelque étranger leurs maladies ou leurs misères, n'hésitent pas à préférer l'homme de l'art à la femme.

Elles sont guidées par plusieurs sentiments, et il y en a un qui domine tous les autres : c'est l'instinct de la conservation. Elles pensent volontiers que le médecin est plus instruit, plus expérimenté, plus clairvoyant, qu'il doit inspirer une plus grande confiance, qu'en outre il a plus de sang-froid, qu'enfin il gardera mieux le secret professionnel.

Elles redoutent de la part de la femme une indiscrétion ou un bavardage, une certaine légèreté, une inhabileté à manier les médicaments, une timidité peut-être fâcheuse dans l'application des doses, une inexpérience qui tient à la limitation nécessaire de la clientèle. La femme ne pourrait, en raison de ses forces, visiter de nombreux malades, elle s'userait vite à courir la ville, à monter des étages, elle ne pourrait guère suivre les travaux des laboratoires, elle serait condamnée à ne soigner que certaines maladies et que certains malades, car on ne la voit pas bien dans le rôle de médecin du sexe masculin; dans ce cas, le malade pourrait être aussi gêné que la doctoresse.

La doctoresse ne peut songer à faire de la chirurgie; sa sensibilité la dispose mal à ces opérations sanglantes. Je sais bien qu'une femme qui a embrassé la carrière est une gaillarde, qu'elle a un tempérament particulier, un cœur solidement attaché, une volonté robuste; elle a été dans les hôpitaux, elle a assisté à des opérations. Les premières lui ont paru pénibles, l'ont impressionnée douloureusement, mais elle s'y est habituée; les cris du patient, qui lui déchiraient d'abord le cœur, elle ne les entend plus; le sang qui jaillit de la plaie faite par le scalpel et qui l'effrayait tant, elle n'y prête plus attention, elle est absorbée tout entière par les phases diverses de l'opération, et j'ai vu des étudiantes qui conservaient un flegme impassible et une imperturbable sérénité. C'étaient des étrangères, il est vrai, qui ont souvent une nervosité moins aiguisée que nos Françaises. L'opération éveillait leur curiosité, leur intérêt, leur passion, masquant ainsi pour elles les souffrances du patient qui auraient pu avoir du retentissement dans leur cœur.

Car il faut bien le dire, le chirurgien qu'on considère volontiers comme un homme dur, ayant une sensibilité complètement oblitérée et le cœur absolument sec, a dû vaincre, lors de ses premières opérations, des impressions cruelles et des sensations douloureuses.

La passion pour son art, le but à atteindre, les résultats obtenus, les succès remportés, ont triomphé de ses premières révoltes et de ses premières répugnances, et lui ont permis d'acquérir la sûreté de main, l'habileté et le sang-froid nécessaires.

On ne pourrait retrouver chez la doctoresse ces qualités précieuses; l'habileté, la souplesse, la légèreté de main, qui sont si développées chez beaucoup de femmes dans la vie ordinaire, seraient paralysées par le trouble qu'elles ressentiraient lorsqu'elles devraient manier le couteau ou le scalpel et lorsqu'elles se trouveraient tout à coup en présence de complications qu'elles n'avaient pas soupçonnées en commençant l'opération.

Je connais l'objection qu'on opposera aux considérations que j'ai présentées sur les difficultés, pour ne pas dire impossibilités qui entraveront l'entrée des femmes dans la carrière médicale.

On ne me répondra rien au sujet des résistances des malades et au sujet de l'inexpérience des femmes par suite des restrictions qui seront apportées à leur pratique, mais on s'élèvera contre l'objection tirée de leur sensibilité.

Ceux qui ont été, en effet, dans les hôpitaux et dans les ambulances, ont vu des femmes en grand nombre qui pansaient les plaies ou qui soignaient les malades; elles n'étaient pas seulement les témoins de spectacles douloureux, mais elles en étaient les auxiliaires, elles mettaient de la charpie sur les plaies, ou elles les lavaient, ou elles les enveloppaient; elles vivaient dans cette atmosphère phéniquée, entendant les plaintes de ceux qui souffrent, leur apportant leur tisane ou leur médicament, les soulevant sur leur lit pour les faire boire, montrant un désintéressement, une patience et un oubli d'elles-mêmes admirables.

Je reconnais, sans doute, qu'elles sont capables de tous les sacrifices, que même elles peuvent vaincre leur sensibilité dans certaines circonstances; et nous avons vu en 1870 des femmes du monde, des actrices qui n'étaient pas préparées au rôle d'infirmière et qui, triomphant de leurs nerfs et de leurs émotions par l'effort de la charité, se donnaient tout entières à nos blessés dans nos ambulances. Je me rappelle qu'à l'ambulance organisée au théâtre de l'Odéon, madame Sarah Bernhardt, avec son tablier blanc, avait l'air du chef de service d'un hôpital; elle était remplie d'activité et de zèle, elle connaissait plus exactement les blessés par leurs plaies et leurs fractures que par leurs noms, et son ambulance était admirablement tenue. Le ministre de l'instruction publique et des beaux-arts d'alors faisait sa visite, puisque l'Odéon dépendait de son ministère, et il avait félicité madame Sarah Bernhardt du dévouement dont elle multipliait les preuves. Madame Madeleine Brohan était à l'ambulance du Théâtre-Français, pleine de vaillance, multipliant les soins assidus.

Évidemment, la femme garde-malade devait calmer par un vigoureux effort, les battements de son cœur, surmonter ses impressions; mais, en réalité, elle ne faisait et elle ne fait qu'exécuter un ordre de médecin ou de chirurgien. Elle n'a aucune responsabilité. Si elle devait prendre une responsabilité, si, ayant fait ses études médicales, elle devait opérer ou seulement médicamenter, aurait-elle le sang-froid, la présence d'esprit nécessaires, ne soumettrait-elle pas sa sensibilité naturelle à une rude épreuve, aurait-elle l'énergie soutenue pour poursuivre le traitement au milieu des complications et des surprises que nous réservent presque toujours les maladies ou les opérations?

J'ai voulu avoir l'opinion d'une femme qui a son diplôme de docteur et qui juge les questions avec une grande hauteur de vues et une parfaite indépendance; elle a pratiqué par amour de l'art et dans un milieu d'amis et de connaissances. Elle ne songeait pas à tirer un profit de sa profession, elle avait une fortune qui lui assurait sa liberté, et elle m'exposa ses idées et ses scrupules sur la situation délicate de la femme docteur. Si elle est célibataire, elle est tenue en suspicion; si elle est mariée, elle paraîtra jouer un singulier rôle dans le ménage; si elle a des enfants, elle ne pourra plus guère les surveiller à cause de sa clientèle, et si elle fait des visites, elle craindra d'apporter chez elle quelque maladie contagieuse.

Mais, en faisant abstraction même de ces considérations spéciales, la plus grosse objection qui était invoquée, c'est que la femme docteur manque d'autorité sur ses malades; elle se sent d'ailleurs gênée avec eux; si ses malades sont des femmes, elle a plus de hardiesse; si ce sont des hommes, elle risque d'en manquer; elle doit les percuter, c'est intimidant; les ausculter c'est délicat; elle limite la durée de son examen par discrétion, et puis elle sent bien que la confiance qu'on a en elle est fragile; elle est, par faiblesse naturelle, disposée à céder sur les prescriptions et à se laisser toucher par les supplications du malade; elle est retenue aussi par une certaine crainte lorsqu'il s'agit d'administrer les poisons; elle prescrira volontiers les remèdes inoffensifs, mais elle se montrera timide, incertaine, lorsqu'il s'agira de donner la dose nécessaire d'un médicament. A peine aura-t-elle formulé son ordonnance qu'elle aura des scrupules, car elle a l'âme naturellement inquiète, et si le malade ne va pas mieux, si on l'appelle, elle accourra, elle changera le traitement, elle se laissera influencer par le malade et surtout par son entourage.

Il faut avoir de la fermeté, de la décision, de la volonté pour résister aux conseils et aux obsessions des parents; le docteur en manque quelquefois, la doctoresse en manquera plus souvent encore, et, à cause de sa défiance d'elle-même, elle sera plus disposée à capituler. Si une complication apparaît, elle perdra un peu la tête, car elle a l'âme sensible, et elle ne peut pas voir souffrir. Que sera-ce si elle s'imagine que c'est elle qui, par son ignorance, est la cause de l'aggravation? Ce sont particulièrement les Françaises qui manifestent ces sentiments, car les Américaines docteurs sont plus froides, plus entreprenantes, plus décidées, et subissent moins les influences extérieures. De l'aveu de la femme docteur il ne semble pas que la carrière médicale puisse, surtout en France, être suivie sérieusement par les femmes. On verra des cas isolés, on trouvera un certain nombre de femmes qui préféreront être soignées par des doctoresses, mais on ne voit pas les hommes faisant appeler une femme ou se rendant dans son cabinet de consultations. Quant aux dames il est bien certain que l'immense majorité a plus de confiance dans les lumières, l'expérience et la capacité des docteurs, qu'il s'agisse d'elles ou de leurs enfants. La clientèle de la doctoresse sera donc en tout cas fort restreinte, même en supposant que, par une transformation de nos mœurs, nous recourions à son ministère.

La femme docteur qui me fait ces confidences reconnait d'ailleurs que le nombre des doctoresses ne pourra toujours être que fort limité à cause des devoirs d'épouse et de mère. La carrière ne peut être ouverte qu'aux femmes de la classe aisée qui n'ont pas besoin d'une profession pour vivre. Combien d'entre elles affronteront les baccalauréats, les amphithéâtres de dissection, les hôpitaux, les examens de fin d'année, les cinq examens de doctorat et la thèse?

Je n'en dirai pas autant de la femme pharmacien. Je crois que les femmes rempliraient fort bien cette fonction, et je m'étonne qu'on ne les pousse pas de ce côté. Elles rendraient même de grands services, et je voudrais voir des étudiantes en pharmacie.

Quelles qualités faut-il pour préparer les médicaments? Du soin, une science des mélanges, et des pesées exactes. Je ne parle pas ici des maitres éminents dans la pharmacie, qui ont fait des études complètes, qui sont souvent des chimistes distingués et des savants, mais de leurs auxiliaires qui sont des stagiaires chargés d'exécuter les ordonnances du médecin. Croyez-vous que les femmes ne rempliraient pas bien ces fonctions, qu'elles ne sauraient pas manier ces poudres, ces liquides, les peser, faire de petits paquets de sels, plier ces paquets ou verser le liquide dans des fioles, les envelopper d'un papier après avoir placé sur le bouchon le petit bonnet rose ou bleu entouré d'une ficelle cachetée qui leur donne un petit air de mascarade? Ne croyez-vous pas qu'elles seraient aptes, en raison de leur délicatesse et de leur esprit parfois un peu méticuleux, à exécuter, avec une régularité consciencieuse, les ordonnances, et qu'elles s'exposeraient moins que certains jeunes étourneaux à commettre des erreurs?

Et puis, c'est un peu une question de cuisine; la cuisine est la science des mélanges et des doses. La cuisinière a un Codex qui est son livre de cuisine, elle est astreinte à marier, dans de justes proportions la farine, le beurre, le thym et le laurier pour confectionner une sauce, elle ne peut modifier à son gré les doses, et elle est obligée de vous servir un plat suivant la formule. Il y a là une question de tact, d'exactitude et de soin. La ménagère aime à surveiller la confection d'un dîner quand elle ne met pas parfois la main à la pâte, et il y a une tendance aujourd'hui à apprendre à nos jeunes filles un peu de cuisine.

Je ne vois pas pourquoi, alors que tant de professions se trouvent fermées pour les femmes, on ne les pousserait pas vers la pharmacie. Je suis convaincu qu'on découvrirait chez elles et qu'elles se découvriraient des aptitudes. Il est vrai qu'elles hésitent pour des motifs qui me paraissent bien peu sérieux. Je viens d'en indiquer un. Elles regardent la préparation des médicaments comme une cuisine, et la pharmacie comme une boutique d'épicerie. Et elles pensent que du moment où elles devraient faire des études pharmaceutiques, il vaut mieux pour elles monter de suite en grade et faire de la médecine.

Quelle erreur! la médecine pour la femme n'est qu'un luxe, la pharmacie pourrait être une profession, et un grand nombre de jeunes filles qui encombrent la carrière d'institutrice, qui ne réussissent pas à se placer, pourraient gagner largement leur vie avec leur diplôme de pharmacien au lieu de végéter avec leur diplôme d'enseignement.

Je crois qu'il y a une femme pharmacien en France une seule qui exerce dans un des départements du Midi. En Angleterre, en Russie, en Italie, on pousse les femmes vers la carrière pharmaceutique, et on s'occupe dans les administrations de favoriser leur entrée. On ne signale pas que ces tentatives aient jusqu'à présent réussi.

Les femmes se plaignent, et avec raison, qu'un si petit nombre de carrières soient ouvertes à celles qui ont reçu quelque instruction, qui n'appartiennent ni au monde ouvrier, ni au monde riche, mais qui font partie de la catégorie des employées. Et elles se refusent à faire de la pharmacie! Quels services elles rendraient dans les campagnes et quels profits elles tireraient de cette profession! La crainte d'être comparée à une épicière, qui retient un certain nombre de jeunes filles vouées par routine à l'enseignement, sans pouvoir l'exercer à cause de l'encombrement, est une crainte absolument chimérique et sotte.

Le pharmacien est un personnage dans le petit village, c'est un monsieur, et la pharmacienne serait une dame.

Nous nous laissons toujours conduire par les mots

ou par les étiquettes, et nous croyons tenir notre rang avec un titre qui nous ouvre une carrière encombrée, plutôt que d'embrasser une profession qui est ouverte et délaissée. Dans le premier cas, nous risquons de mourir de faim avec notre titre; dans le second cas, nous avons une situation qui nous permet de tenir notre rang.

Il faut encourager les femmes à exercer la pharmacie. On peut être surpris qu'elles n'y aient pas songé ou que, si elles y ont songé, elles n'en aient pas tenté l'expérience. Leur entrée dans la carrière, tout en favorisant leurs intérêts, serait une précieuse ressource pour nos villages livrés aujourd'hui à l'abandon.

Vous avez et vous aurez des doctoresses qui seront toujours vraisemblablement honoraires et qui ne seront pas des praticiennes, et vous n'avez pas de pharmaciennes qui pourraient être des praticiennes émérites. Ce sont là des contradictions et des anomalies fréquentes.

Peut-être les femmes n'y ont-elles jamais réfléchi, ou peut-être les vieilles habitudes les ont-elles éloignées jusqu'à présent d'une carrière qu'elles croyaient leur être interdite? Il y a tant de portes qui leur ont été fermées, qu'elles ne voient pas celles qui sont ouvertes. En voilà une entre-bâillée. Il faut espérer qu'elles la franchiront.

L'OUVRIÈRE

L'homme avive la braise qui rougit le noir foyer. Il prend le fer dans la pince, et le tient sur le feu jusqu'à ce qu'il soit incandescent; puis il le pose sur l'enclume, et de la main gauche le tourne et le retourne, pendant que de la main droite il le frappe du pesant marteau; le fer s'amincit et s'allonge, de ce côté, et puis de l'autre, et de l'autre encore, en jetant tout autour une pluie d'étincelles. Le fer a été blanc, et rose, et d'un rouge sombre, et enfin il a repris sa couleur; mais, même sous cet aspect, il est brûlant comme le feu. L'homme le plonge dans l'eau qui grésille en remplissant l'âtre de fumée; et saisissant de sa pince une autre barre de fer, il recommence la même opération. De sept heures du matin jusqu'à la nuit close, l'atelier retentit du bruit du marteau retombant sur l'enclume. L'homme est couvert de sueur, et son haleine sort en sifflant de sa poitrine, mais le marteau ne cesse pas de retomber en cadence comme si c'était un jouet pour son bras robuste. L'heure du départ sonne enfin à l'horloge voisine, il achève en quelques coups le travail commencé, jette le marteau au râtelier, suspend à la muraille son tablier de cuir, et essuie avec son mouchoir son mâle visage. Il respire bruyamment en mettant le pied dans la rue. L'air épais de la ville est pour lui un rafraîchissement. Il aperçoit le ciel tout en haut, entre les toits rapprochés l'un de l'autre, comme un ruban d'un bleu sombre, semé d'étoiles d'or, et il se sent pressé par les deux grands besoins de la vie animale : manger et dormir. Bon appétit, sommeil profond! Demain, à l'aube, il retournera à la forge. Il est le premier de l'atelier, et le premier aussi, le dimanche, quand il se promène sur la grande place avec les amis, ou en donnant fièrement le bras à sa femme. S'il y a quelque poids énorme à soulever, ou quelque coup de collier à donner, on l'appelle. Il vaut deux hommes à lui tout seul. Ce qui serait pour un autre un effort impossible, est un jeu pour lui. Il est l'arbitre de toutes les querelles, parce qu'il est trop fort pour en avoir à son propre compte. On dit de lui qu'il est bon comme le bon pain. Il sera patron à son tour, avec deux ouvriers et un apprenti dans sa boutique. On l'élira au conseil municipal.

La femme se lève avant le jour pour lui préparer sa soupe, pendant qu'il ronfle comme un bienheureux. Soupe le matin, soupe à midi, soupe le soir; et le soir on mange, avec la soupe, le bouilli. Toute la science culinaire de la femme consiste à mettre le pot au feu, et à faire, le vendredi, de la soupe aux choux. Elle le réveille quand tout est prêt; il dévore son déjeuner, donne à sa femme un gros baiser, et part pour la forge le cœur content. Bonjour, patron! Bonjour les amis! En avant le soufflet! Elle éveille ses trois garçons et les habille avec l'aide de sa fille aînée, qui est déjà grandelette. Elle n'épargne pas l'eau; c'est à qui, parmi la marmaille, se frottera le mieux. Leurs petites figures sont toutes rouges après leurs ablutions. On dit la prière ensemble; on déjeune ensemble avec un peu de lait, et on part ensemble pour l'école, où la mère les conduit toujours.

La fillette est une des premières de la classe; elle aura peut-être le prix d'excellence. Son cœur bat en y pensant, et celui de la mère à l'unisson. Les garçons ont la tête dure : bons travailleurs, sages comme des images; mais de l'esprit, pas du tout. Pendant qu'on leur serine la géographie, et qu'ils apprennent selon leur âge à faire des *a* et des *o*, ou à écrire sous la dictée, la mère balaie et brosse du haut en bas les deux uniques chambres qui abritent toute la famille. Elle ne cesse ses balayages et ses époussetages que quand tout est devenu, comme elle a coutume de le dire, propre comme l'œil. Elle fait les lits; il y en a cinq, car elle ne veut pas que ses garçons couchent ensemble. Elle met le pot au feu. Les fenêtres restent ouvertes pendant toutes ses opérations, à moins qu'il ne gèle à pierre fendre. C'est un de ses préjugés : beaucoup d'air, beaucoup d'eau, beaucoup de balai, et moquez-vous du médecin! Elle n'est pas seulement la servante de la famille; elle est la tailleuse de tout le monde; tailleuse pour homme et pour enfants, pour garçonnets et pour fillettes. Tous les trois ou quatre ans, on achète une lévite et un chapeau à l'ouvrier, pour qu'il soit faraud le dimanche, et tous les ans une paire de souliers à chaque membre de la famille; c'est à cela que se réduit la dépense. La mère fait et raccommode tous les habillements, les robes avec un certain goût, les blouses et les culottes tant bien que mal. Elle se charge aussi des casquettes; et quand les six garde-robes (la sienne comprise) sont en bon ordre, elle tricote des bas, ou fait des chaussons pour se délasser. L'ouvrage est toujours fait à point dans cette chère maison, quoique la ménagère n'ait jamais l'air pressé ou fatigué; et même, depuis que son mari lui a acheté une machine à coudre, elle s'est mise à faire des guêtres, à ses moments perdus, pour une maison de confections. Elle est toujours à la porte de l'école, quand la nichée va sortir. Justement l'école des garçons et l'école des filles sont l'une à côté de l'autre, des deux côtés de la mairie. Avant tout, en rentrant à la maison, elle regarde les notes; puis elle prend le cahier des devoirs; elle donne ses conseils; elle fait réciter les leçons. Tout ce petit monde est attentif jusqu'aux dernières minutes; mais alors on commence à s'agiter, et à regarder vers la rue pour voir arriver le père. Le voilà! On se jette à son cou. La soupe fume sur la table; et une bonne soupe, elle est prête à en répondre!

Ne lui dites pas qu'on en sert de meilleure chez le président de la République. Tout le monde le prouve en la dévorant de grand appétit; tout le monde est joyeux, et tout le monde aime tout le monde. Il n'y a pas, je l'avoue, grande variété dans cette existence. Les jours ressemblent aux jours tout le long de l'année, mais ce sont d'heureux jours. L'homme apporte son salaire le samedi; il garde quelques sous de poche, qu'il distribue la plupart du temps aux malheureux. La maîtresse a une bourse secrète, pour parer au plus pressé en cas d'accident; mais tout va bien en elle et autour d'elles; cœurs vaillants, conscience tranquilles.

Je pense que les grandes dames oisives, qui passent dans leurs voitures où les fleurs sont entassées, pour aller se montrer au Bois, n'envient pas le sort de cette ouvrière grossièrement vêtue, occupée du matin au soir, sans un moment de relâche, à d'humbles travaux, et n'ayant pour tout réconfort que l'amour de son mari et de ses enfants, et le sentiment du devoir vaillamment rempli. La dame est traitée en souveraine; on lui prodigue les fadeurs et les madrigaux; c'est la grâce et la poésie; c'est la fleur de la création. On la soutient pour faire trois pas; on étend un velum sur sa tête pour la protéger contre les ardeurs du jour; on invente pour elle de nouveaux parfums; on écrit tous les jours, pour elle, des livres nouveaux; on la conduit au spectacle, aux bals blancs et aux bals roses. Si les plaisirs ordinaires ne lui suffisent pas, elle a les eaux, la chasse, le jeu.

Elle prend tous les moyens pour échapper à l'ennui qui la dévore, et à la maladie qui la guette. Elle est à la fois la reine et la victime du monde, en rupture ouverte avec la nature, passant toute sa vie à essayer de se fuir, sans en venir à bout. Il y a un mot, dans la langue, qui exprime bien cette vie. Il s'agit, dit-on, de tuer le temps. Mais qu'est-ce que le temps? C'est l'étoffe dont la vie est faite. O trafiquantes d'oripeaux et vendeuses de sourires, c'est à vous de pleurer, et d'envier le sort de la femme aimante, laborieuse, utile. Elle emploie le temps; vous le tuez. Vous n'obéissez qu'à la mode; elle obéit à la nature.

Il ne lui manque qu'une chose; mais elle lui manque absolument; et c'est par là qu'elle est malheureuse, et que sa situation appelle les méditations du philosophe : il lui manque la sécurité de l'avenir.

A un moment fatal, l'homme est frappé dans sa jeunesse et dans sa force. Un accident, un rien, un grain de sable, vient à bout de lui, il est forcé de s'arrêter; il s'alite. Les longues semaines de la maladie épuisent le pauvre trésor. Il meurt avant l'âge, emportant tout avec lui, le pain et la joie. Voilà cinq personnes, heureuses et contentes jusqu'ici, réduites, en un clin d'œil, à la misère. La veuve n'a pas le temps de pleurer; il faut vivre. Elle n'a personne à consulter, personne dont elle puisse attendre un bon avis, ou un peu d'aide. Elle donne congé de ses deux chambres; une seule suffira. Elle est bonne couturière, sa fille aussi; elle cherche de l'ouvrage pour toutes deux, et comme elle a un excellent renom, elle a le bonheur d'en trouver. Elle gagnera trente sous par jour, et sa fille en gagnera dix. Deux francs pour nourrir cinq personnes; elle ne pouvait espérer mieux. Il faut défalquer les dimanches, et, de loin en loin, quelque chômage. Il restera toujours trente-cinq sous pour le loyer, le pain et l'entretien. Grâce à Dieu, l'école est gratuite. L'aîné des garçons va avoir dix ans. Il va déjà à la forge. Il commence à souffler. Dans six mois, il apportera sa paye : ce ne sera pas gros; cinq sous par jour, en attendant mieux. S'il est fort comme son père, il pourra se suffire quand il aura seize ans. La mère surveille toutes les santés qui lui sont confiées avec un redoublement de sollicitude. Il ne suffit pas de vivre; il faut être bien portants, et être forts.

La fille est jolie, comme l'était autrefois la mère. Ces deux femmes seraient riches, si elles voulaient. Il est probable qu'elles le savent. La mère au moins le sait. Elles n'y pensent jamais. La mère se sent obligée à une surveillance plus exacte. Elle ne quitte pas sa fille un instant; et ce qui rend la tâche plus facile, c'est que l'enfant n'est heureuse et contente qu'auprès d'elle. Elle pense déjà à la marier et réfléchit, tout en travaillant, à cette grosse affaire. Elle compte peu sur la beauté, mais beaucoup sur l'activité et la bonne renommée. Elle fait fi des godelureaux. Elle veut pour sa fille un ouvrier; un forgeron, si c'est possible, car c'est à ses yeux le premier corps d'état. Les couvreurs sont trop exposés; les ébénistes sont des messieurs. Non! non! Sa fille épousera un forgeron; forgerons aussi seront les trois garçons; le père le prescrirait s'il était là. Il sera content, s'il le sait et il le saura. Telles sont les espérances de la veuve, tandis qu'assise à côté de sa fille elle fait mouvoir activement sa machine à coudre.

On n'a plus de soupe que deux fois par semaine; mais on a toujours sa tasse de lait le matin, et du pain en abondance. Les enfants sont pauvrement vêtus, elle ne peut se le dissimuler; ils doivent avoir froid; mais au moins tout est soigneusement et habilement raccommodé. On sent la pauvreté, on ne voit nulle part la négligence. La propreté aussi est irréprochable. L'eau, dit-elle, ne coûte rien. Une grande privation, c'est de manquer de feu en hiver. Le curé a voulu donner un peu de bois. « Non, dit-elle, il faut penser aux plus malheureuses. » La femme de l'adjoint avait besoin de quelqu'un pour surveiller une toute petite fille pendant qu'elle est elle-même occupée à sa boutique. La veuve s'est offerte à la garder pour rien, pourvu qu'on leur permette, à elle et à sa fille, de s'installer dans l'arrière-boutique avec leurs métiers. Il était temps! leurs doigts à moitiés gelés commençaient à refuser le service.

A présent que tout est arrangé, il n'y a plus qu'à attendre, en souffrant un peu, et en travaillant beaucoup. Encore quelques années, et la fille sera mariée; les trois garçons seront à l'atelier ou au régiment. Ce n'est pas le sort qui les attendait, si l'homme avait vécu; il les aurait peut-être mis à l'école de Châlons. Mais à la volonté de Dieu! Ils sont courageux et honnêtes; en cela du moins, les vœux du père n'auront pas été trompés.

Quelquefois, pendant ses longues heures de travail, elle pense qu'elle pourrait bien mourir trop tôt, comme le père, ou ne plus pouvoir travailler. Cette idée lui fait froid au cœur. Elle jette alors des regards désolés sur sa fille. « Qu'as-tu, mère? — Rien, mon enfant. » Elle lui arrange ses cheveux et reprend activement sa besogne. Elle songe qu'en un an ou deux, la petite pourrait gagner le brevet supérieur, ce qui lui ouvrirait une carrière. Mais comment vivre pendant ces deux années? Il faut du pain tous les jours. On verra, on cherchera. Il se trouvera peut-être une bonne fée. L'autre, de son côté, ne vise pas si haut. Elle se dit : « Quand je gagnerai trente sous, maman se reposera. »

Tous les dimanches, elle va à la messe avec ses quatre enfants, car elle est sincèrement croyante, et sa foi l'a soutenue dans son malheur. Elle cause en sortant avec quelques amies; tout le monde l'aime et l'honore. On ne la voit jamais, l'après-midi, sur la promenade. C'est le jour du père. Elle se rend au cimetière, avec ses quatre enfants, après les vêpres ou avant les vêpres suivant la saison. Elle s'agenouille devant la croix de bois, qui commence à s'effriter, et sa fille pleure silencieusement sur son épaule tandis que les petits jouent parmi les tombes, en ayant soin de ne pas faire de bruit.

LE MARIAGE

Me voici arrivé, en continuant ces notes sur la condition des femmes, à ce que je pourrais appeler le nœud de la question, c'est-à-dire au mariage. Le mariage est aussi la question sociale proprement dite, puisque toutes les questions de conscience et de propriété s'y rattachent. Le monde politique n'y échappe pas. Un État où la famille est fortement constituée est prêt pour la liberté, et invincible dans la lutte contre l'ennemi du dehors.

La civilisation vient de l'Orient, pays de la polygamie et de la mythologie. Chez les Juifs, le mariage était altéré par l'usage autorisé des concubines, et par la fréquence des répudiations. La femme n'était guère dans la famille grecque que la première des esclaves. Elle était, dans la famille romaine, comme une fille aînée, soumise à la redoutable puissance du père de famille et sans cesse menacée de la suppression de ses droits par la répudiation. Le mariage indissoluble d'un seul homme avec une seule femme, élevé à l'état de sacrement, avec interdiction absolue du concubinage et de l'adultère est une conception chrétienne. C'est en ce sens qu'on a pu dire que le christianisme a émancipé la femme; car tout progrès dans l'indissolubilité du mariage est réalisé au profit de la femme. Le christianisme n'a ni supprimé ni adouci l'autorité maritale; mais il a ôté au mari le droit de répudiation. Non seulement il a supprimé le divorce; mais il a fait de l'adultère et du concubinage des péchés mortels. Le désir même, sans acte coupable, a été condamné et puni. La religion, qui plaçait la virginité au-dessus du mariage, consacrait et achevait l'idée de mariage par l'obligation de la chasteté conjugale.

Le mariage étant un sacrement aux yeux de l'église catholique, elle ne reconnaît d'autres mariages que ceux qu'elle a bénis. Ce qu'on appelle le mariage civil est une pure formalité qui ne confère aucun droit aux deux conjoints. Réciproquement, quand l'union a été consacrée par la religion, il n'appartient pas au pouvoir civil de la dissoudre, et le divorce par lui prononcé ne libère aucun des deux époux de ses obligations matrimoniales. Comme la religion catholique était, avant la Révolution française, la religion de l'État, le mariage, sous l'ancien régime, au lieu d'être un acte civil, béni et consacré par l'Église, était un acte religieux auquel la loi attachait des conséquences civiles. Le curé de la paroisse avait seul le droit d'opérer le mariage; seul, il avait le droit de l'attester. Les contestations judiciaires auxquelles le mariage donnait lieu rentraient dans les attributions des tribunaux ecclésiastiques, et il n'y avait pas d'autres registres de l'état civil, que les registres de la paroisse.

On demande souvent aujourd'hui à la tribune de la Chambre des députés et dans les professions de foi électorales la séparation de l'Église et de l'État. Cette séparation, qu'on ne cesse pas de demander, existe depuis un siècle. Ce qu'on demande à présent sous ce nom, c'est la suppression du budget des cultes, et l'abolition des lois et règlements par lesquels l'État intervient dans le régime séculier de l'Église. Cette intervention est surtout caractérisée par la nomination des évêques, dont nous n'avons pas ici à nous occuper, et par l'organisation du mariage. Comme l'Église refuse de reconnaître, au point de vue de la conscience, tout autre mariage que les mariages religieux, l'État ne reconnaît que les mariages contractés devant le maire, ou son adjoint, qui ont seuls qualité pour les prononcer et les constater. Dans le but de prévenir les contestations et les empiètements, la loi a interdit, sous des peines sévères, à tout ministre des cultes, de procéder au mariage religieux entre des personnes qui ne fournissent pas la preuve du mariage civil antérieurement contracté.

Quand l'État abandonnait au curé le droit exclusif de prononcer l'union des époux, il reconnaissait par cela même le caractère mystique de cette union. Le mariage, depuis la suppression des religions d'État, n'est pas seulement devenu laïque; il est devenu non confessionnel. Il a cessé d'être un acte religieux. Il est seulement permis aux contractants d'avoir recours à la cérémonie religieuse après la cérémonie civile; cet acte religieux a toutes les conséquences qu'il comporte au point de vue religieux; il n'en a aucune au point de vue civil. Il n'y a que le mariage contracté devant le maire qui assure l'état des époux et celui des enfants.

Cette transformation du mariage a eu de grandes suites. D'abord, elle a consacré la liberté de conscience, qui ne peut exister dans un pays où les ministres d'un culte sont maîtres de l'état civil. Cette raison étant péremptoire, il ne peut être question de revenir sur la disposition fondamentale de nos lois qui règle l'état des citoyens. Toute modification à cet égard serait d'ailleurs impossible. Il serait facile de montrer que le clergé ne pourrait recouvrer sur ce point ses anciens privilèges, sans reprendre à l'instant sa mainmise sur l'autorité laïque et sur la conscience humaine. Par cette unique brèche, l'ancien régime tout entier rentrerait dans la place.

Cela une fois dit pour écarter toute équivoque, il faut reconnaître que le lien conjugal n'a pas gagné en solidité par la transformation qu'il a subie. Il s'est longtemps défendu contre le divorce, plus longtemps que je ne l'aurais cru. Le divorce était entré dans nos lois en même temps que le christianisme en était sorti, et l'Empire l'y avait maintenu pour des raisons d'intérêt dynastique. Il fut aboli par le roi de la Restauration, roi par la grâce de Dieu, et fils aîné de l'Église. L'abolition a duré plus de cinquante ans. Le voilà revenu, probablement pour toujours. La définition du mariage est désormais celle-ci : le mariage est un contrat dissoluble par le divorce. Le néant de tout est proclamé dans la formule même de ce qui est le principe de tout. Je suis de ceux qui le regrettent. Tout ce qui est indissoluble et éternel a un caractère religieux. L'indissolubilité n'est pas seulement une force contraignante, c'est une force persuasive. Elle a le temps pour auxiliaire. Elle a réconcilié bien des cœurs qu'une procédure aurait remplis de peine. Elle ne condamne les parents à un joug quelquefois pesant, que pour rendre aux enfants le fardeau moins lourd. Elle fait peser les conséquences de la faute uniquement sur ceux qui l'ont commise. Elle donne une force inéluctable et en quelque sorte sacrée à un anneau auquel tous les anneaux se rattachent pour former la chaine éternelle où entrent tous les humains. Sommes-nous donc assez garantis contre les atteintes de la fragilité pour oser ainsi l'attester et la proclamer à la base même de l'ordre social? Le divorce accolé au mariage, c'est le principe de mort accolé au principe de vie. Les formules mêmes du mariage deviennent menteuses. Il dit tout haut : je te serai fidèle; et la loi lui permet de sous-entendre : tant que tu me plairas. Il est sans défense contre les surprises des sens. L'adultère perd sa nature, puisqu'il suffit de quelques formalités pour le rendre légitime et le transformer en honnête mariage. Les sages s'amusent à multiplier ces formalités; en Angleterre, jusqu'à ces derniers temps, il fallait de grosses sommes. Mais ces sommes sont odieuses, ces formalités sont des chinoiseries ridicules; elles succomberont au premier examen. Ce contrat, dissoluble par le divorce, deviendra un contrat dissoluble par le divorce facile. Il suffira d'une incomptabilité d'humeur, c'est-à-dire du caprice; et d'une formalité : pourquoi non? Le mariage lui-même n'est plus qu'une formalité. Il ne diffère du désordre que par l'absence de clandestinité.

On disait quand on l'a rétabli : Ce sera une menace; on n'en usera pas pour divorcer, mais pour rendre l'union supportable. Quant au dernier point, on avait la séparation, qui suffisait; et quant au premier, voici des chiffres : en 1885 et 1886, nombre de demandes 5 797, en y comprenant 1 112 demandes par des époux déjà séparés de corps. Le 18 avril 1886 parait une loi destinée à rendre le divorce plus facile. (C'est la première; attendez la suite, qui ne manquera pas, et à des périodes rapprochées. Il n'y a plus de principes; il n'y a plus que des convenances, et bientôt il n'y aura plus que des désirs.) Après loi de 1886, le nombre des demandes en divorce monte, en une année, à 6 605. Cela ne fait que 16,05 divorces pour 1 000 mariages prononcés. J'en conviens. Mais si l'on compte par départements, on trouve des chiffres bien instructifs : le Finistère, les Côtes-du-Nord, pays arriérés, comptent par 1 000 mariages une demande 3, le Cantal, 1,7; les Landes, la Savoie, 1,8. La proportion se relève avec la Gironde, qui en compte 24,1; Seine-et-Oise, 30,3; Bouches-du-Rhône, 33,4; Aube, 42,4. La Seine est en avant de la civilisation, comme de juste. Elle atteint le chiffre de 62,8 demandes de divorce sur 1 000 mariages. Sur 16 mariages prononcés, il y en a plus d'un qui demandera à être dissous.

Et prenez garde à deux choses : l'une, c'est que la civilisation marche, et le divorce avec elle. Mon département des Côtes-du-Nord où nous cheminions dans des sentiers impraticables, est partout sillonné de chemins de fer; il n'avait dans mon jeune temps qu'une ou deux gazettes semi-hebdomadaires; il ne doit pas avoir moins de dix journaux quotidiens aujourd'hui; il a, comme toute la France, et je m'en félicite, des écoles obligatoires pour les filles et pour les garçons dans tous les villages. Le voilà en route pour arriver avec le temps aux 62 demandes sur 1000, qui signalent le département de la Seine. L'autre remarque que je vous prie de faire, c'est que la marche ascendante du divorce est entravée par le christianisme, qui a décidément la vie dure. Presque tous les mariages civils sont suivis de mariages religieux, et le mariage religieux proscrit le divorce. Le marié, la plupart du temps, va à l'église par déférence pour la mariée et pour les usages du monde; il y contracte du bout des lèvres des engagements dont il est résolu à ne pas tenir compte. Il n'en est pas ainsi de l'épouse. La religion, pour elle, n'est pas une simagrée. On dit : mœurs de province! Mais la province, c'est la France. D'ailleurs, prenez-y garde. Paris n'est ni déchristianisé, ni en train de l'être. Il n'a pas assez d'églises. Il a toujours quelque église en construction. Ces églises sont toujours pleines. Quand un convoi passe dans la rue, il n'y a pas une femme du peuple qui ne fasse le signe de la croix. Le gouvernement laïcise les écoles communales; à côté de l'école laïcisée et gratuite, les catholiques fondent aussitôt une école congréganiste qui est aussitôt remplie, même quand la gratuité y est restreinte. Tenez pour certain que les femmes françaises sont catholiques. Or, on sait qu'une femme catholique ne peut pas demander le divorce!

Il y a plus : depuis la dernière loi, elle ne peut plus demander la séparation de corps, puisque la séparation de corps peut être de plein droit convertie en divorce après une durée assez courte. Celui des deux époux qui demande la séparation, donne à l'autre le droit de prononcer, pour ainsi dire, lui-même le divorce, si cela lui convient. Cette loi supprime en réalité la séparation de corps pour les catholiques. C'est une oppression très dure, un acte formel d'intolérance. Une femme catholique, qui veut rester fidèle aux lois de son église, est obligée de subir les brutalités ou l'infamie de son mari sans recourir à la loi civile. Elle ne peut invoquer que la loi correctionnelle. Le mari puni garde son autorité sur elle; situation intolérable, criant déni de justice.

Quoique je ne veuille pas parler de politique, je

ne puis m'empêcher de comparer le divorce introduit dans la législation du mariage, à la revision introduite dans une constitution. La revision est un élément d'instabilité soigneusement introduit dans la loi par le législateur. C'est comme s'il disait : La constitution que je viens de faire n'est qu'une constitution provisoire.

Ah! mon Dieu, on sait bien que toute loi peut être réformée ou supprimée; mais on ne le rappelle pas dans le texte de la loi, parce qu'on n'éprouve pas le besoin de l'affaiblir en la faisant. On suit une autre méthode pour la constitution. On écrit en grosses lettres qu'elle peut être revisée. Elle durera tant qu'il vous plaira. Elle est à la merci de vos votes.

Aussitôt tous les mécontents, et tous ceux qui, sans être mécontents, ont quelque raison de désirer un changement ou de paraître le désirer, s'ingénient à trouver une paille dans la constitution. Ils la trouvent. Cette paille est une poutre. Une constitution qui renferme un tel élément de désordre ne peut être que funeste au peuple qui la subit; il faut se hâter de la remplacer. Quelquefois, ils proposent une constitution nouvelle. Elle ne vaut jamais rien; mais elle a les grâces de la nouveauté, et l'avantage de n'avoir pas été expérimentée. S'ils sont habiles, ils laissent l'avenir dans l'ombre et se bornent à la critique du passé. Êtes-vous heureux? L'avez-vous jamais été? On convient unanimement que les choses vont de mal en pis, et que la constitution prochaine, quelle qu'elle soit, ne peut être plus déplorable que celle dont nous souffrons. Vite, on se hâte de divorcer. La constitution est par terre, quel bonheur! Il n'y a plus de constitution, qu'allons-nous devenir? D'abord, je n'accepterai aucune constitution qui ne garantisse la liberté électorale. On leur en donne une qui supprime le parlementarisme, c'est-à-dire les députés. — Pas de députés! Qu'est cela? Qu'on nous ramène aux galères! — Il est trop tard. On ne remonte pas de pareils courants :

Facilis descensus Averni.

Je conclus que le divorce ôte au mariage de ceux qui ne divorcent pas une partie de sa force, de sa solidité, de sa sainteté. J'aimais ce vœu éternel qui réalisait cette parole de l'Écriture : « Ils seront deux dans une même chair. » Cette nécessité de regarder vers le même but unifiait les efforts en confondant les espérances. Elle établissait solidement l'unité de la famille. Elle pénétrait dans l'esprit des enfants; elle le rassurait; elle le préservait des doutes. Elle leur donnait la vraie idée de la loi morale, qui est inexorable et éternelle. Elle n'était pas seulement religieuse, elle était une religion, la religion de la famille. Mais, frivoles que nous sommes, il faut que nous mettions en tout notre frivolité.

Le divorce est la principale atteinte à la solidité du mariage. Il s'en faut que ce soit la seule.

Ouvrez le code de n'importe quelle nation : vous trouverez le mariage à la première ligne, et, à la seconde, toutes les précautions prises, soit pour rendre le mariage dissoluble, soit pour en atténuer les effets.

Il y a la séparation de corps, qui était bien nécessaire, et que le divorce a presque complètement abolie; la séparation de biens; divers régimes entre lesquels les époux peuvent choisir pour se défendre l'un contre l'autre au moment où ils commencent la vie commune. Mettez sur le même rang les lois, d'ailleurs nécessaires, qui garantissent les enfants contre les sévices ou la négligence de leurs parents; celles qui permettent les émancipations anticipées; celles qui affranchissent les citoyens, par le bénéfice de l'âge, de tout ou partie de la puissance paternelle; celles qui limitent, dans les mains du père et de la mère, le droit de disposer de leur fortune. Je n'ai pas dessein de parcourir tout le code, et d'ailleurs je suis obligé de me restreindre. Je ne songe qu'à tirer les conséquences philosophiques. J'étudie les mœurs plutôt que les lois, et les lois uniquement comme symptômes des mœurs. Je suis le premier à demander pour la femme commerçante, pour la femme artiste, le droit de disposer de son argent. Je demande que la faculté d'exercer la tutelle ne soit pas limitée pour les femmes à la tutelle de leurs enfants. Je demande une organisation nouvelle de la puissance maternelle dans les questions d'éducation et d'autorisation de mariage. Je répète qu'il y a des réformes nécessaires et importantes; et tout en les croyant telles, je reconnais qu'en diminuant l'autorité maritale, elles atténuent l'idée du mariage, comme tout ce qui altère la cohésion et l'unité de la famille.

En toutes choses il faut prendre son parti des inconvénients à subir. Je ne veux pas renoncer à la fixation de la quotité disponible dans les héritages en ligne directe : est-ce à dire que je méconnais les inconvénients du morcellement indéfini de la propriété, de la diminution de l'autorité paternelle et du triomphe de l'individualisme sur la collectivité? La loi sur le partage égal des biens n'est pas même étrangère à la dépopulation persistante du pays.

C'est l'usage, en France, de donner une dot à ses filles en les mariant. Rien de plus naturel de la part des parents, qui veulent faciliter le choix de la fille, et assurer immédiatement son bien-être. Cela est juste même envers le mari, qui, dans un mariage bien réglé, apporte un revenu industriel très supérieur à la rente des capitaux de sa femme. La dot entraine cependant avec elle de nombreux inconvénients. Elle cache aux yeux de la jeune femme la nécessité et la sainteté du travail. Elle la dispense ou, dans tous les cas, la déshabitue de l'économie et de l'épargne. Elle peut la pousser à se croire supérieure à son mari. « La fortune vient de moi! » Ce mot a détruit le bonheur de bien des ménages. Le mari même, suivant son caractère, peut trouver, dans cette fortune toute [illegible], un stimulant pour le travail ou un encouragement à l'oisiveté.

Le mot de mésalliance, qui jouait un si grand rôle dans les mariages d'autrefois, est presque hors d'usage aujourd'hui. On a fait sur ce mot bien des comédies avant le *Gendre de M. Poirier*, mais nous allons voir qu'il exprime tout autre chose qu'une vanité ridicule.

Dans tous les pays orientaux, qu'ils soient païens ou mahométans, le mariage se fait sans que les époux se connaissent. La noce a été célébrée en grande pompe quand le voile de la jeune femme tombe pour la première fois devant son mari.

C'est qu'il y a une grande différence entre le mariage oriental et le mariage chrétien. Quel que soit le rang que la nouvelle épouse occupe dans le harem, elle n'est pour son mari qu'un instrument de plaisir. Si elle lui déplaît, il peut la répudier; et, si cela lui est difficile ou impossible, il peut la remplacer par une concubine, et la laisser languir loin de lui dans quelque coin de la maison. Cette femme, dont son mari ne veut pas, n'est incommode que dans la maison du pauvre. Chez le riche, elle fait partie du troupeau. Ne pouvant pas y commander comme épouse, elle devient une servante. Elle est possédée aussi complétement que le sont les esclaves, quoiqu'elle ait été achetée d'une autre façon. Je crois bien que, quand la femme est assez belle pour exciter l'amour de son mari, elle exerce sur lui la même fascination qui, dans notre Occident, fait si souvent passer d'un sexe à l'autre la toute-puissance. Mais son réel esclavage et la liberté qu'a le mari de se passer ses caprices, condamnent ces liaisons à être aussi éphémères que les charmes qui les ont fait naitre. Les femmes vivent entre elles, dans un intérieur inaccessible aux hommes; elles n'y sont pas cloîtrées, mais elles ne sortent que voilées, ne se mêlent pas aux hommes dans leurs voyages ou leurs promenades, et ne vont en visite que chez des femmes. Le maître, de son côté, ne voit que ses femmes, épouses ou esclaves, et ne leur demande que le plaisir et l'obéissance; il ne se crée entre elles et lui aucune intimité de pensée et de sentiment. Ce régime est certainement aussi contraire à la nature qu'à la justice. Il est impossible que la nature ne fasse pas effort pour lui échapper; et il est tout aussi impossible qu'elle ne soit pas entravée et opprimée par ces lois et ces habitudes.

L'Orient, dans le cours du présent siècle, s'est beaucoup rapproché de nous. La Chine elle-même, si longtemps fermée, s'est ouverte. Les chrétiens y ont pénétré; les Chinois se sont répandus de tous côtés dans le monde chrétien. La plus grande partie des sujets de la reine Victoria sont musulmans. Musulmans aussi un nombre bien inférieur, et respectable cependant, de citoyens français. Les chemins de fer s'avancent déjà fort loin dans l'Asie; quand ils l'auront couverte de leur réseau il est difficile que ces peuples, si étrangers jusqu'ici les uns aux autres, ne se fassent pas de mutuels emprunts. Le Japon vient de promulguer des codes rédigés par un Français, M. Boissonnade; il verra, l'an prochain, un concile de prélats catholiques. On peut résumer l'histoire des derniers siècles par ce mot : La différence tend de plus en plus à disparaître.

En France, elle a disparu entre nos provinces; elle a disparu, en Europe, entre les États; elle est en train de disparaître entre l'Europe et l'Asie. L'unification universelle suit une marche progressive qui vient d'acquérir, dans ce dernier quart de siècle, une rapidité foudroyante. Nos costumes, quoique affreux, se sont répandus jusqu'aux extrémités du monde; puis est venu le tour de notre lourde et monotone architecture; nous avons promené notre cuisine, notre mobilier, nos heures de repas, jusqu'aux extrémités du monde. Les produits de l'extrême Orient remplissent les docks de la Tamise; l'article de Paris se montre à Pékin. Les ordres de bourse arrivent d'Australie à Paris et à Londres. On allume le gaz tous les soirs dans des pays qui s'éclairaient, il y a quelques années, avec des torches. On en est encore, pour une partie de l'Afrique, aux Brazza et aux Stanley; M. Bonvalot brave encore mille périls pour traverser l'Asie du nord au sud; mais la race vaillante des explorateurs va bientôt finir, faute de terres à explorer. Le chemin de fer vient derrière les talons de M. de Brazza. Les moines blancs du cardinal Lavigerie et les missionnaires de la Société biblique, arrivent de tous côtés, par les rivages, par les déserts, et bientôt par les voies ferrées. Ils apportent avec eux le Livre. On trouverait peut-être, en France, en cherchant bien, une centaine de hameaux sans école. Dans vingt ans, une telle curiosité n'existera plus en Europe; elle se fera rare en Asie, et aux extrémités les plus lointaines des deux Amériques.

L'Afrique elle-même sera couverte d'alphabets. Les savants poursuivent l'unité de l'heure, celle du mètre, celle de la monnaie, celle du code, celle de la langue, et les socialistes rêvent un état social, où tous les hommes, quelles que soient leur origine et leur valeur intellectuelle ou morale, compteraient pour une unité. Ils comptent y arriver par la suppression de l'héritage, l'instruction intégrale et la toute-puissance des majorités. L'unité, comme vous le savez, l'universel, le καθ' ὅλου, est le dernier mot de la philosophie. Aristote a passé sa vie à la chercher et à l'étudier. Stephenson, qui n'y a jamais pensé, l'aura fait régner sur la surface de la terre. Il la crée indirectement dans le monde politique et le monde social; très directement dans le monde géographique. Il est très certainement le plus grand exterminateur de la différence. A présent que la différence est vaincue, et que le temps et l'espace, qui sont les cadres de la différence, sont réduits par les chemins de fer et les téléphones à leur plus simple expression, le monde, qui est emporté, comme la mer, dans un flux et reflux perpétuel, va commencer à se demander s'il ne conviendrait pas de restaurer quelques différences, quand ce ne serait que pour la beauté du spectacle.

Pendant que le monde est emporté ainsi, par une course effrénée, vers l'unité, ou, si vous songez surtout aux dehors, vers l'uniformité, que devient le harem?

Croyez-moi, c'est la dernière forteresse, et la plus puissante, de la différence.

Ce n'est pas, de toutes les différences, celle que je tiendrais le plus à conserver. Si l'humanité était gouvernée par des philosophes, suivant le vœu de Platon et de Saint-Simon, elle ferait deux parts dans les différences : elle garderait ce qui active le mouvement par l'attrait, et supprimerait ce qui l'entrave par l'obstacle créé de main d'homme. Le harem n'est qu'un obstacle, et c'est un obstacle difficile à supprimer, à la fois monstrueux et puissant.

Il a, en ce moment, une faiblesse et une force.

La faiblesse, c'est que les idées de l'Occident commencent à y pénétrer. La force, c'est que l'Occident étant envahi par le scepticisme, n'est plus l'instrument de conquête redoutable qu'il aurait été à la fin du XVe siècle. Il s'est armé de toutes les forces physiques et désarmé de sa force morale.

Les Anglais sont mieux placés que nous pour étudier la transformation de la femme indoue. Nous commençons seulement à être renseignés sur celle de la femme musulmane. Ces informations sont lentes et insuffisantes par la faute des informatrices. Quand les femmes de nos ambassadeurs et de nos consuls, ou de simples voyageuses européennes, pénètrent dans un harem, elles sont très attentives aux objets et aux habitudes; les plus intellectuelles se rendent compte des passions; très peu se préoccupent des aspirations. Elles sont si attirées par ces dehors tout nouveaux, que le dedans leur échappe un peu. C'est du moins l'impression que j'ai retirée des conversations que j'aie eues, et des relations qui me sont tombées entre les mains. Si j'étais maître, je voudrais envoyer une bonne psychologue, comme il doit s'en former à Sèvres, étudier les harems de Constantinople. Il n'y a plus que la psychologie à explorer. Les mœurs, les costumes, les visites, les occupations, les plaisirs, l'éducation des enfants, les rapports des femmes entre elles et avec le mari, la façon dont se concluent les mariages et celle dont ils se dissolvent, nous sont connus dans leurs plus menus détails. Nous avons même des études psychologiques sur les Turcs élevés dans un lycée de Paris, et redevenus Turcs en rentrant chez eux. On les a mis au théâtre. C'est la femme turque, sachant ce qui se passe en Europe, et commençant à rêver, qui n'a pas encore été étudiée.

On nous décrit des femmes à qui le voile, la réclusion et la subordination pèsent. Mais ce n'est pas une étude bien nouvelle et bien curieuse que celle d'une créature opprimée qui soupire après la délivrance. Ce que je voudrais voir, c'est la première lueur de la flamme philosophique et religieuse dans ces âmes engourdies par l'absence d'aliments et de culture. Ou je me trompe fort, ou la révolution psychologique qui précédera et entraînera la révolution sociale, se propagera avec la rapidité d'un incendie. Le harem n'aura plus longtemps à durer quand il ne sera plus, aux yeux de celles qui l'habitent, que ce qu'il est réellement, c'est-à-dire une prison. En même temps que ses murailles, s'écrouleront les dogmes religieux du mahométisme, et cet ensemble de conventions et d'usages établis qui ont sur l'esprit des femmes l'autorité d'une croyance religieuse. C'est par là que l'Orient subsiste, et c'est par là qu'il finira.

Mais il faudrait, pour opérer ce miracle, que l'Occident ne fût pas la proie du scepticisme. Ravagé comme il l'est dans sa force morale, comment pourra-t-il introduire une foi philosophique et religieuse dans ces âmes engourdies par l'absence d'aliment et de culture, par le défaut d'horizon, et par une continuelle passivité?

J'ai eu sous les yeux un livre intitulé : *Vingt ans dans le harem*, écrit par une femme turque; non pas par une Turque de Constantinople : celle-ci appartenait à une grande famille et était mariée à un gouverneur de province. C'est une lecture assez amusante, non par les descriptions d'intérieur, dont nous sommes saturés, ni par les aventures, qui ont peut-être été inventées ou amplifiées dans une préoccupation d'intérêt romanesque, mais par le récit de quelques voyages faits en Égypte et en Syrie. Cette manière de courir le monde dans une voiture soigneusement fermée et avec un voile épais sur la figure, sans aucune communication avec les indigènes qui apparaissent sur le chemin, a quelque chose de plaisant et d'original. Les jugements aussi sont inattendus. Ils causeraient plus de plaisir s'ils venaient d'une musulmane convaincue; mais celle-ci est désabusée, et elle porte ce voile comme un prêtre devenu incrédule continue à mettre une soutane. J'aurais voulu assister au travail intellectuel de la dénationalisation; mais elle montre, dès le commencement du livre, un esprit dégagé des préjugés de son éducation. On lui a appris le français et par conséquent les idées françaises : les idées d'une femme d'affaires et de plaisir, sans aucune préoccupation de conscience et de vie future. Elle n'avait rien à vaincre en elle pour en venir là. Elle juge sa condition froidement en la comparant à la condition d'une Occidentale. La perspective d'aller et venir librement et de vivre dans la société des hommes ne l'attire que médiocrement, parce qu'elle craint les privations et les embarras. Une vie inactive, abondamment fournie de tout par les soins d'autrui, lui convient. Elle y est habituée, et sent quelque frayeur d'un changement à cet égard. Elle n'est pas sûre de pouvoir prendre un parti, soit dans les grandes choses, soit dans les petites. Il semble même que les menus détails l'épouvantent plus que les grosses affaires, parce qu'ils forment le tissu de la vie. Elle se préoccupe naturellement de la toilette. Sa toilette turque lui paraît plus commode; elle y est chez elle; elle sera, sous un costume européen, dans un perpétuel déguisement. Les vêtements orientaux lui paraissent plus seyants, peut-être parce qu'elle n'a pas vu les autres dans leur splendeur; en revanche, elle regarde les habillements européens comme un arsenal inépuisable pour conserver, renouveler et transformer la beauté. Elle sent un grand trouble quand elle envisage pour la première fois la possibilité de quitter le monde qu'elle connaît par expérience, pour le monde qu'elle ne connait que par ses lectures. Elle ne se dit pas : « Je croirai autre chose », ce qui serait le principal des changements et la raison d'être de tous les autres, parce qu'elle sait qu'elle ne croira rien après sa métamorphose, comme elle ne croyait rien auparavant. Elle n'est retenue en Orient par aucun lien moral, religieux, sentimental ; elle n'appartient au harem que par la difficulté de s'évader et par la peur.

Cette peur est terrible. Les autres déserteurs, ceux qui abandonnent un régiment, ne sont punis que de quelques années de travaux publics. Elle, si elle déserte, on la traitera comme les déserteurs de l'ancien régime, qui étaient mis à mort sans rémission. Le pas est d'ailleurs énorme à franchir ; c'est un changement aussi radical qu'une prise d'habit ou un mariage, avec cette différence que la novice et la fiancée optent pour la soumission, et elle pour l'action, ce qui est plus attrayant peut-être, mais à coup sûr plus inquiétant au point de vue féminin. Ne confondez pas l'action avec la liberté. — On a vu, en Algérie, des filles françaises épouser un musulman, et accepter toutes les conséquences d'une pareille union, le statut personnel du mari devenant celui de la femme. C'est se donner. Il s'agissait, pour la musulmane dont je parle, de se reprendre. Ce qui la détermina, ce ne fut pas l'amour. Elle ne fut ni chassée de l'Orient par un amour dédaigné, ni poussée vers l'Occident par l'amour d'un infidèle. Elle s'en alla par colère, comme un courtisan disgracié, qui ne peut pas accepter d'être relégué au second rang et d'orner la cour de celui qui l'a supplanté. Je n'ai donc pas trouvé dans son histoire ce que j'y cherchais. Ce n'est que l'histoire d'une femme. J'y cherchais la fin d'un monde.

Il serait triste pour l'humanité de vivre comme cette misérable a vécu, et de finir comme elle. Il est certain que les progrès de la science et de l'industrie ont mis les deux mondes face à face. La famille est en présence du harem. La fiancée que vous promenez dans les rues couverte d'un voile rouge qui lui bouche les yeux, pour la livrer, ce soir, à un homme qu'elle n'a jamais vu et qui devient maître absolu de ses actions et de sa vie, sait qu'il y a à côté d'elle un monde où la femme est l'égale de l'homme. Il n'y a pas de muraille assez haute pour l'empêcher de le savoir, et pour l'empêcher de s'en aller si elle en prend la résolution. Elle la prendrait à l'instant, si l'Occident lui apportait la foi, car il sera éternellement vrai que la foi transporte les montagnes. La religion envoie ses missionnaires, qui ont difficilement accès auprès des hommes, et ne pénètrent pas auprès des femmes. Elle envoie des religieuses, qui elles-mêmes ne fréquentent que les souffrantes et les abandonnées. Elle apporte des dogmes compliqués et difficiles. Ils sont simples pour nous, qui les connaissons dès l'enfance, et qui les acceptons avant de penser. Nous montrons surtout à l'Orient le côté métaphysique de notre religion. La famille irait plus vite dans la voie des conquêtes, si elle existait.

Son malheur est d'être morte, et c'est le plus grand

malheur de notre temps. L'initiation à la vie européenne commence pour les Orientales par la lecture de nos romans. Elles y voient d'un côté la prostitution, et de l'autre l'adultère. C'est la famille qu'il faudrait leur montrer. Refaire la famille, c'est vraiment refaire un peuple, et refaire les peuples.

MARIAGE ET MARIAGE

On a bien vite dit : « Il y a les mariages de raison et les mariages d'amour. » La plupart du temps, les mariages viennent d'une inclination qui n'exclut pas quelque calcul. Il semble qu'on se dise : « J'aimerais à pouvoir l'aimer. » On se livre à une enquête, que la passion abrège quelquefois, ou que l'indifférence prolonge. Dès qu'on se sent en liberté du côté de la raison, on permet à l'amour de se développer. Il ne faut pas croire que les passions soient aussi souveraines dans la vie que sur le théâtre. Les poètes vivent de l'amour; ils vivent aussi, dans un autre sens, de l'exagération. Reconnaissons, pour rester dans la vérité, qu'on peut avoir le cœur bien placé, et ne pas manquer d'une certaine prudence. Mais je ne conseillerai jamais à un auteur dramatique à qui je voudrai du bien, de mettre Grandisson au théâtre.

L'amour a son domaine, qui est le rêve; et la raison a le sien, qui est le monde. Bien souvent, quand on croit faire un mariage d'amour on fait un mariage de raison, parce que d'autres se sont chargés des études préliminaires. Les amoureux le savent, et se livrent à l'amour avec sécurité, sur la foi d'autrui. Il faut être bien jeune ou avoir une volonté bien languissante pour s'abandonner sans réflexion et aimer en quelque sorte les yeux fermés. Et il faut avoir le cœur bien sec et l'imagination bien pauvre, pour traiter le mariage comme l'acquisition d'une ferme ou une opération de bourse. Je suivrai l'exemple de tous les moralistes en étudiant l'une après l'autre ces deux formes de la folie humaine; mais j'ai tenu à dire auparavant que le monde n'est pas si sot qu'il en a l'air, et que la plupart des hommes et des femmes font une place à la sagesse et à la raison dans le règlement de leur destinée.

Je ne veux pas nier ce qu'on appelle le *coup de foudre*; mais je crois qu'en général la beauté exerce son empire en suivant une progression; elle commence par être agréable, et ne devient puissante qu'avec le temps. Et puis, — comment le dirais-je aux dames? — il y a très peu de grandes beautés. Plusieurs femmes arrivent à se rendre belles en se rendant aimables. La passion, quand elle se produit chez elles, anime et transforme leur physionomie. Il faut compter pour beaucoup les artifices de la toilette. Telle est insignifiante dans son à tous les jours, et devient charmante dans un bal. Les grâces de l'esprit et les qualités du cœur, qui sont un attrait puissant, ne se révèlent qu'à la longue. L'amour subit n'est donc autre chose qu'une exception. Et, — comment dirai-je encore cela? — si une jeune fille ainsi éblouie dit aussitôt dans son cœur : « Voilà mon mari! » le jeune homme (ce n'est pas que je l'approuve!) dit plus souvent : « Voilà ma maitresse! »

Qu'il soit venu subitement, ou qu'il se soit introduit avec le temps dans la place, il est certain que l'amour a, dans certaines âmes, une force tyrannique. Il ne permet pas de penser, ou plutôt il s'empare de la pensée et en dispose à sa fantaisie. Il transforme le goût et la morale. Ce qui jusque-là avait paru un défaut, devient une grâce; ce qu'on aurait condamné comme dégradant, n'est plus qu'un sacrifice héroïque, dont on se fait gloire.

On se marie, en sachant au fond qu'on se condamne à une vie difficile; mais l'amour couvrira tout, consolera de tout.

Les difficultés viennent, et elles dépassent tout ce qu'on avait craint. Elles viennent du dehors par le déclassement ou par la misère; du dedans, par les orages de la passion, ou par sa ruine. Tantôt l'amour persiste et souffle la jalousie; tantôt il disparait, et laisse après lui ou la haine, ou l'indifférence. Je ne nie pas que l'amour puisse durer autant que la vie; j'appelle ce cas exceptionnel un miracle parce qu'il suppose dans les deux époux une persévérance presque surhumaine. La beauté s'efface, les illusions deviennent impossibles, les caractères se dévoilent; comment la passion subsisterait-elle! Il en est autrement de l'amour fondé sur des qualités sérieuses et durables. Celui-là peut s'accroître en durant; interrompu par les passions de la jeunesse, il peut renaître au déclin de la vie.

On dit, entre autres reproches adressés au mariage de raison, qu'il unit des époux qui ne se connaissent pas. Ils ne savent, dit-on, que le chiffre de la dot; le reste leur importe peu. Je crois qu'on pourrait dire que c'est surtout dans le mariage d'amour qu'on se marie sans se connaître. L'amour est un grand poëte, qui ne voit jamais une femme telle qu'elle est, mais telle qu'il l'a façonnée lui-même. Le monde où il vit n'est pas celui de la réalité, et si l'image corporelle qu'il adore est un mensonge, que dire de l'âme qu'il a rêvée, qu'il s'est plu à orner de qualités imaginaires? Le musulman qui voit tomber le voile de la nouvelle épouse, n'est pas plus surpris qu'un amoureux dont les illusions se dissipent. Il connaît alors pour la première fois celle qui est sa compagnie pour jamais. Il voit la profondeur du mal, et sait qu'il n'y a pas de remède.

Le théâtre donne raison à la jeunesse et à l'amour. L'amour et la jeunesse sont l'éternelle fête de l'humanité. Quand la raison fait entendre sa voix, après une scène animée et pathétique, il semble qu'un froid glacial pénètre dans la salle avec elle. Que nous veut ce fâcheux avec ses théorèmes? Il n'a pas de cœur et vient nous parler de mariage? Les spectateurs ont autant d'aversion pour lui que de tendresse pour ses victimes. Les femmes surtout sont indignées; mais les hommes eux-mêmes ne prennent pas le parti de la sagesse; ils applaudissent à tout rompre quand la sagesse est définitivement vaincue. Cela dure jusqu'à ce qu'ils aient mis leur paletot et ouvert leur parapluie. S'il se présente un cas analogue le lendemain matin, dans la vie réelle, il faut voir comme le pauvre amour sera traité. La sensiblerie de la veille était bonne pour passer agréablement une heure ou deux. Au théâtre, on a pleurniché; on calcule dans la vie. Les affaires sont les affaires, et les plaisirs sont les plaisirs. Ils ne sont que les plaisirs.

Est-ce à dire que je vais faire l'apologie du mariage de raison quand il n'est que cela, et approuver les pères et les mères de comédie qui depuis l'origine de l'art sont voués à la condamnation des mésalliances? Non; il y a des cas où un homme, même désabusé sur le compte de sa maîtresse, lui doit le mariage, quelles qu'en puissent être les suites. S'il existe une promesse, il faut la tenir, coûte que coûte; s'il y a un enfant, il faut lui donner un père.

Je parle souvent du théâtre dans ce chapitre; c'est que, mettant sans cesse en scène l'amour et le mariage, il contribue à faire l'opinion, et que l'opinion, dans un temps où les croyances religieuses ont perdu leur ancienne vigueur, est presque la maîtresse des mœurs. Je le déplore; et je déplore aussi l'influence prise sur les mœurs par les auteurs dramatiques et spécialement par les vaudevillistes. Ils cherchent ce qui peut amuser ou passionner, et ce n'est pas toujours la vertu qui possède ce double privilège.

Je pense d'ailleurs que les écrivains dramatiques,

qui connaissent souvent très bien la psychologie des passions, sont moins habiles à discerner les applications de la loi du devoir; c'est de la lutte des passions entre elles qu'ils attendent leurs effets, et le devoir ne devient dramatique que quand il parle le langage d'un Corneille. Je suppose un jeune homme épris d'une courtisane jusqu'à vouloir l'épouser; le père est averti, il accourt pour épargner cette flétrissure à sa famille, et pour sauver l'avenir de son fils, égaré aujourd'hui par la passion, et qui demain maudirait sa folie. L'auteur veut bien donner raison à la raison; il veut bien que le spectateur conclue comme le père, mais il veut avant tout qu'il comprenne la passion du fils, sans quoi il n'y aurait plus de pièce, et pour cela il s'attache à rendre la courtisane intéressante. Il ne suffit pas qu'elle allume la passion, il faut qu'elle la justifie. Là est le danger moral pour le spectateur.

Il y a à côté une pièce toute différente. Le fils a aimé une jeune fille honnête, placée par le sort au-dessous de lui. Il a abusé d'elle. La possession a détruit son amour; sa maîtresse n'est plus pour lui qu'un embarras, et il en est à la seconde phase de ces sortes de liaisons; il suppute le nombre de billets de banque qui seront nécessaires pour une séparation à l'amiable. Il y a des filles qui, sans être des courtisanes, se laissent entraîner à un amour dont elles prévoient que le mariage ne sera pas la conclusion, assez semblables à ces banquiers américains dont on dit qu'ils ont besoin de faire d'abord une faillite pour se mettre à même de commencer leur fortune sur des bases sérieuses. Mais la jeune fille dont je parle n'est pas de celles-là; son honnêteté n'est pas une honnêteté conditionnelle; elle a été très positivement et très effectivement trompée; elle croirait descendre au dernier degré de l'avilissement si elle acceptait de l'argent en échange de son honneur. Le tort qui lui a été fait est le plus grand dont une créature humaine puisse souffrir, et le menteur qui a commis envers elle cette injustice est le plus criminel des hommes s'il ne la répare pas. C'est au moment où il songe à se dérober, comme le voleur qui, nanti des produits de son crime, cherche les moyens d'en jouir sans tomber sous les mains de la justice, que le père apparait et fait entendre la voix du devoir : « Paie ta dette; il n'y en a pas de plus sacrée. Tu as menti, dégage ta parole. Tu as volé, restitue! Elle ne t'aime plus, depuis qu'elle te voit tel que tu es; ce sera ton châtiment. Toi, tu ne l'as jamais aimée. Vous serez malheureux ensemble, et, par-dessus ton malheur, tu auras le sentiment d'avoir été, par ton inconduite, la cause de votre commune misère. Il vaut mieux souffrir la pauvreté et la honte, que de braver la voix de la conscience, et de persévérer dans le plus cruel et le plus odieux déni de justice. » Voilà un père de comédie qui est moins banal que l'autre. Je ne lui promets pas de succès au théâtre; et je n'ose pas, hélas! lui en promettre dans la vie.

Bon nombre de romans anglais roulent sur la chasse au mari. Tantôt c'est la mère, malgré sa fille;

et tantôt la mère et la fille sont d'accord pour tendre leurs panneaux. Les moyens ne varient pas beaucoup d'un romancier à l'autre; mais on a le choix entre trois conclusions. Ou elles ne prennent qu'un chercheur de dot; et alors, quand le mariage est fait, chacun des époux s'aperçoit qu'il a été volé. Il ne leur reste d'autre consolation que de se mettre en chasse tous les deux pour faire de nouvelles fourberies. Ou bien le mari est un innocent qui s'est laissé tromper. Il n'inspire pas d'intérêt; ce n'est qu'une bête. Si au contraire c'est la fille qui est trompée, elle est intéressante, parce que sa chute est plus profonde, qu'elle était moins armée pour s'en préserver et qu'elle ne l'est pas du tout pour se relever par des moyens honnêtes. La fille mal mariée et la fille séduite sont également dignes de notre pitié. C'est l'éternel sujet de la préoccupation du moraliste et du législateur, et je gémis d'ajouter que c'est leur éternel échec.

La société chrétienne autrefois reposait sur le mariage indissoluble. Il y avait deux mondes : celui de la polygamie, et celui du mariage indissoluble. Nous avons ajouté, au mariage indissoluble, deux correctifs : le divorce et l'adultère. Le divorce, qui est l'adultère légal; l'adultère condamné par les lois, facilité, encouragé par les mœurs.

Il y a des filles élevées de telle façon, et placées dans de telles conditions, que leur vertu, quand elle n'est pas soutenue par des idées religieuses, est presque un miracle. Il y en a (ce sont les plus malheureuses), qui ont à résister aux conseils et à l'exemple d'une mère; il y en a qui sont jolies et qui ont faim. Il y en a, dans les fabriques, qui luttent chaque jour contre un patron, un fils de patron ou un contremaître. Ce n'est pas seulement le père que je voudrais invoquer contre les corrupteurs de filles; ce n'est pas seulement la morale, c'est la loi. Bien peu de pères ont su conserver dans leur famille la majesté de leur situation. Ce sont des rois détrônés; leur autorité leur échappe, quand le fils a vingt et un ans; le fils, pendant sa minorité, rit de l'autorité paternelle, parce que son siècle lui apprend à rire de tout. La morale est la religion, ou une religion. La religion, il n'y en a plus. Une religion! Pour que la morale soit par elle-même une religion, il faut toute la sainteté, toute l'incorruptibilité des mœurs familiales. Puisque tout ce qui avait une force morale s'abaisse, n'hésitons pas à recourir à la force des lois. A morale relâchée, législation sévère. La promesse de mariage non suivie d'effet est un crime; l'abandon de la mère, après une paternité clandestine, est un crime aussi, le plus grand des crimes. C'est même un assassinat, puisqu'il est prouvé que la mortalité des enfants naturels est plus grande que celle des enfants légitimes. Vous créez un paria et une prostituée, et vous vous croyez un bon citoyen? La recherche de la paternité entrainera des abus. Je le crois, mais il y aura des juges. La loi, telle qu'elle est, protège la force contre la faiblesse. C'est un arrangement auquel, pour ma part, je ne puis souscrire. J'admire qu'il y ait des femmes pour réclamer les droits d'hommes, dont elles ne sauraient que faire, et qu'il n'y en ait pas pour réclamer les droits de femmes, dont elles sont indignement spoliées. Serait-ce à cause du mot terrible des femmes honnêtes : *Tant pis pour elles?* Ce mot-là n'est ni humain ni chrétien. C'est pour le vice qu'il faut être impitoyable; mais il faut avoir des entrailles pour les vicieux. Plus on est austère pour soi, plus on est digne de sentir la pitié pour les autres, et de travailler à leur relèvement.

Sous l'ancien régime où la question de noblesse primait tout, on appelait surtout mésalliance l'union d'une famille noble avec une famille roturière, ou simplement avec une famille moins qualifiée. Il y avait aussi des mésalliances dans la bourgeoisie et même dans les corps de métiers. Toute la société reposait sur les privilèges, et par conséquent sur le maintien des corporations, depuis la plus humble, entre ouvriers, jusqu'à la pairie, qui ne se confondait pas volontiers avec la simple noblesse. Les déclassés, dans ce temps-là, étaient, par le fait même de leur déclassement, des révoltés. La mésalliance est bien moins grande aujourd'hui, où il n'y a plus d'autre noblesse qu'une bonne éducation. On dit, je ne sais ce qui en est, que plusieurs ducs ont épousé des filles de grands marchands de vin. Ces duchesses tiennent leur rang comme les autres, parce qu'elles ont les mêmes habitudes et le même langage, ayant été élevées dans les mêmes pensionnats. S'il y avait des tabourets chez madame Carnot, elles n'y seraient pas déplacées. La seule mésalliance qui subsiste dans notre société d'égaux, c'est l'union de deux esprits élevés dans des directions tellement différentes, qu'il leur est impossible de jamais se rencontrer. Voici une femme que je pourrais nommer, qui fait des vers vaporeux, et dont le mari est tanneur, mais tanneur uniquement occupé de sa profession, très au courant des cuirs et peaux, et ne voyant, ne comprenant rien au delà. Et voici un poète, un vrai poète avec estampille, puisqu'il est édité par Lemerre, dont la femme est licenciée ès sciences mathématiques. Je les prends dans mon entourage. Un de mes amis a épousé une fermière, qui sait faire les fromages dans la perfection; elle sait aussi un peu d'orthographe. Il est membre de l'Institut. En voici un qui est athée militant; sa femme ne sort pas de l'église. Que peuvent-ils se dire? Comment dirigent-ils ensemble l'éducation de leurs enfants? Madame Paul entraine tous les soirs son mari dans le monde. Il voudrait travailler. L'été, elle le conduit sur les plages les plus mondaines. Au contraire, M. Auguste veut que sa femme parade dans tous les salons; il la couvre de bijoux; il a mis ses enfants en pension pour ne manquer ni une course ni une soirée; il avait épousé une femme d'intérieur, qui voudrait vivre retirée, bien gouverner sa maison et avoir toujours les enfants sous la main. N'est-il pas vrai que mon monde est votre monde; et que ces contrastes se retrouvent autour de vous comme autour de moi?

La conséquence serait de ne se marier qu'avec réflexion. Et c'est vraiment, comme je l'ai dit, ce que font la plupart des gens. Il me reste à noter, parmi les réfléchissants, ceux qui réfléchissent mal. Il y en a beaucoup qui se vantent à tort de leur sagesse. A quoi réfléchissent-ils? Aux goûts, au caractère, aux habitudes, à l'éducation, aux croyances? Non; à l'argent; à la dot de ce côté-ci, à l'aptitude professionnelle de ce côté-là. Moi, je n'épouse que trois cent mille francs et autant d'espérances. Moi, je veux un agent de change. Je veux un député. Quel malheur dans ce dernier cas! Voilà un homme voué aux candidatures à perpétuité.

Sans doute, trois cent mille francs; mais je les veux en espèces sonnantes, ou en valeurs de tout repos immédiatement réalisables. Je veux savoir s'il y a des dettes occultes, des responsabilités; quelle est l'humeur des ascendants, s'ils sont dépensiers ou économes; s'ils sont susceptibles d'avoir des caprices; si leur santé est solide ou caduque. Vous me parlerez de la jeune personne une autre fois. C'est une chance à courir. Si elle me plait, je m'en réjouirai; si elle me déplait, je lui ferai à l'écart un sort tranquille, et elle pourra se livrer à ses manies, pourvu qu'elles ne soient pas dispendieuses. L'important est que je paie mon étude. Mes échéances sont à quatre-vingt-dix jours. Il faut que le mariage soit conclu d'ici là.

Les mœurs menacent la famille; et il n'y a que la famille qui puisse refaire les mœurs. Prêcher les adultes, c'est quelque chose, ce n'est pas grand'chose. Les auteurs dramatiques et les romanciers pourraient beaucoup, s'ils voulaient. Ils ont une bien autre force que les moralistes. Je vous demande si vous connaissez rien de plus attrayant et de plus amusant que les œuvres d'Alexandre Dumas, ou celles de Meilhac et Halévy; et rien de plus ennuyeux que les miennes? Mais allez donc enrégimenter Meilhac parmi les moralistes! Il veut bien être moral, mais prédicateur, jamais! Il veut rester ce qu'il est; et s'il devenait autre chose, il ne nous servirait plus à rien. C'est le cercle vicieux éternel. Dans cette situation j'invoque la loi, les écrivains, les moralistes; j'invoque surtout l'éducation; j'invoque les croyances religieuses, partout où elles existent. Je me plains de l'article du code civil qui interdit la recherche de la paternité. Je ne suis pas avec mon siècle quand il facilite le divorce, quand il cache la religion comme un objet défendu, et quand il remplace l'éducation par une orgie d'instruction. Je lui conseille de ne pas se marier étourdiment et de ne pas se marier aveuglément. En un mot je lui prêche tant que je peux la sagesse, depuis plus de cinquante ans, tout en ayant bien peur d'avoir toujours prêché dans le désert.

LE MARIAGE A LA MAIRIE

Une singulière folie s'était emparée de la France vers 1880. On avait entrepris de faire la guerre au clergé catholique au nom de la liberté de conscience. Une petite guerre, disaient ceux qui la faisaient. Moi-même, un jour, à la tribune, me plaignant de cette guerre, je l'appelai, par esprit de conciliation, une petite guerre. M. Goblet m'interrompit sur-le-champ. C'est un homme qui pousse la sincérité jusqu'à la bravoure. — Non, monsieur, dit-il, une grande guerre. — Je crois que c'est moi qui avais raison. On ne gagne rien à grossir ses erreurs. Il vaut mieux les adoucir quand on ne peut pas les cacher. En 1871, on avait tué un évêque et quelques dominicains : c'était vraiment une grande guerre ; mais en 1879, on n'a pas tué les religieux, on s'est contenté de les expulser. Le conseil municipal n'a pas mis les ouvrages spiritualistes au pilon ; il les a seulement expurgés, conformément à l'ancienne méthode des jésuites.

Cela ne rappelle que de très loin les Dragonnades. C'est une petite guerre. Elle était, quoique petite, fort incommode, et fort contraire aux principes de la liberté que nous professons. Ce qu'elle a fait, sans rime ni raison, d'ennemis à la République, est incalculable.

Ces levées de boucliers contre les religions et les idées religieuses se renouvellent périodiquement en France et sont ordinairement suivies d'une accalmie. C'est aussi ce qui est arrivé à celle-ci. Ce n'a été pendant quelques mois qu'article 7, décrets de dispersion contre les congrégations non autorisées, suppression des aumôniers, renversement des calvaires, abolition du serment judiciaire : « Je ne saurais prêter le serment que vous me demandez, disaient les témoins. Ma conscience s'y oppose. » On fit une loi pour leur donner l'option entre le serment et une simple parole d'honneur : « Jurez-vous de dire toute la vérité? — J'aime mieux me borner à le promettre. — A votre aise. — On était déshonoré dans ce temps-là si on assistait à une messe mortuaire par déférence pour la famille d'un ami. Tout ce tumulte a pris fin en 1885 comme il avait commencé en 1879, sans que personne pût dire pourquoi. Les plus farouches montagnards se sont remis à envoyer des lettres de faire-part pour le mariage de leurs enfants, avec invitation d'être présents à la bénédiction nuptiale « qui leur sera donnée, etc. » Ils ont assisté sans broncher à des messes mortuaires; ils en ont fait dire. Ils ont acheté pour leurs enfants des fables de La Fontaine non expurgées. Ils ont renoncé à leur faire croire que le nom de Dieu n'avait jamais été prononcé par aucun de nos écrivains. Vous verrez qu'au premier jour un conseil municipal arriéré fourrera des crucifix dans son mobilier d'école. Déjà on enseigne aux enfants leurs devoirs envers Dieu, ce qui est gros comme le monde. J'avais vainement réclamé l'insertion de ces trois mots dans le texte de la loi. On avait failli me lapider. On les a écrits en toutes lettres dans le règlement. En un mot, la France est revenue tout doucement à ses anciennes habitudes, sinon à ses anciennes croyances.

Pendant les cinq années terribles (cinq années! voyez comme cela a duré!) on était surtout mal noté quand on assistait à un mariage religieux. On se contentait de la mairie. Je n'ai pas un mot à dire à ceux qui le faisaient par conviction. Ceux qui le faisaient par obéissance n'étaient pas pour cela de grands criminels. Bannissons avec soin ces qualifications exagérées. Ils étaient lâches, voilà tout. J'en connais qui voudraient bien à présent avoir été mariés à l'église, non par scrupule de conscience, mais par scrupule de mondanité. Et ce n'est peut-être qu'une lâcheté de plus.

Vous savez, madame, en quoi consiste le mariage civil comme cérémonie. Vous avez passé par là. Je gage que vous y avez à peine pris garde. Vous étiez toute aux préoccupations du mariage religieux, qui était pour vous le vrai mariage. Le principal caractère du mariage civil est de manquer absolument de prestige. Les mairies de campagne ressemblent à une chambre d'auberge de bas étage, où le lit serait remplacé par une table à écrire. Dans la plupart des grandes villes, à Paris même, on vous marie dans une chambre dont les quatre murs sont blanchis à la chaux, ou couverts d'un papier vert défraîchi, avec un portrait gravé de M. Carnot pour tout ornement. Un bureau pour M. le maire, un pupitre pour le secrétaire, huit fauteuils de pacotille pour les mariés, les ascendants et les témoins, des banquettes mal rembourrées ou des bancs de bois pour les assistants, voilà tout ce qu'on vous offre en fait de magnificence. C'est là qu'on se rassemble pour attendre l'heure de la cérémonie. En général, on n'attend pas trop longtemps. Au moment où on commençait à tirer sa montre, un huissier ouvre une porte bâtarde en disant : « Monsieur le maire! » Tout le monde se lève, et le maire monte sur l'estrade, suivi de son secrétaire.

Il est vêtu comme vous et moi, M. le maire; en veston ou en redingote, n'ayant pour marque de sa dignité qu'une écharpe tricolore. « Asseyez-vous. » On s'assied. Le secrétaire marmotte un ennuyeux procès-verbal, contenant surtout les noms et prénoms des futurs époux et ceux de leurs ascendants. Quand la lecture est achevée, le maire se lève, et donne lecture des articles 212, 213 et 214 du code civil. Il lit aussi l'article 226, qui est ainsi conçu : « La femme peut tester sans l'autorisation de son mari. » Cette lecture faite, le maire demande s'il y a un contrat de mariage (la réponse est consignée au procès-verbal), le secrétaire avertit l'assistance de se lever. C'est le moment solennel. Le maire prononce cette formule : « X*** (l'époux), vous déclarez prendre pour épouse (le nom de l'épouse) ici présente? » L'époux répond : « Oui. » Même question à l'épouse; même réponse. Le maire : « Au nom de la loi, je vous déclare unis par le mariage. » On se rassied. Le mariage est fait. Personne n'a entendu ce qui se disait au milieu des conversations. Ce n'est pas la peine d'écouter, dit-on; ce n'est qu'une formalité. En effet, ce n'est qu'une formalité. Les mariés et les quatre témoins signent le registre avec le maire, et chacun rentre chez soi. Durée : dix minutes; et, en comptant les signatures, un quart d'heure.

Lorsque le maire connait les mariés et se trouve en présence d'une personne de quelque importance, il est d'usage qu'il prononce un petit discours avant de procéder au mariage. Il faut pour cela que le maire ait quelque habitude de la parole ou au moins qu'il ait reçu de l'éducation. Ce discours, quand il est bien fait, donne quelque solennité au mariage. Et pourtant, même dans cette condition, le mariage civil ressemble terriblement à n'importe quel contrat signé dans l'étude d'un notaire. Je ne vois d'autre différence que l'écharpe. Comptez aussi, si vous voulez, l'obligation imposée aux époux de se lever pour prononcer le *oui* sacramentel.

Du temps que j'étais député, on me pria de servir de père pour la cérémonie du mariage à une jeune paysanne. Nous nous rendimes, en cortége, avec tous les invités marchant deux à deux, de la maison de sa mère jusqu'à la mairie, et ensuite de la mairie à l'église. Nous avions tous des rubans blancs à la boutonnière, et les dames, une rose à la main. Nous étions précédés d'un violon, qui ne sortait pas du Conservatoire de musique. Il me semblait que je jouais un rôle dans un opéra-comique, et quand le maire, qui était mon ami et mon blanchisseur, me serra la main sur le seuil de la maison commune, je regrettai qu'il ne fût pas en costume de bailli avec un petit manteau noir sur l'épaule et une perruque poudrée sur la tête. En y réfléchissant, je compris que ces paysans étaient plus sages que nous. Ils sortaient au moins ce jour-là de leurs habitudes ordinaires. Ils étaient avertis par des signes sensibles de l'importance de l'acte auquel ils assistaient. Je les trouvai fort gais et même un peu trop bruyants après le dîner de noce; mais pendant ces deux promenades, ils étaient graves et recueillis comme ils le furent à l'église. Je suis sûr que les deux intéressés, et surtout la jeune femme, se croyaient à une procession, et qu'ils suivaient leur pauvre violoneux avec une émotion religieuse.

On s'est demandé bien des fois, pendant l'épidémie des mariages civils, comment on pourrait s'y prendre pour remplacer la solennité religieuse et donner à la cérémonie civile une importance proportionnée à celle de l'acte qu'elle consacre.

Il y a trois choses : le lieu, les acteurs, la procédure.

Le lieu. Je ne vois pas comment on embellirait les mairies. La plupart des communes font ce qu'elles peuvent; on n'ira pas jusqu'à leur proposer de s'endetter pour faire dorer et enluminer les salles de mariage.

Si M. le maire, au lieu de ceindre une écharpe, endossait un habit brodé, je me demande quelle mine il aurait sous cet accoutrement dans la plupart des communes rurales. Et puis nous avons perdu le respect de l'uniforme. Il faudrait pour le faire revivre réformer toutes nos habitudes et obérer tous nos fonctionnaires. Celui-ci, tout seul au milieu de ses administrés en blouse, paraitrait un carême-prenant. Alors on voulait se servir des pompiers pour lui constituer une garde d'honneur. Oui, la salle aurait été entourée de draperies et de guirlandes; la musique (le violoneux) aurait raclé l'air de *Joconde* « Quand on attend sa belle... »; le maire serait arrivé en costume brodé d'argent, et en sabots, avec une escorte de pompiers au casque étincelant, au panache rutilant. Les pompiers, au moment solennel, auraient mis le sabre au clair. Quel faste, mes amis! Et quel spectacle grandiose, bien fait pour enseigner aux populations la majesté de la loi, et pour faire comprendre aux jeunes époux la sainteté de leurs engagements!

De ces agréables rêveries, qui hantent quelques cerveaux, je ne veux retenir qu'une chose, c'est que nos âmes sont moins matérialistes que nos habitudes. Nous nous croyons de grands garçons parce que nous supprimons les formules religieuses et les cérémonies u culte; mais à peine les avons-nous proscrites, qu'un secret instinct nous pousse à essayer de les remplacer. C'est ainsi qu'après la proscription des religions sous la Terreur, naquit la secte des théophilanthropes qui empruntaient à la religion tout son appareil, ne pouvant lui emprunter que cela. Ils auraient bien voulu être des croyants; mais ils n'étaient que des comédiens, et, pour comble d'horreur, ils en avaient le clair sentiment. Le public, qui le sentait comme eux, sifflait à outrance. Il y avait parmi eux des hommes d'esprit, auxquels il ne manquait que de pouvoir s'appuyer sur une tradition d'un siècle ou deux. Mais cela leur manquait terriblement. Ils disaient comme Napoléon le Grand : « Que ne suis-je mon petit-fils! »

Il ne s'agit pas seulement d'avoir une cérémonie, il importe de l'avoir belle, et comparable aux cérémonies de l'Église. Les églises de village sont souvent indigentes : quatre murailles branlantes, avec des saints taillés à coups de hache, et barbouillés, au hasard, de bleu et de rouge. Mais c'est l'église; l'église qui rappelle le berceau et la tombe, où tout parle de devoir et de sacrifice, de Dieu et de la vie à venir. Elle est pauvre dans son aspect, mais riche et puissante dans ses promesses. Elle a un passé de vingt siècles, et les siècles des siècles, *sæcula sæculorum*, pour avenir. Elle s'embellit à mesure qu'on s'élève dans la civilisation; elle devient une merveille de l'art; elle se couvre de chefs-d'œuvre; elle lance vers le ciel ses clochetons aériens, et s'emplit de chants et d'harmonie. C'est le charme de la société humaine, sa poésie, sa force. Le ciel et la terre s'unissent sur ses autels.

Nous ne comprenons pas, nous autres hommes, ce qu'est pour une femme son église. Y entrer en voiles blancs, au bras de son bien-aimé, aux sons de l'orgue, dans un nuage d'encens, au milieu de tous ses amis émus et souriants, c'était le rêve de son enfance, et ce sera le souvenir de toute sa vie. Elle n'oublie rien, ni les fleurs, ni les cierges, ni les doux chants des enfants de chœur, ni la voix mourante du vieux prêtre, ni l'anneau passé à son doigt tremblant, ni l'étole posée sur sa tête, ni la bénédiction sacrée, ni, derrière la porte de la sacristie, le chaud embrassement de sa mère. Le grand bonheur des petites filles qui viennent de quitter la poupée, c'est de travailler au trousseau de leur sœur aînée, en attendant leur tour. On ne peut pas retrancher tout cela de la vie d'une femme. — Peut-on le retrancher de la nôtre?

Nous avons beau étudier l'arithmétique et l'algèbre. Oui, je le reconnais, deux et deux font quatre. Le plus court chemin d'un point à un autre est la ligne droite. Le contenant est plus grand que le contenu. Il faut disposer toute chose pour en tirer le meilleur parti possible, *to make the best of it*. Mais le cœur, mes amis! et l'amour, et la jeunesse, et le bonheur, et l'éternité, qu'en faites-vous? Et que faites-vous du rêve? Est-ce que le rêve n'est pas aussi une réalité, par le bonheur de rêver? Vous ne voulez pas du sentiment. Vous voulez tout soumettre à la raison. De grâce, mettez la raison à sa place. Elle a besoin d'être armée et ornée. Faites-nous un monde où on puisse vivre. Nous ne sommes dans celui-ci, sachez-le bien, que pour rêver à l'autre, pour y aspirer, pour le gagner en répandant du bonheur autour de nous. Vous êtes si raisonnables que vous me faites froid et que vous me faites peur. J'aime mieux cet autre avec son violon, dans cette rue de village. Il chante mal; mais il chante!

LE MARIAGE A L'ÉGLISE

La question des rapports de l'Église et de l'État fera longtemps le désespoir des hommes politiques. Elle est plus difficile dans les pays catholiques que dans les autres pays; et plus difficile en France que dans les autres pays catholiques. La raison en est que le catholicisme est, de toutes les religions, la plus puissante et la plus envahissante, et qu'il a affaire chez nous à des esprits impatients de toute servitude. Nous exigeons impérieusement la liberté, quoique nous ne sachions pas nous en servir; nous en sommes, à doses égales, affamés et ignorants. Nous étions croyants autrefois; nous sommes devenus sceptiques, et du scepticisme nous sommes tombés dans l'indifférence, qui est le pire des états. Il semble donc que nous devrions laisser ample carrière aux idées religieuses, pourvu qu'on ne nous les impose pas; et en fait nous ferions bon ménage avec les idées religieuses, sans les prêtres, qui s'en attribuent ou à qui nous en attribuons la propriété et que nous ne pouvons souffrir à cause de leur esprit de domination. Quand je dis nous, on comprend de qui je parle. Je signale ici un travers que les honnêtes gens ne partagent pas, mais qui n'est que trop répandu. C'est notre aversion pour le prêtre qui nous fait ennemis de Dieu; et notre profession d'ennemis de Dieu et d'ennemis des prêtres rend la pratique du concordat très difficile. Chacun prend le concordat par une anse différente. — Quoi, dit l'ultramontain, avec votre concordat, un juif fera des évêques? — Avec votre concordat, répond le libre penseur, un juif salarie les évêques! — Pourquoi celui-ci les paye-t-il, puisqu'il ne s'en sert pas? Et pourquoi celui-là les nomme-t-il, puisqu'il n'y croit pas? Les uns veulent que le pape soit roi, et les autres que le roi soit pape, comme en Turquie, en Russie, en Angleterre, en Chine et en Perse. D'autres veulent qu'il n'y ait plus de pape. Tout cela est impossible dans la pratique, et facile sur le papier. Il faut donc revenir au concordat. Mais le concordat est également difficile en pratique et en théorie. C'est la mer à boire. Tous les concordats sont fatalement mauvais; et les bons concordats, si un tel phénomène pouvait se produire, deviendraient mauvais parce qu'on s'en servirait mal. Cette solution, qui est la pire de toutes au point de vue de la logique et du sens commun, est pourtant celle qui rallie la plupart des bons esprits parce qu'elle a l'avantage de remplacer les révolutions par des transactions.

Voulez-vous vous rendre compte, par un fait saisissant, de l'importance de la question religieuse? Considérez seulement ceci : un vieillard relégué dans un jardin de Rome, sans autre garde que quelques douzaines de soldats mercenaires, et sans autre trésor que les aumônes qu'on lui fait, est le seul souverain de l'Europe qui ait forcé M. de Bismarck à reculer. Combien de fois, depuis un siècle, a-t-on décrété, ici ou là, qu'il n'y avait plus de religion et que ce serait un crime d'en avoir une? Les efforts inouïs de la Révolution française pour exterminer le clergé ont abouti à une parodie, les théophilanthropes, et à une restauration, le concordat de 1801. L'Église n'avait pas attendu 1801 pour renaitre. Quand Bonaparte lui rendit officiellement la vie, elle vivait dans plus de trente mille communes. Le cardinal Consalvi négociait avec le premier consul le relèvement des autels; et pendant ce temps-là l'Église gallicane tenait son deuxième concile à Notre-Dame.

Pourquoi vous conté-je, à propos de l'éducation des filles, ces détails sur le concordat? Je suis en plein dans mon sujet. Vous avez tous les jours un parti à prendre, dans votre ménage, sur les rapports de l'Église et de l'État. Nous retrouvons là toutes les formes usitées dans la politique. Il y a le ménage théocratique; c'est celui où le mari et la femme ont la même religion, et sont l'un et l'autre également religieux; et le ménage libre penseur, où l'homme et la femme sont d'accord pour bannir toute religion; et enfin le ménage concordataire. Celui-ci est le plus commun. On peut presque dire que tous les ménages sont concordataires, et que les ménages théocratiques et les ménages libres penseurs ne sont que des exceptions.

Permettez-moi en conséquence de ne m'occuper que du concordat. Ce n'est pas qu'on supprime la difficulté en supprimant la religion, ou en supprimant la philosophie. Au contraire, la difficulté revient par tous les côtés; et d'ailleurs, il n'est pas permis de supposer que les deux parties contractantes persévéreront jusqu'au bout dans leurs négations. Persévérer! Une merveille. C'est à peine si ce mot-là est humain. La mort même n'est pas la consécration de la paix; au contraire, le mort est plus gênant que le vif. Il peut se survivre par son testament, et le pouvoir qu'il exerce alors est d'autant plus redoutable qu'il échappe à tout accommodement. Mais laissons les exceptions, puique les affaires courantes suffiront, et au delà, pour nous tailler de la besogne.

Je dis que la plupart des ménages sont composés d'un pouvoir laïque, qui est le mari, et d'une autorité religieuse, représentée par la femme. Là, comme ailleurs, la force matérielle est à l'élément laïque. Il a en outre la loi pour lui. A la force matérielle et à la force légale, la femme oppose la force morale, qui agit par la persuasion et par la ruse. On ne peut pas dire : Nous irons chacun de notre côté. La femme fréquentera les offices, le mari s'abstiendra, et la liberté de chacun sera respectée. Le catholicisme, pour parler surtout de la religion qui domine en France, a multiplié les occasions de conflit. Même la fréquentation des offices, qui semble tout à fait individuelle, influe par la fréquence sur la vie commune. Les dévotes ne se contentent pas de la messe du dimanche; il leur faut aussi les vêpres; ou la messe de chaque jour, avec de longues stations à l'église, pour prier ou pour méditer. Il y a des associations de prières, des congrégations, des œuvres, des neuvaines, des rosaires. Je n'en médis pas; je constate seulement. Le mari d'une dévote a peut-être sa liberté, mais il n'a pas sa femme. Il faut payer les frais du culte. Il s'y refuse. Il raye le budget des cultes de l'ensemble de son budget. Tout le monde sait qu'il le paye malgré tout, et qu'il ne lui coûte que plus cher. Il y a des prescriptions religieuses qui s'étendent sur le ménage entier, et se restreignent difficilement à un de ses membres; le maigre, par exemple. L'Église s'est bien adoucie; elle se contente d'imposer le maigre les vendredis; autrefois, c'était le vendredi et le samedi de chaque semaine, la veille de toutes les grandes fêtes, les quarante jours de carême; en tout, un grand quart de l'année. Toutes les familles ne peuvent pas faire la dépense des deux ordinaires. La femme peut s'astreindre aux privations les plus dures, au risque de compromettre sa santé; mais les enfants?

A chaque pas, pour ainsi dire, dans la vie, on trouve l'Église devant soi. Il y a d'abord le baptême. Puis vient le catéchisme, suivi de la première communion et de la confirmation. On vous demandera aussi, avec plus de douceur, de faire suivre par vos enfants le catéchisme de persévérance. La mère leur fera réciter leurs prières matin et soir dès qu'ils seront en âge de les bégayer. Ils diront le *Benedicite* et les grâces à tous leurs repas. Quand ils apprendront à lire il faudra choisir les livres. Et puis il faudra choisir l'école.

L'enfant ira-t-il à l'école communale, ou à l'école congréganiste? On pouvait s'entendre, jusqu'en 1880. Nous avions, si je puis le dire, des écoles de conciliation. Le législateur avait cru respecter la liberté en donnant aux conseils municipaux le droit de mettre à la tête de l'école communale un congréganiste ou un laïque. Quel que fût d'ailleurs le maître, les élèves observaient les pratiques de leur culte conformément à la volonté de leurs parents. On disait la prière catholique pour les catholiques, qui étaient la majorité; les protestants et les juifs avaient des aumôniers quand cela se pouvait. Ils étaient respectés dans leurs croyances; toutes facilités leur étaient données pour en accomplir les rites. On pensait qu'il résultait de cette promiscuité une leçon de tolérance, et que les citoyens appartenant aux différents cultes n'en vivraient que plus aisément ensemble s'ils avaient été accoutumés dès l'enfance à se comprendre, à s'aimer et à s'aider.

A partir de 1879, on a compris la tolérance légale d'une autre façon. Sans doute l'école communale, appartenant également à tous les citoyens, doit recevoir tous les enfants, quel que soit leur culte; mais tandis qu'on en concluait jusque-là que tous les cultes seraient pratiqués, on prescrivit désormais de n'en pratiquer aucun. C'était bien l'égalité entre tous les cultes, mais l'égalité dans l'oppression. On donnait pour raison que, s'il y avait dans l'école un enfant voué par son père à la libre pensée, il fallait, pour respecter sa liberté, non seulement, comme autrefois, le dispenser des exercices religieux, mais interdire les exercices religieux à ses camarades, de peur que sa conscience ne fût blessée par le spectacle des superstitions. On ne manqua pas d'objecter aux auteurs de ce système que la susceptibilité de leur jeune libre penseur était exagérée jusqu'au ridicule; qu'il devait se contenter d'être libre et laisser les autres jouir de leur liberté; qu'il devenait, en imposant cette interdiction, un ennemi de la libre conscience; et qu'enfin, il aurait l'inconvénient, dans la plupart des écoles, de ne pas exister. Et en effet, dans les époques où la loi ne prend pas le soin de susciter elle-même des pères libres penseurs, il n'y a pas un père sur mille qui exprime la volonté de soustraire son enfant à toute pratique religieuse. Mais je ne discute pas ici les fameuses lois de 1880, contre lesquelles je me vante d'avoir fait ailleurs une campagne acharnée. Je ne dis pas non plus que l'école communale soit une école antireligieuse; je me borne à dire que c'est une école dont tous les cultes sont bannis. Partout où cela a été possible, les catholiques ont placé à côté de cette école une école catholaïque libre. C'est entre ces deux écoles que les parents ont à choisir. La loi donne l'option au père, ce qui ne veut pas dire que ce soit toujours lui qui décide.

En général, les pères incrédules s'accommodaient très bien de l'ancien régime de nos écoles. Tout en ne croyant pas, ils acceptaient de laisser élever leurs enfants dans une croyance qui sans doute s'évanouirait avec l'âge, et qui pouvait être un guide utile pendant cette période de la vie où l'on est incapable de se former à soi-même une règle de conduite. Ces pères accommodants résistent beaucoup plus à l'envoi de leurs enfants dans les écoles congréganistes. D'abord, c'est l'acceptation d'un drapeau, ce qui est gênant, même pour le père. Et ensuite, la religion est enseignée dans ces écoles avec un soin si grand, et dans un esprit si particulier, qu'il en résulte, pour toute la vie, des croyances et des habitudes. La même crise se reproduit dans les familles aisées, quand il s'agit du choix entre un lycée et un petit séminaire.

Je ne parle que des garçons. La difficulté est encore plus grande pour les filles. Le père consentira volontiers à ce que sa fille soit élevée dans des idées religieuses. Dans sa pensée, il convient qu'une femme soit croyante, sans devenir ce qui s'appelle une dévote. Il n'aimera pas qu'on la mette dans un couvent, parce qu'il est persuadé qu'elle sortira de là très confite en dévotion ; si elle entre au lycée, il approuvera qu'on l'élève chrétiennement, lors même que dans le lycée à côté, il fait le difficile pour son frère.

Je crois bien raconter les choses comme elles sont.

Il s'en faut que j'approuve cette conduite. Je déclare au contraire qu'elle n'a pas le sens commun. Un homme qui pense et agit ainsi n'a pas de morale; il n'est guidé que par un sentiment mondain des convenances. Il pratique l'indifférence en matière de religion ; et je ne voudrais pas jurer qu'il ne soit également indifférent en matière de morale. Il déclare, en secouant les deux épaules, qu'il laisse sa femme faire ce qu'elle veut, parce que c'est à elle de savoir ce qui convient à sa fille. Quelquefois, il le dit parce qu'il le pense; et en effet, cette opinion n'est pas déraisonnable en elle-même; très souvent, il se sert de ce prétexte, devant lui-même et devant les autres, pour masquer sa raison véritable, qui est une déplorable indolence. Il aime sa fille, mais il n'aime pas à avoir des querelles dans son intérieur.

C'est ici la mère, qui très souvent se défie de l'éducation des lycées. Si on appliquait dans les écoles de filles et les lycées et collèges de filles, les idées et les principes qu'on a prônés et développés en 1879 et 1880, il y aurait une insurrection des mères en faveur de l'éducation des couvents. On ne le fera pas. La petite guerre de 1879, entre autres singularités fort étranges, a eu celle de passer à côté des établissements d'enseignement secondaire sans y pénétrer. On se demande pourquoi. Les libres penseurs de sept à douze ans ne pouvaient sans frémir voir des camarades faire un signe de croix ou assister à la messe; mais ceux qui avaient de huit à dix-huit ans assistaient sans péril et sans indignation à ce spectacle. Nous vivons, mes amis, de contradictions et de mensonges.

Je n'ai pas parlé des enterrements civils, parce que, là au moins, il n'y a plus d'objection à tirer de la paix des familles. Encore cela n'est-il pas bien sûr. La femme veut une chose, la famille du mort en veut une autre. Il peut y avoir un testament et un codicille. Il y a des sociétés où l'on s'engage à être enterré civilement; ces sociétés ne pardonnent pas à un mort qui ferait mine de leur manquer de parole. On voit des querelles, même sur un cercueil.

Le mariage lui-même est un des problèmes les plus embarrassants. Il ne s'agit pas ici, pour le libre penseur, d'être scandalisé par la superstition des autres, — ou d'une autre. L'Église ne consent à célébrer son mariage qu'à condition qu'il consente lui-même à des actes d'allégeance formelle.

D'abord elle attend sa demande. Et puis, après sa demande, elle exige la présentation d'un certificat constatant qu'il a été baptisé et qu'il a fait sa première communion. Ce n'est pas tout, ou plutôt ce n'est rien. Elle exige qu'il se confesse. Il faut qu'il vienne trouver un prêtre, qu'il s'agenouille devant lui, qu'il fasse le signe de la croix, qu'il récite le *Confiteor*. Cela ne manque pas de gravité. L'Église, qui exige cette démonstration, sait bien que dans la plupart des cas, elle exige une hypocrisie. Elle se contente quelquefois de la démarche, sans exiger l'accomplissement de l'acte. Le prêtre impose une aumône, et délivre un certificat en ces termes :

ad sacrum pœnitentiæ tribunal accessit N... Ce n'est pas, à proprement parler, un mensonge.

Quelquefois aussi, et pour certaines personnes désignées par leur profession ou leurs écrits, elle exige que la confession ait lieu dans l'église, au confessionnal. Elle donne alors un certificat très explicite : « *Audivi confitentem.* J'ai entendu la confession. » Je connais des hommes très sérieux, très conciliants, très ennemis des situations irrégulières, qui répugnent à se prêter à ces compromissions. Assister à une messe, s'y comporter avec décence, se conformer aux règles imposées à la congrégation, c'est facile et convenable; mais se confesser après avoir fait le signe de la croix, répéter des formules qui contiennent une adhésion formelle, n'est-ce pas se dégrader? N'est-ce pas mentir?

Cette question n'est pas sans analogie avec celle du serment politique. On s'est trouvé d'accord un jour pour abolir le serment politique, qui blessait les scrupuleux, dont les politiques se moquaient, et qui, en fait, ne retenait personne. Mais dans l'affaire du serment, il s'agissait d'une loi à faire; et dans l'affaire de la confession, il s'agit d'un concordat à modifier. Le pouvoir change de main. L'État n'a eu qu'à vouloir pour supprimer le serment; la suppression de l'exigence du certificat ne dépend que de l'Église. Dans la pratique ordinaire, elle se montre conciliante. Elle tient à garder son droit et à l'appliquer dans les circonstances graves : on ne peut l'en empêcher. Elle dit aux incrédules : « Je ne suis pas religion d'État.

La loi vous permet de vous passer de ma bénédiction. Vous la recherchez volontairement, je vous fais mes conditions. » Il n'y a rien de plus logique. Il n'y a rien de plus incommode.

Ce qui donne à toutes ces questions relatives au mariage et à l'éducation des enfants un caractère particulier, c'est qu'elles intéressent en même temps le mari et la femme. Vous ne tenez pas à vous marier à l'église, parce que vous êtes incrédule? Soit! mais votre femme est croyante, elle se croira en état de péché mortel si l'Église ne bénit pas votre union. Que faire? Ne pas l'épouser? C'est faire son malheur et le vôtre. Abuser de son amour et de votre ascendant pour l'obliger à se contenter du mariage civil? C'est de l'égoïsme et de la cruauté. Après tout, le scrupule dont il s'agit est un peu exagéré. Tous ceux qui assistent au mariage religieux, l'officiant, les deux jeunes époux, l'assemblée, savent parfaitement ce qui se passe. On ne trompe personne. Il y a peut-être un gros ennui. Il y a certainement un grand bénéfice. Il n'y a pas de faute morale. On a pour soi l'usage universel, l'approbation du monde, et le consentement des sages.

L'Église catholique et les Églises protestantes consentent aux mariages mixtes. Elles les blâment, mais elles les tolèrent, en cas de nécessité, comme un moindre mal. Le mariage d'un chrétien incrédule avec une femme chrétienne est aussi un mariage mixte.

La cérémonie religieuse ne l'emporte pas seulement par la solennité et la beauté sur la cérémonie civile. Elle a un caractère religieux, que l'acte civil n'aura jamais, et dont les effets sont importants pour la solidité du lien conjugal et du lien familial. Les différences confessionnelles ont leur importance, que je suis loin de méconnaître. Mais enfin, malgré la diversité des sectes, il n'y a qu'un Dieu, et c'est Dieu qu'on invoque pour sanctifier et consacrer le mariage. Quel est le catholique qui ne verra qu'une formalité insignifiante dans un mariage consacré par un ministre protestant entre deux jeunes gens de sa communion protestante? Et parmi les hommes qui ne croient pas aux dogmes de l'Église catholique, quel est celui qui, ayant d'ailleurs des sentiments religieux, ne se sentira pas lié d'une façon plus formelle par cette invocation de Dieu, faite par un prêtre, dans une assemblée émue et sympathique, en présence du père, de la mère, des parents, des amis, des concitoyens, suivant des rites antiques qui sont aussi des traditions nationales?

Ce n'est pas seulement le lien conjugal, qui est fondé devant cet autel; c'est le lien familial. O la belle coutume de l'Église protestante, de faire présent aux mariés, après la cérémonie, d'une Bible qui contient des pages blanches où l'on inscrira plus tard les grandes dates de la famille! Les enfants, en consultant ce livre, trouvent Dieu au commencement. La famille est une si grande chose qu'il est salutaire et consolant d'y mettre de l'éternité.

LE DÉSERT A PARIS

Je veux vous raconter une aventure toute récente, une bien petite aventure : la rencontre d'une personne que je connaissais à peine, mais que je m'attendais si peu à trouver dans ce lieu et dans cet état, que je me sens tout troublé rien qu'en y pensant.

Il s'agit d'une femme, et même, à mon avis, d'une jolie femme. C'est la veuve d'un de mes amis, dont vous n'avez pas besoin de savoir le nom. Il était peintre. Je l'avais connu à La Haye, dans un voyage que je fis en 1853 pour passer quelques jours avec Charras. Nous visitâmes le musée, Charras et moi ; il y faisait une copie réduite de *la Leçon d'anatomie* ; il nous laissa regarder sa toile, que nous trouvâmes fort belle. Il parlait très bien le français, et comme nous passions tous les jours une heure ou deux au musée, nous fûmes assez vite en familiarité avec lui. Charras l'invita à dîner avec nous au Vieux-Doole. C'était un si charmant garçon, que je sentis, en partant un véritable regret de le quitter. Il m'écrivit pour me parler du Poussin; je lui répondis pour lui parler de Rembrandt. Ce beau feu dura une année entière et s'éteignit. Mais quand j'allai en Belgique deux ans plus tard, pour y faire quelques leçons sur la liberté de conscience, il se jeta dans mes bras comme si nous avions été des amis de vingt ans. Il commençait déjà à être célèbre; il avait voyagé en Allemagne et en Italie, mais il était resté Hollandais, et ses toiles, dont le défaut était un peu d'archaïsme, rappelaient les vieux maîtres flamands. Il pensait, comme beaucoup d'artistes, que Paris était le vrai dispensateur de la gloire, et il brûlait de s'y établir. — Pourquoi non? lui dis-je. Vous aurez des amis partout où vous irez, et des compatriotes partout où on a le sentiment de l'art.

Il vint chez nous, exposa au Salon après trois mois de séjour. Son début étonna les peintres et ravit les critiques d'art. Il était, au commencement de l'été, un des hommes à la mode de Paris. Je ne sais quelle marquise l'emmena à Trouville, sous prétexte d'avoir son portrait peint par lui. Au retour, il exposa, dans son atelier, ce portrait, qui était charmant. On y alla en procession. Les équipages remplissaient la rue, les belles dames encombraient l'escalier. Les commandes vinrent de toutes parts. Pour que rien ne manquât à sa gloire, il fit la conquête d'une jolie fille et l'épousa. C'était une jeune Flamande qui ressemblait un peu, si on voulait nous en croire, à la femme de Rubens, que Rubens a immortalisée et trompée. Elle n'avait ni père, ni mère, ni fortune. Mais, lui, il était riche. Entendons-nous; il n'avait rien à lui; mais, selon l'expression consacrée, il gagnait tout ce qu'il voulait. Ils eurent la fantaisie de vivre en grands seigneurs. Elle se donna un beau salon; il eut un atelier magnifique. Il n'était question que de leurs fêtes, non seulement parce qu'elles étaient belles, mais parce qu'ils étaient aimables. Il semblait à tous les invités de cette chère maison, qu'ils étaient les amis préférés de leurs hôtes. Deux beaux enfants leur étaient venus : deux garçons. « Mais, disaient-ils, nous aurons une fille. » Cette vie de délices dura plusieurs années sans nuages et sans interruption; et puis un jour, sans que rien eût fait pressentir une catastrophe, il mourut. Il mourut en pleine gloire, en plein bonheur et en pleine santé. Il avait juste trente-sept ans, l'âge de Raphaël.

Ce fut un grand émoi dans le monde des artistes, et dans le monde du monde. On ne parla pas d'autre chose pendant huit jours. Sa veuve reçut des monceaux de lettres, et fut célébrée dans tous les journaux comme la plus gracieuse et la plus malheureuse des femmes. On parla d'autre chose au bout de quinze jours; on l'oublia au bout de trois semaines. Entendons-nous : on oublia sa personne, mais non son talent. C'était un de ces talents incontestés, qui durent éternellement, c'est-à-dire une dizaine d'années. On reparla de lui au commencement de la saison suivante, à cause de sa vente, qui eut lieu dans de bonnes conditions. Les héritiers vendaient non seulement les tableaux, mais le mobilier. La foule élégante inonda l'atelier et les deux salons. Tout était d'un goût ravissant. Tout fut enlevé à des prix fous.

Où était la veuve? Qu'allait-elle faire? Resterait-elle à Paris? Retournerait-elle en Hollande? Avait-elle des parents? Elle ne fournit pas grand aliment à la curiosité, car elle disparut complètement avec ses enfants. On ne tarda pas à savoir qu'elle et son mari avaient poussé l'imprévoyance jusqu'à la folie. Ils devaient de tous les côtés. Tous les tableaux qui garnissaient l'atelier appartenaient à des marchands, qui les avaient eus de lui à bon marché, qui les revendirent très cher au public, et qui se crurent généreux parce qu'ils donnèrent à la veuve de quoi subsister pauvrement pendant un an ou deux. Elle fut, les premiers jours, étourdie et abattue par son malheur; puis elle pensa à ses enfants, et commença le rude métier de solliciteuse. Elle s'adressa mal et fut éconduite presque partout. Quelques-uns des fournisseurs prétendaient qu'ils n'étaient pas intégralement payés, et menacèrent de procès. Elle consulta son avoué. « Ils sont de mauvaise foi, dit-il, et d'autant plus coupables que votre mari se laissait voler et qu'ils ont fait sur lui des bénéfices honteux. Mais il était si désordonné dans ses affaires, que je ne puis répondre de ce qui peut arriver. » Elle prit peur. Quelques amis auxquels elle s'ouvrit sur ses inquiétudes furent loin de la rassurer. « Il était, lui dirent-ils, comme tous les grands artistes. Il ne voyait que son art, et multipliait les folies et les fautes dans ses affaires. Nous l'avons souvent averti, mais nous parlions à un sourd. — Cependant il n'a pas commis d'indélicatesse? — Non certes; mais il a mis, par insouciance, les apparences contre lui. Évitez les procès si vous le pouvez. Il ne faut pas donner d'occasion à la malignité. Vous savez comme on traite les hommes de génie, etc., etc. »

Elle prit un grand parti. Elle résolut de tout abandonner et de disparaitre. Elle était persuadée avec raison que personne ne perdrait rien, et que cette résolution mettrait fin à tous les procès et à tous les bruits malveillants. Elle pensa à retourner en Hollande, mais elle était faite à la vie de Paris, et elle avait entendu souvent répéter qu'il y avait à Paris plusieurs mondes impénétrables les uns aux autres. Elle irait au loin, dans un faubourg où les gens du monde n'ont jamais mis le pied, et où elle vivrait pauvrement au milieu des ouvriers. L'avoué voulut lui représenter qu'elle pourrait tirer quelque chose du naufrage, en ergotant, en disputant. Mais elle lui dit de tout payer, de tout abandonner; s'il restait quoi que ce soit, de le garder pour ses enfants qui le lui réclameraient un jour. Elle donna congé de son loyer, renvoya ses domestiques sans garder même une servante, mit tout ce qui lui restait dans une grande malle qui fut chargée sur un fiacre, et s'en alla tout de suite sur les hauteurs de Belleville, où elle était sûre de ne rencontrer personne qui la connût. Elle loua deux petites chambres assez misérables, en reprenant son nom de fille. Elle avait quelques centaines de francs devant elle, et se disait avec la naïveté d'un enfant : « Je travaillerai ».

Pendant les premiers jours, elle se félicita de sa résolution, qu'elle trouvait courageuse et presque héroïque. « Qu'aurais-je fait à rester dans ce milieu-là? disait-elle. Tout le monde m'aurait dédaignée et méprisée. J'aurais fait honte à mes anciennes amies. Elles m'auraient consignée à leur porte, ou reçue par pitié; tandis qu'ici je vivrai tranquillement sans rien demander à personne. Les privations ne me font pas peur. »

C'était bien la vérité. Elle qui avait vécu dans le plus grand luxe de la vie parisienne, s'accommoda de ce garni presque misérable, de cette nourriture presque grossière, et des vêtements d'une ouvrière. « Pourvu que mes enfants aient une bonne éducation! » disait-elle. Ce qui l'effrayait un peu, c'était l'école communale. Ils n'étaient pas encore d'âge à y aller; mais elle se voyait, à l'avance, privée d'eux chaque jour pendant cinq longues heures. « Que deviendrai-je? » disait-elle.

Elle eut bientôt d'autres anxiétés plus pressantes. Elle avait beau vivre avec la plus stricte économie, elle sentait que son petit pécule ne tarderait pas à s'épuiser, et elle ne songeait plus qu'aux moyens de gagner de l'argent. « Voyons, à quoi suis-je propre? » Elle songea à son piano; mais elle comprit bien vite que des leçons ne se trouvent pas, sans recommandation et dans le milieu où elle était. D'ailleurs, elle n'était qu'une pianiste de salon, et sentait bien qu'elle ne pourrait enseigner. Non, ni cela, ni autre chose. Employée? Elle avait une très jolie écriture. Elle prit son grand courage, et toute tremblante, toute défaillante, alla s'offrir dans quelques maisons. L'accueil qu'elle reçut fut désolant. Avait-elle un livret? Des références? Presque partout on lui disait qu'il n'y avait pas de place vacante. « Je ferai autre chose... — Nous n'avons besoin de personne. » Sa timidité augmentait avec ses déceptions, et la rudesse des gens avec sa timidité. On se défiait d'une femme qui avait une telle peur, et un tel besoin. Elle continua longtemps ces courses avec une obstination qui, à la fin, lui sembla idiote. Elle n'y gagna que de s'accoutumer aux rebuffades. « C'est toujours cela, disait-elle. Si je suis réduite à mendier, je n'aurai plus peur. »

Elle fit de pauvres petits ouvrages de couture qu'elle essaya de vendre, et qui ne firent qu'accélérer sa ruine. Elle se présenta dans un atelier de repasseuses, mais elle fut arrêtée par ces mots : « Où avez-vous fait votre apprentissage? » Cette vie de douleur dura près de six mois, au bout desquels, toutes ses ressources étant épuisées, elle commença à vendre son linge et ses robes. C'était le bout du monde. Les enfants eurent faim; ils eurent froid. Elle se demandait maintenant tous les jours s'il faudrait mendier; si elle pourrait, si elle oserait...

Elle pensa à l'Assistance publique. Elle avoua sa

détresse à sa logeuse, en lui demandant à quelle porte il fallait frapper. Cette femme ne pensa qu'à son loyer. « Comment me payerez-vous? Je n'ai pas le moyen de faire la charité. Si vous ne me payez pas au bout du mois, je louerai à une autre. » Elle lui donna pourtant le nom de la dame de charité du quartier.

La malheureuse se rendit sur-le-champ à l'adresse indiquée; on lui dit de revenir le lendemain, à telle heure. Elle revint. Elle se disait, tout en marchant, qu'elle était heureuse dans son malheur de ne pas perdre la santé. Et pourtant elle sentait ses forces diminuées par les privations et par le chagrin. Elle se trouva, chez la dame de charité, en nombreuse et déplorable compagnie. Elle attendit humblement, silencieusement, entra la dernière comme étant la dernière venue. Elle fut reçue avec douceur, mais avec froideur. On lui fit subir un interrogatoire. Avait-elle été mariée? Que faisait son mari? Elle dit la vérité; mais ce mot de peintre n'éveilla que l'idée d'un ouvrier ordinaire. Il n'en était pas de même de ses manières et de sa figure. La dame de charité, accoutumée aux transformations de la misère, devina sur-le-champ une déclassée, et n'en fut que plus circonspecte. « Avait-elle un an de séjour? — Plus d'un an. » Mais en faisant cette réponse, elle pensa sur-le-champ qu'on allait lui demander des preuves, lui arracher son secret. « Êtes-vous Française? — Non, madame, Hollandaise. — Et votre mari? — Hollandais aussi. — Il faudra prouver cinq ans de séjour.

On ira vous visiter. » Elle sortit plus découragée que jamais.

Il lui sembla, quand elle fut dans la rue, que tout s'assombrissait et s'embrouillait. Les maisons tremblèrent, le sol vacilla. Elle gagna une borne avec peine, s'assit dessus, se couvrit les yeux. Pendant qu'elle était là, suspendue entre la vie et la mort, elle pensa qu'elle ne retrouverait plus ses enfants vivants. « Nous allons mourir tous les trois. C'est une grâce de Dieu. J'aurais trop souffert en leur disant que je n'apporte pas de pain, rien à manger. » Elle eut assez de lucidité pour s'étonner de la tranquillité où la laissaient ces pensées. « C'est que c'est fini. Mon Dieu, qu'il était temps! » Le souvenir d'une de ses amies lui revint. « Elle était si affectueuse! Si j'essayais! Si je lui écrivais! Oui, il faut tenter encore cela. Aurais-je encore quelque fierté? Eh! pourquoi, grand Dieu! Tout pour ces pauvres petits. Ils pleurent, ils m'appellent. » Elle essaya de se lever. Elle s'étonna d'en avoir la force. Il se trouva qu'elle avait beaucoup de force. Elle traversa presque en courant le chemin qui lui restait à faire. Elle monta, elle entra. Ils se jetèrent à son cou; et alors, elle entendit pour la centième fois le cri qui lui déchirait le cœur : « J'ai faim! » Elle les serra sur son sein pour les réchauffer et les envelopper dans ses vêtements à cause du froid qui était très vif. Ils dormirent un peu. Ils recommencèrent à souffrir et à pleurer le lendemain. Elle n'osa sortir, à cause de la visite qu'elle attendait. Les ouvrières, qui logeaient autour d'elle, rentrèrent à midi, pour le repas du matin. Elle entendait le bruit des cuillers à travers la mince cloison. Les enfants entendaient aussi.

La dame vint à trois heures. Il n'y avait pas à s'y tromper : les trois êtres qu'elle avait devant les yeux étaient en train de mourir de faim. Elle avait à tout hasard apporté dix francs sur les fonds du bureau de bienfaisance ; elle alla elle-même chercher du pain et du lait ; elle fut compatissante et bonne. Elle pria une voisine, qui travaillait en chambre, de veiller sur ces moribonds. « Je tâcherai de venir demain, » dit-elle. La mère aurait voulu s'agenouiller devant elle. Les forces leur étaient un peu revenues à tous trois. Les deux enfants s'endormaient sur ses genoux, mais doucement cette fois, et d'un sommeil réparateur. Elle essaya de dormir aussi sans y parvenir ; mais, pour la première fois depuis bien des jours, il se mêlait quelques pensées plus douces à ses amères pensées. La vieille voisine avait apporté son ouvrage et sa chaufferette sur laquelle elle la força de mettre ses pieds. De temps en temps elle levait les yeux de dessus son ouvrage pour les essuyer, et lui souriait en lui tendant la main. Cette sympathie nouvelle descendait comme un baume dans le cœur de l'infortunée.

Vers quatre heures du soir, on entendit des pas dans le couloir toujours silencieux à ce moment de la journée. C'était la logeuse, qui pensait que sa locataire avait reçu un secours. En ouvrant la porte, elle vit sur le poêle, où il n'y avait pas eu de feu depuis bien des années, ce qui restait des dix francs donnés par le bureau. « C'est mon dû pour l'arriéré, dit-elle, en mettant la main dessus. Vous pouvez rester ici ce soir; c'est une faveur que je vous fais. Le nouveau locataire ne peut venir que demain. Il sera ici à onze heures. Vous n'avez pas grand'chose à déménager, ajouta-t-elle en jetant les yeux autour d'elle. Voici un papier qui pourra vous servir. » Elle jeta un papier sur les genoux de la pauvre mère, et sortit, laissant une des deux femmes anéanties, et l'autre dans un accès de colère furieuse. « Je le dirai à tous nos voisins, criait-elle. On ne la laissera pas partir ainsi. C'est abominable. On aurait plus de pitié chez les sauvages! » Les enfants criaient en entendant crier. « Qu'est-ce qu'on va nous faire? » disaient-ils. Quand la vieille voisine fut épuisée à force de crier, elle regarda le papier. « Savez-vous lire? dit-elle. — Oui. » Elle lut. C'était l'adresse d'un asile de nuit. « Allez-y, dit la bonne voisine. On vous trouvera peut-être de l'ouvrage. Ne sortez pas après-demain avant dix heures, parce que je passerai vous chercher en allant au magasin porter ma boite. » Elle l'entendait à peine. L'idée lui venait de tenter ce soir-là un dernier effort, puisque la journée du lendemain était si terrible. Elle se dirigea en chancelant vers la porte. « Vous n'êtes pas capable de sortir, dit la vieille. Restez ici, vous souperez avec moi; je n'ai que trois sous de pain et un peu de bouillon; c'est bien peu pour nous quatre, mais ce sera toujours mieux que rien. — Non, dit-elle; je vais dire à la dame de charité qu'on m'a pris son argent, et qu'on me chasse demain... » Elle avait comme une vague pensée qu'elle n'était plus une pauvresse ordinaire, depuis qu'on l'avait vue si près de la mort. « Et puis, dit-elle, j'essayerai de tendre la main à un passant. — Ne faites pas cela, dit avec effroi la voisine. Je l'ai fait une fois... Oui, moi! Les sergents de ville m'ont aperçue, et ils m'ont menée au poste. Allez chez la dame, puisque vous le voulez, mais revenez tout droit ici. » Elle alla en courant, et ne fut pas reçue. Elle eut beau prier la servante. C'est surtout dans ces sortes de maisons que les consignes sont rigoureuses, parce qu'on ne pourrait pas vivre sans cela. Il lui sembla en sortant qu'elle s'était heurtée à un mur de pierre. « N'importe! dit-elle. Je mendierai. Qu'est-ce qu'une nuit de prison? » Elle ne voyait qu'une cellule et ne devinait pas les horreurs du dépôt. Elle aperçut un vieux prêtre. C'est le ciel qui l'envoie. « Du pain! Du pain pour mes enfants! » Il lui mit deux sous dans la main et hâta le pas. Elle le suivit. « Mon enfant, dit-il en la regardant doucement, nous avons nos pauvres; et nous sommes des pauvres nous-mêmes. » Il lui mit encore deux sous dans la main, en ajoutant : « C'est tout ce que j'ai sur moi, — et chez moi », ajouta-t-il plus bas. Car il était de ces prêtres qui donnent à mesure tout ce qu'ils ont. Elle acheta du pain pour ces quatre sous.

Le lendemain, elle se rendit à l'asile de nuit, et consulta le tableau de l'assistance par le travail. Il n'y avait que des emplois de balayeuses de rues et de filles de peine dans une maison de confection. Mais elle trouva un petit billet, à son nom, de la dame de charité, qui lui donnait rendez-vous chez elle. Elle y courut, tenant par la main ses deux enfants qu'elle ne quittait plus, depuis qu'elle n'avait plus de domicile. On lui avait trouvé une place de bonne à tout faire chez une vieille dame infirme. « Il faudra faire la cuisine et l'appartement, et soigner votre maîtresse. Vous n'aurez pour cela que trente francs par mois. Votre voisine, pour ces trente francs, se chargera de vos deux enfants. C'est une dure condition, mais elle nous donne le temps de chercher. Acceptez-vous ? » Elle n'hésita pas. La maîtresse était acariâtre et désagréable, la besogne écrasante ; mais elle ne souffrait que de l'absence de ses enfants. Elle avait stipulé qu'elle irait les voir tous les jours, ce qui avait soulevé de grandes difficultés, mais elle avait été invincible sur ce point. Elle fut admirable de résignation, de courage et de dévouement. A la mort de sa maitresse, on lui trouva une place de femme de chambre dans la maison où je viens de la découvrir par hasard. Elle m'a reconnu du premier coup en recevant mon manteau au vestiaire ; c'est son trouble et le soin qu'elle prenait de se cacher qui me l'ont fait reconnaitre.

A présent vous me demandez ce que je vais faire. Il n'y a pas deux chemins à prendre. Les artistes feront une vente qui rapportera trente mille francs. Dès que les enfants seront en âge, nous obtiendrons pour eux une bourse dans un lycée ou dans une école professionnelle, selon leurs aptitudes. Pour elle, nous chercherons un emploi de caissière ou de surveillante; ce sera difficile. L'important est de la tirer de la domesticité. Elle a vu la mort de bien près, la pauvre femme. Elle a été victime de son imprévoyance et de celle de son mari; victime aussi de l'ignorance où elle était, comme presque tout le monde à Paris, de l'existence des institutions charitables et de la façon de s'en servir. C'est cette dernière raison qui m'a poussé à vous raconter cette histoire, qui n'en est pas une; une histoire qui, quand elle me l'a contée, n'était qu'un long sanglot. J'ai souffert en l'écoutant, et en vous la racontant après elle. Elle est elle-même, dit-elle, plus épouvantée à présent des périls qu'elle a côtoyés, qu'elle ne l'était pendant sa longue agonie. Elle se reproche d'avoir été cause, par ses folles dépenses d'abord, et ensuite par sa folle résolution, des malheurs dont ses enfants ont souffert. Elle dit avec un air d'égarement : « Sont-ils réellement sauvés? Sont-il réellement guéris? » Ils sont bien guéris; ils ont retrouvé la force et la joyeuse insouciance de leur âge. Je lui répète tous les jours que nous veillerons sur eux, et que leurs chances de bonheur sont égales à celles qu'ils auraient eues si Dieu leur avait conservé leur père. Je lui dis qu'elle a été admirable de dévouement maternel et de courage. Je n'ose pas lui dire tout ce qui lui a été épargné. Elle a subi la misère; elle n'a pas subi, elle n'a pas même aperçu le vice.

« Mais que seraient-il devenus, répète-t-elle toujours, si j'étais morte de honte ou morte de faim? — L'Union française pour le sauvetage de l'enfance les aurait trouvés et recueillis, lui dis-je. — Mon premier argent sera pour elle! » s'écrie-t-elle. — Je le crois bien! Tous les infortunés viennent à nous. Que les riches se le disent.

LA MÈRE

Une des bonnes histoires de l'antiquité, qui n'était pas toujours solennelle, est celle d'Achille déguisé en femme, et se laissant deviner par Ulysse à la façon dont il manie un sabre caché parmi des parures. S'il n'y avait pas d'autres marques pour distinguer les petites filles, vous les reconnaîtriez à leur ardente et infatigable passion pour les poupées. A peine peuvent-elles se servir de leurs petites mains qu'il leur faut une poupée à emmailloter. Dès qu'on leur permet de jouer avec un véritable enfant, elles n'ont plus d'autre goût ni d'autre bonheur. Quand à leur tour elles en auront un, il remplacera pour elles le reste de la terre. Je ne connais pas sous la calotte des cieux de vocation plus universelle ni plus avérée. Il y a peut-être des femmes qui naissent pour être philosophes, écrivains, femmes politiques, artistes, ouvrières; je n'en sais rien et, pour avouer humblement la vérité, je n'en crois rien. Corinne ne pouvait être qu'une exception. Mais ce que je sais, à n'en pas douter, c'est qu'il n'y en a pas une qui ne naisse pour aimer toutes les fonctions matérielles, intellectuelles et morales que comporte la maternité. Le désir de plaire, qui est inné chez elles, a moins de force, et tient une moindre place dans leur vie, que le dévouement maternel. Il y a de bonnes et de mauvaises épouses; il n'y a que de bonnes mères. Une mauvaise mère, s'il s'en rencontre, est un être contre nature. On ne sait comment le classer, ni comment le comprendre.

Nous voici donc arrivés, dans notre étude sur le rôle des femmes, à la page principale. Tellement principale, que tout le reste semble être écrit pour elle. Qu'est-ce qu'une femme? C'est une mère; une mère en réalité, ou une mère en herbe. Je n'ai pas grand goût pour les théories modernes qui font de la femme un médecin, un avocat, un député; ni pour les mœurs modernes, qui en font une prostituée ou une coquette. Pourquoi? Parce que ces déguisements cachent ou suppriment la mère. Il est bien question vraiment d'avoir des malades! il s'agit du petit, qui a la coqueluche; ou d'avoir des clients! c'est le petit, à qui un professeur abominable a fait tort en jugeant une composition; ou de faire une bonne loi sur la presse! c'est un alphabet, dont le petit a besoin pour apprendre ses lettres en s'amusant. Allez, si vous voulez, pérorer dans les commissions, ou vous enfermer dans un bureau pour répondre aux ordres de bourse; puisqu'il fait du soleil aujourd'hui, il faut que le petit aille humer le bon air, et que sa maman le conduise. J'entends bien que le czar et le sultan sont sur le point d'en venir aux mains; on en parle dans les gazettes; mais le petit a deux dents canines depuis ce matin : c'est cela qui est une affaire! Le monde de la femme est le petit monde. Notez bien que si elle n'a pas d'enfant à elle, elle s'intéresse à la dent qui a percé chez l'enfant de sa voisine.

Je parle de la dent, et de la croissance, et du poids, et des cheveux qui s'épaississent, et de l'appétit, et des petites jambes qui fournissent une bonne trotte : tout cela a son importance; — que dis-je, son importance? — une importance capitale. Mais ce n'est pas seulement le corps qui est l'objet des soins et des prédilections de la mère. Elle est maitresse d'école en même temps que nourrice. Elle fait épeler le premier livre, réciter la première fable, copier le premier modèle d'écriture. Elle donne la première leçon de morale. Oh! mon Dieu, elle ne recherche pas si l'idée du bien est innée; elle n'étudie pas ses rapports avec le plaisir. Elle dit d'un ton attristé : « Mon enfant, cela n'est pas bien! » Ou d'un air triomphant : « Bravo! mon fils, voilà qui est d'un bon cœur! » Sait-elle seulement que Kant a existé! Kant? un moraliste? un traité de morale? une morale? Qu'est-ce que tout cela? Il faut aimer ses parents, et en général aimer son prochain, et lui faire du bien toutes les fois qu'on le peut. Elle ne voit pas grand'chose par delà; et avec ce court bagage, elle est la maîtresse de morale par excellence. Tous ses préceptes, que rien n'explique et dont rien ne démontre la solidité, entrent dans la tête de l'enfant et dans son cœur; ils ne font qu'un avec lui, ils font partie de sa substance. Il les retrouvera vivants et puissants à l'heure de la mort, après avoir vécu et valu par eux pendant toute une longue vie. Je sais bien qu'elle sera obligée quelquefois de vaquer à d'autres soins qu'à celui d'élever ses enfants. Si, par exemple, elle est veuve et sans ressources, elle entrera dans un atelier. Je le déplore profondément. Si je pouvais refaire le monde à ma guise, les femmes y seraient des femmes, c'est-à-dire des épouses et des mères, et ne seraient rien autre chose que cela. Je leur ferais cette grande situation; je leur assurerais cette grande destinée. Tout ce qui les occupe et les entraine ailleurs, les dégrade. Elles sont par excellence des institutrices.

Institutrices surtout de leurs filles? Non pas; institutrices de tous leurs enfants. Pour les filles, elles ne les perdront jamais de vue; elles restent près d'elles, toute la vie, confidentes, directrices, consolatrices. Pour les garçons, qu'elles doivent nécessairement quitter, ou qui plutôt doivent nécessairement les quitter, elles gardent aussi jusqu'à la fin une grande place auprès d'eux, la plus grande place : elles sont leur conscience. Je dirai plus tard quel est leur rôle dans l'instruction de leurs enfants, garçons et filles; mais dans l'éducation, elles sont tout. Et c'est pour cela que les gens sages ont toujours dit : « Si vous voulez réformer la société, réformez les femmes. » Réformer la société! Ces mots signifient à présent : détruire l'ordre social. Je n'ai pas besoin de dire que cette réforme-là n'est pas la mienne. La réforme dont je parle n'est pas celle qui consiste à détruire la religion, la famille et la propriété; mais celle, au contraire, qui consiste à les faire revivre. C'est grande pitié quand on voit des femmes s'associer aux théories des démolisseurs; elles vont directement contre leur mission et leur intérêt. Aujourd'hui que les influences religieuses sont à demi détruites, même dans le peuple, les femmes sont presque la dernière espérance de la morale. Une grande mission, la plus grande et la plus belle de toutes. Je voudrais montrer comment elles peuvent et doivent la remplir.

Il y a quatre époques bien distinctes dans leur carrière d'inspiratrices de la morale. Celle de la toute première enfance, où elles sont seules avec leur élève. Oui, seules; car elles lui parlent avant qu'il sache parler, et lui, avant de savoir parler, il leur parle. Puis viennent l'enfance et l'adolescence; elles ne sont plus seules alors; elles n'ont que trop de concurrents. C'est le moment difficile, car elles ont, pendant cette période, non seulement à former le cœur de leur enfant, mais à le disputer. Il s'agit moins pour elles de ravitailler la place, que d'empêcher l'entrée de vivres empoisonnés.

La troisième phase, c'est quand l'enfant approche de la vie réelle, ou la commence. Prenez garde à lui : il réfléchit, il raisonne. Il ne veut plus être la créature passive qu'il a été jusque-là, recevant ses inspirations du dehors, acceptant avec crédulité toutes les idées qu'on lui apporte. Il juge maintenant ce qu'on lui dit, et ce que vous lui dites. C'est un bien, mais c'est un danger. C'est à ce moment-là surtout que le père doit intervenir; mais le père fait trop souvent défaut. Il a sa lutte contre le monde, dont il ne veut pas être distrait. Il n'a ni le temps ni la vocation d'enseigner. Quand son enfant a eu dix ans, il a fait pour lui ce que fait une mère qui prend une nourrice; il l'a mis au collége. C'est un bon père; il ne travaille que pour son fils. Il n'a d'autre tort que de songer presque uniquement à la fortune et de laisser ce qu'il appelle le côté sentimental à sa femme et aux professeurs. Ne comptez donc pas trop, ma chère âme, sur le concours de votre mari; demandez-le, mais n'y comptez pas. A son défaut, c'est la mère qui doit choisir entre les corps de professeurs, choisir même le professeur si elle peut, l'aider, le contrôler, le rectifier, maintenir au-dessus de son autorité l'autorité maternelle. Elle se heurte là sans s'en douter à la plus grosse de nos questions politiques. A qui appartient l'enfant? à la patrie, ou à la famille? Quelques républicains, peu soucieux de la liberté, viennent de reprendre l'ancienne doctrine de Platon, qu'ils n'ont jamais lu : l'enfant est à la patrie. « Non, il est à moi, » dit la mère. Elle a raison. C'est elle qui le donnera à la patrie. Cette période de lutte dure plusieurs années. Presque toujours, l'enfant devient légalement citoyen, avant d'être livré à lui-même.

Enfin, le voilà à son tour chef de famille. Le rôle de ses parents, celui de sa mère, est nécessairement modifié, il n'est pas détruit. Nous n'en sommes plus, dans cette quatrième période, à l'autorité. On ne peut plus compter que sur la tendresse, sur l'admiration, la reconnaissance, sur les chers souvenirs.

Les faiseurs de livres de morale n'ont pas besoin de stimuler le zèle des mères, ils peuvent à bon droit compter sur la nature; mais il y a lieu de l'éclairer et de le guider. Enseigner la morale! Il est presque nécessaire pour cela de la connaître. Je dirai la différence entre l'enseignement scientifique et l'enseignement maternel. Je ne me soucie pas beaucoup que la mère se mêle de l'enseignement scientifique. Elle pourrait bien se tromper sur les principes; et si cela lui arrivait, l'affaire serait grosse de périls, car les femmes ont l'esprit subtil et ergoteur; elles ont plus de logique que de sens commun; l'Église leur a presque toujours, et pour cause, interdit la théologie. Ce n'était pas qu'elles fussent incapables, au contraire; elles y sont propres; mais une fois entrées dans ce monde, fort différent de celui que nous habitons, leur esprit ne connaît guère de frein. Elles ne sont timides que dans le monde visible et tangible. Il y a aussi à veiller sur la façon dont elles voient les affaires mondaines. Elles n'y sont mêlées qu'incomplètement; elles les voient surtout en spectatrices. Je vous répète qu'elles ont besoin d'un guide très sûr. Le philosophe qui apprendrait aux mères à être de bonnes mères, serait le plus grand de tous les philosophes, et le bienfaiteur de l'humanité.

Je parlerai surtout, dans ce qui va suivre, du gouvernement des idées. Je sais bien qu'il y a toute une pédagogie au-dessous de celle-là, une pédagogie du corps en quelque sorte, qui a une importance extrême, et dont les grands pédagogues se sont toujours occupés. Je crois que les femmes, je dis les femmes éclairées et intelligentes, en savent beaucoup là-dessus. Ce sont elles qui doivent se charger de donner des directions et des conseils. Si les hommes s'en mêlent, que ce soient des médecins plutôt que des philosophes. Si ce sont des médecins philosophes, ce sera certainement tout au mieux. Aristote, qui est entré dans les plus minutieux détails, était médecin. Platon ne l'était pas, et pourtant, quand il donne ses avis aux mères, il commence par la grossesse. Tous les pédagogues ont fait comme lui, jusqu'à Jean-Jacques Rousseau et jusqu'à nos jours. Je comprends. J'approuve. Mais enfin, quoique je sois grand partisan de l'allaitement maternel et, à son défaut, de l'allaitement à domicile, et que j'aie fait campagne ailleurs contre les gardeuses d'enfants et les faiseuses d'anges, je n'ai pas de conseils à donner en ce moment sur le choix d'un bon lait, ni sur les bureaux de nourrices, ni sur l'inspection, ni sur les nurseries, ni sur le maillot, ni sur le vêtement, ni sur le sevrage, ni sur les promenades, ni sur le froid et le chaud, ni sur l'immobilité et le mouvement. En un mot, je veux me borner; et, pour y parvenir, je mets d'abord le corps à la porte; je le retrouverai, quoi que je fasse, car il est difficile de l'oublier tout à fait; mais, pour le moment, je l'écarte.

Je ne veux pas non plus insister sur l'éducation morale pendant la première période, celle que j'ai appelée la période de l'isolement. J'entends dire que c'est la partie la plus importante de l'éducation, parce que le corps et l'esprit de l'enfant reçoivent alors avec facilité les impressions qu'on leur donne. Il y a peut-être là quelque exagération; les habitudes se prennent plus aisément dans le premier âge, mais elles se perdent aussi sans trop de combats. Ce petit homme se laisse faire. On peut presque dire qu'il ne vit pas encore; il végète. Il ne pense pas, il rêve. Si j'avais à signaler aux mères le moment décisif, je ne le placerais que dans la seconde période, encore dominée par la crédulité, mais désormais par une crédulité intelligente. Je fais cette remarque en passant. Elle ne diminue en rien l'importance des premiers soins, des premières impressions et des premières lueurs. Comme nous les avons reçues sans les analyser, nous les conservons peut-être par delà la conscience, comme un fond où la lumière de l'analyse ne pénètre jamais, et qui constitue la qualité essentielle de notre être. En tout cas, c'est pendant ces premiers débuts que nous sommes le moins séparés de notre mère. Je ne parle pas à fond de cette période, mais il faut pourtant en dire quelques mots. Quel malheur, quand les nécessités ou les erreurs de la vie isolent l'une de l'autre, dès ce commencement, deux existences qui n'en font qu'une! La vie du pauvre, du pauvre des villes, commence presque toujours la série de ses malheurs par ce malheur-là; et c'est la première différence entre l'ouvrier de l'agriculture et l'ouvrier de l'industrie. Tous les paysans ont été allaités par leurs mères.

On disait, au XVIIIe siècle, avant Rousseau : « Ne pouvant donner à l'enfant le lait maternel, il faut lui donner celui d'une forte paysanne, et en même temps l'air et la liberté des champs. » Sans doute, l'air des champs vaut mieux que l'air de la ville; mais une maison proprement tenue et habilement construite vaut mieux qu'une chaumière obscure, humide et infecte. On est près du médecin, à la ville. On y connait toujours quelques principes d'hygiène. On y est entouré de personnes plus policées. Et tout cela même n'est rien, auprès de ce bien, le plus grand de tous : on y a la présence de la mère, sa surveillance, ses caresses. On y vit de sa vie. Au malheur de ne pas être alimenté de son lait, on ne joint pas celui de ne pas être alimenté de son cœur.

La maternité est plus meurtrière à la ville qu'à la campagne. Pourtant la jeune mère est entourée à Paris de soins intelligents et de confort. Mais toute la science de la Faculté et tous les soins de famille ne peuvent compenser la débilitation produite, chez les unes, par l'atelier, et chez les autres, que j'ai particulièrement en vue, par la vie mondaine. Les femmes riches ont une hygiène déplorable. Je leur reproche cet usage de se serrer à outrance, au grand détriment de leur santé et de leur beauté, l'abus des parfums, leur vie sédentaire, leurs soirées passées au bal ou au spectacle, leurs matinées passées dans leur lit ou leur cabinet de toilette, une nourriture faite pour leur perdre l'estomac et pour les affaiblir, une oisiveté voulue, aussi préjudiciable au corps qu'à l'esprit et au caractère. Avec ce régime on fait de la femme une dame, c'est-à-dire un être factice, préparé surtout à la vie factice des salons, et à peine en état de remplir la destinée que la nature lui impose. En Chine on y ajoute la mutilation des pieds, que nos dames d'Europe n'ont pas adoptée, se contentant jusqu'à présent de se déformer la taille.

Un accouchement, pour une créature ainsi préparée, est doublement périlleux; l'allaitement est une charge très lourde, et d'ailleurs impossible dans la plupart des cas, parce que le lait fait défaut, preuve évidente que la nature est contrariée dans ses lois essentielles. La nourrice devient une nécessité; mais la nourrice diminue la mère : un malheur moral qui se joint au malheur physique. Les premiers mois sont à demi perdus. Ils seront regagnés par la tendresse maternelle, pourvu que l'enfant ne soit pas déporté à la campagne. Il suit de là qu'avoir un enfant et l'élever, est plus difficile dans la bourgeoisie que dans le peuple.

Je ne parle pas là du peuple des usines, la condition d'ouvrière pouvant à peine se concilier avec la condition de mère. J'ai écrit tout un livre sur l'ouvrière, auquel je me contente de renvoyer. Dès qu'on parle de l'ouvrière, il n'échappera à personne que, outre le problème moral, on se trouve en présence d'un problème social de la plus poignante gravité. Encore une fois je ne fais qu'indiquer ces questions. J'y reviendrai peut-être un jour, pour les traiter séparément avec les développements qu'elles exigent. Ici je me borne autant que possible à ce qui concerne expressément l'instruction et l'éducation intellectuelle et morale. Je veux cependant, avant d'arriver à mon sujet, c'est-à-dire aux écoles primaires, dire un mot des crèches.

On dispute entre catholiques et révolutionnaires sur le nombre des écoles avant la Révolution. Il y en avait beaucoup, disent les catholiques; il n'y en avait pas, répondent les autres. Il s'agit de s'entendre. Il y en avait beaucoup, puisqu'on trouve la date des fondations et le chiffre des dotations; il n'y en avait pas, puisque le plus grand nombre des hommes, et la presque totalité des femmes ne savaient pas lire. Je pense qu'on serait dans la vérité en disant qu'il y avait beaucoup d'écoles et que la plupart étaient mauvaises. Ces écoles étaient, ou des colléges, pour les classes élevées de la société, ou ce qu'on appelait des petites écoles, c'est-à-dire des écoles primaires, qui prenaient l'enfant à six ou sept ans. Le nouveau-né, le pauvre baby, ne sachant ni marcher ni parler, était abandonné aux basards de la charité individuelle. Saint Vincent de Paul, dont le nom mérite d'être trois fois béni, a donné des mères aux abandonnés. Mais il restait après lui l'innombrable troupeau des enfants qui ont une famille incapable de les nourrir. Le travail du père ne suffit pas; la mère se fait ouvrière, et accepte, pour donner du pain à son enfant, l'obligation de le quitter. Que devient-il? Il faut, suivant son âge, l'enfermer tout le jour dans le galetas, ou le lâcher sur la voie publique, au hasard de ce qui peut arriver. Les femmes, même en faisant ce dur sacrifice, en subissant cette terrible loi, ne trouvaient pas ou trouvaient bien rarement un travail rémunérateur. L'usine le leur a donné. Elle les a enrégimentées par milliers. Elle a répandu dans les familles des salaires et un bien-être inconnus jusque-là. Mais à quelle condition? Le troupeau des abandonnés a grandi en même temps que celui des enrégimentées. Pour une mère qui entre à la fabrique, trois ou quatre enfants descendent dans la rue. On les voyait par bandes comme des animaux, sans vêtement, sans nourriture, souffrant du froid, dévorés par la maladie. Cela ne pouvait se supporter. La charité inventa la crèche. Crèche, asile, école maternelle, il y a des refuges pour tous les âges jusqu'à l'école primaire. Les enfants sont recueillis, soignés, surveillés, amusés et instruits. C'est admirable.

Ils sont presque toujours mieux à la crèche qu'ils ne seraient à la maison. J'ai connu des mères qui se sont dit cela, qui pouvaient garder leur enfant pour souffrir avec elles, qui l'ont mis là où il a de l'air, du soleil, de l'espace, des soins assidus et une compagnie dans laquelle il se plait. Grand sacrifice pour elles. Ont-elles raison de le faire? Qui pourrait répondre, sans connaître à fond, et par le menu détail, la situation de chaque famille? La misère peut être telle, qu'elle justifie la séparation; mais que la mère ne se hâte pas de se résigner, de se séparer. Qu'elle le fasse seulement quand la nécessité devient cruelle. La présence continue de la mère est un si grand bien, que ce n'est pas trop de l'acheter par un peu de souffrance.

Éviter la crèche si on peut; ne pas éviter l'école. Le tout petit avait besoin de ne pas quitter la mère; le petit déjà grandissant a besoin de la quitter, mais pour un instant, à condition de revenir chaque jour après la classe, de rentrer dans le chez-soi bien aimé, de retrouver la protectrice tendresse!

Un problème qui domine toute l'éducation, mais qu'il est surtout urgent d'examiner quand il s'agit de l'éducation du premier âge, est l'option entre la guerre offensive et la guerre défensive contre les forces hostiles de la société et de la nature. Le froid peut donner un rhume à l'enfant; le vent peut occasionner un mal de gorge. La mère l'empêchera avec soin de sortir quand il fait froid et quand il fait du vent. C'est la méthode défensive. L'effet est évité parce qu'on a supprimé la cause. Le malheur est que la séquestration débilite l'enfant, que l'habitude des précautions affaiblit son caractère, et que le plus léger froid, s'il est obligé de le subir, suffit ensuite pour l'enrhumer.

De même pour la vie sociale. Si on l'envoie dans

une foule, ce qui, au premier âge, signifie une école publique, il va rencontrer des mauvais sujets, des turbulents qui abuseront de leur force contre lui, et qui peut-être, agression plus déplorable, lui donneront de mauvais conseils. Gardons-le à la maison. Il n'aura que de bons conseils puisqu'il n'aura que les miens. On ne lui apprendra pas à être grossier et mal élevé. Je ne le verrai pas rentrer avec un œil poché et des habits déchirés.

Sans doute; mais un jour viendra où son activité ne pourra plus continuer à s'exercer dans la chambre de sa mère. Il rencontrera le monde alors, et il sera comme un conscrit qu'on mènerait à la bataille le jour même où il entrerait au régiment. Cette éducation de l'emmaillottement éternel est le contraire d'une bonne éducation. Il faut s'habituer à lutter, puisqu'il faut se préparer à vivre. Pour un homme surtout, l'apprentissage du courage est nécessaire. Le courage est d'abord ce qui convient le mieux à notre destinée, à la santé de notre esprit et de notre corps, et c'est aussi ce qui réussit le mieux à garantir notre sécurité. Le premier précepte de l'hygiène physique et morale est : Aguerrissez-vous!

Mais arrêtons-nous un instant sur le seuil de l'école, avant d'y entrer. Le pas qu'il s'agit de faire est si grave qu'il est bon d'y penser et d'y repenser, toute l'éducation et toute la vie en dépendent.

LES DEUX MÈRES

Nous avons, vous et moi, madame, un grand parti à prendre. L'enfant a neuf ans, ou dix ans; faut-il le mettre au lycée, ou le garder à la maison?

La femme du peuple n'est pas mère de famille dans les mêmes conditions que vous, madame. Vous pouvez vous charger de l'éducation de votre enfant, ou le faire élever sous vos yeux par un précepteur. Rien ne vous manque pour cela. Vous êtes instruite; suffisamment instruite pour diriger ses études dans ces commencements; votre mari au besoin vous aidera. Les loisirs ne vous manquent pas, l'argent non plus. Des loisirs? Vous n'en avez que trop. Vous étiez embarrassée de vos journées. Trois heures pour la toilette, trois heures pour le repas, une heure pour la direction de votre ménage : il fallait passer le reste du temps à faire ou à recevoir des visites, à lire d'insipides romans et à visiter des magasins où rien ne vous pousse si ce n'est le désœuvrement : voilà, dans l'éducation de cet enfant, une occupation attrayante, s'il en fut; un devoir qui est un plaisir, une occasion d'étudier, une occasion aussi d'enseigner, ce qui plait toujours aux femmes : enseigner, sermonner, donner son avis en matière de goût et de morale, avouez-le, madame, c'est votre bonheur. Vous trouvez toutes sortes de raisons pour garder votre fille, ou même votre fils auprès de vous. Il serait si triste, dites-vous, de livrer son enfant à des étrangers! Ils vous déroberaient son cœur avec le temps, et dès à présent ils vous priveraient de ses caresses; vous êtes résolue à le garder. Quelle joie de s'enfermer avec lui et pour lui; d'arranger ses livres, son petit bureau, ses crayons, son papier; de le faire épeler, de sa jolie bouche chérie, en caressant ses cheveux plus doux que la soie; et bientôt de le guider ou de le suivre dans ses lectures, pour lui expliquer ce qu'il ne comprend pas, et pour guetter l'éveil de son jeune esprit, à qui tout est nouveau et merveilleux! Il ne fait que bavarder avec ses amis; il cause déjà avec sa mère; il a des confidences pour elle; elle en a pour lui. Ils se disent leurs secrets ou ils les devinent. Il est sensible à faire trembler; un souffle, un rien suffirait pour l'abattre, si sa mère n'était pas là pour l'abriter sous son aile. Un étranger ne comprendrait rien à son organisation; il le traiterait comme un autre enfant, tandis que c'est un enfant à part. Et au moral! Il a des délicatesses infinies, une susceptibilité qu'il faut respecter, car elle prend sa source dans ce que l'âme a de plus pur. Vous seule, madame, savez lui parler; il ne comprend que vous, il n'est heureux que par vous. Vous lui apprenez l'histoire cette année; et la géographie, car il n'y a pas d'histoire sans géographie. Vous lui dites surtout les beautés de l'histoire de France. La France, la patrie, le sol natal! L'histoire de Grèce est pleine d'intérêt, et l'histoire romaine. Puis il y a la religion que M. le curé lui enseigne. Oui, madame, il la lui enseigne; mais vous, vous la lui faites aimer et comprendre. Vous le produisez dans le monde, quand il est encore tout petit; car on a son orgueil de mère. Il récite à ravir. Des chefs-d'œuvre seulement. Si on voulait lui faire apprendre par cœur des poésies médiocres, il ne pourrait y parvenir. Un instinct secret l'avertirait. Vous effleurerez aussi avec lui l'arithmétique. Les quatre règles principalement. A quoi sert le reste? Il ira à l'École polytechnique, s'il veut pousser plus loin et si le cœur lui en dit, quand il aura dix-sept ans. L'important, quant à présent, est de ne pas se surcharger l'esprit et d'éviter les besognes fastidieuses. Vous d'abord, vous n'avez jamais pu mordre à la division; mais vous êtes de première force sur l'addition, la soustraction et la multiplication; sur l'addition surtout, quand elle n'est pas trop compliquée. Vous n'oublierez pas les arts d'agrément. Le piano pour une fille est de première nécessité. Le dessin. Il faut choisir entre le dessin des fleurs et le dessin des figures. Les fleurs, c'est charmant! Les figures, c'est bien utile. On fait le portrait des personnes aimées. Il est vrai qu'à présent nous avons la photographie.

Vous méditez sur tout cela et vous vous dites que vous êtes plus entendue en éducation que les docteurs de Sorbonne. Ils vous prendront peut-être votre chérubin, sous prétexte de baccalauréat, il y a des maux qu'on ne peut pas éviter; et puis, le pauvre garçon, il faudra qu'il soit soldat pendant trois ans; qu'il fasse son lit, qu'il balaie la chambrée et les escaliers; qu'il porte de gros souliers, des habits trop grands et trop longs, faits d'un drap grossier; qu'il obéisse à son ancien domestique transformé en caporal; qu'il fasse des factions sous la pluie ou au grand soleil; qu'il aille à l'exercice, tête droite, tête gauche; ordre serré, ordre dispersé; chargez, tirez. Le beau complément d'éducation! Cavalier peut-être, ou plutôt garçon d'écurie. Enfin on vous le rendra déformé, endurci, grossier, sentant la caserne d'une lieue, ne sachant plus se présenter dans un salon, ou, ce qui est pire, y apportant les façons et la langue du corps de garde.

Les hommes disent que tout cela est nécessaire pour que la France ne soit pas une seconde fois la proie des Prussiens. Vous êtes bonne patriote, madame. Quand le signal sera donné, vous serez la première à dire à votre fils : « Va te battre! » Il vous paraît plus dur de lui dire : « Va te préparer, pendant trois ans, à une bataille qui, s'il plaît à Dieu, ne viendra jamais. » Enfin, puisque cela est nécessaire pour la patrie, vous vous résignerez quand le moment sera venu. Mais votre fille, au moins, n'a pas de fusil à porter, de caserne à habiter, de faction à monter. Elle se doit à la patrie comme son frère, et se fera inscrire parmi les Femmes de France, qui lui apprendront à faire de la charpie. Jusque-là, elle vivra côte à côte avec vous, couchera dans votre chambre ou tout à côté, dans une gentille chambrette toute blanche et fleurie. Vous choisirez ses robes; vous donnerez le dernier tour à ses cheveux, quand sa caméristе les aura peignés. Vous lui donnerez sa leçon, entremêlée de baisers, vous irez avec elle à la promenade, en la mettant sur le devant de la voiture, comme pour dire à vos amies : « La voilà! » Vous présiderez à son premier bal; bal blanc, bal rose. Bien auparavant, vous aurez eu la première communion. Trois époques : la première communion, le premier bal, le mariage. Pas de falbalas à sa robe de communiante; pas de dentelles, de la mousseline seulement; mais quelle mousseline! Toute cette éducation est un poème. Comment pouviez-vous vivre auparavant, madame; et comment vivrez-vous quand votre tâche sera finie, et que cet homme, un homme affreux, viendra vous prendre votre élève, votre amie, et l'entraîner loin de vous, dans des régions inconnues, où vous essaierez toujours de pénétrer, et dont vous serez toujours bannie par une rigueur impitoyable. — L'ouvrière, qui vit très loin de vous, à deux pas de vous, n'a pas à faire de ces jolis rêves.

D'abord, si elle est ouvrière, c'est parce qu'elle ne peut pas faire autrement. Elle aimerait mieux ne travailler que pour sa famille, dût-elle travailler et peiner tout autant. La besogne ne lui manquerait pas. Il y a le ménage à faire chaque matin. Vous pensez que ce n'est pas long, parce qu'elle n'a que deux chambres, peut-être une seule. D'accord ; mais plus le logement est petit, plus il est difficile d'y entretenir la propreté. Balayer, laver, épousseter, faire les lits, aller probablement soi-même chercher de l'eau à la pompe, en descendant pour cela quatre ou cinq étages. Il faut faire après cela le déjeuner, et après le déjeuner le diner. Les repas sont fort simples : une soupe, un seul plat. Elle ira pourtant chez le boucher, le fruitier et le boulanger ; ne croyez pas que les fournisseurs vont se déranger pour elle. C'est difficile de faire la cuisine dans une cuisine ; et bien plus difficile de la faire dans la chambre où l'on couche, et de tenir tout cela, cuisine et chambre, en état de propreté. Vient la question des vêtements. Vous pensez qu'il lui suffira d'aller deux fois fois l'an au Bon-Marché. On y trouve, dites-vous, tout ce qu'on veut, depuis les souliers jusqu'au chapeau. Oui, je le sais, on y trouve tout, et on y paie tout. Les marchandises sont livrées à des prix invraisemblables si on les compare à la valeur de l'objet, et à des prix très lourds si on pèse la bourse où il faut le puiser. Soyez sûre, madame, qu'elle fera, si elle le peut, beaucoup de choses, les bas, les jupons, les casquettes, les bonnets ; j'en ai vu qui faisaient même les chaussures. Après la confection, les raccommodages, ce qui est infini pour certains métiers. Le blanchissage la regarde aussi. Pour faire toute cette besogne, il vous faudrait, à vous, madame, deux servantes. Ajoutez le soin des enfants, et voyez si elle est inoccupée.

Mais la femme que je viens de vous montrer est heureuse entre toutes. Elle ne travaille que pour les siens! C'est une bourgeoise. Elle a beau sortir d'une famille d'ouvriers, être femme d'ouvrier, avoir été élevée comme fille d'ouvriers, elle n'est pas elle-même une ouvrière puisqu'elle ne travaille ni pour un patron ni pour le public. Prenez pour certain qu'elle est une exception, et une exception rarissime. Règle générale : toute femme d'ouvrier est une ouvrière. Je ne sais pas où est l'ouvrier dont le salaire suffit à la nourriture de cinq ou six personnes. Cinq ou six personnes! Cela ne suppose que trois ou quatre enfants; mettez-en cinq ou six, qu'allons-nous devenir? Sans compter les grands-parents, qui sont peut-être retombés à notre charge, les chômages qu'il faut prévoir, les maladies. La femme est donc obligée de gagner un salaire. Elle est, comme son mari, ouvrière; elle est, de plus que lui, servante. Je ne parle pas de la veuve, ou de l'abandonnée chargée d'enfants en bas âge, pour ne pas trop vous attrister. Notez que je ne vous introduis pas chez des misérables, mais seulement chez des travailleurs.

Ainsi la mère est ouvrière. Ouvrière en chambre ou à l'atelier. Si c'est en chambre, elle gagne un salaire dérisoire; si c'est en atelier, elle doit dix heures, et davantage quand la besogne presse. Le père et la mère sont à l'atelier chacun de leur côté : que vont devenir les enfants pendant dix heures de solitude? Nous n'en sommes plus à chercher si la mère les élèvera. La mère sera à l'atelier deux jours après l'accouchement. Tant pis si elle en meurt! Mon ami Jean Dolfus, rien qu'en payant aux accouchées cinq jours de repos, avait diminué de onze pour cent la mortalité des nouveau-nés.

La voilà mère. Elle peut prendre deux partis : envoyer son enfant en nourrice, ou le mettre dans un gardiennage. La nourrice coûte cher. Elle n'a le choix qu'entre les mauvaises. Il y avait, il y a trente ans, des nourrices au rabais, qui traitaient d'autant plus mal les nourrissons, qu'elles étaient rassurées contre les visites de la mère, trop pauvre pour voyager. Elles ne se gênaient pas pour en prendre plusieurs. Nourrices sèches, bien entendu; les pauvres ne peuvent avoir de prétentions plus hautes. On citait des villages où cette industrie, de prendre des nourrissons, et de les tuer par défaut de soins, était pratiquée en grand. Si la mère recourait au gardiennage dans la ville même où elle travaillait, c'était dans l'espoir de donner son propre lait. La gardienne gardait l'enfant tout le jour, et le portait à la mère, à midi, pour être allaité. Il ne fallait pas penser à avoir du lait, quand on faisait un métier malsain, et dans un atelier infect. Ces ateliers, il y a trente ans, étaient fort nombreux. La mère ne pouvant plus nourrir, la gardienne élevait l'enfant *au petit pot*. Elle en élevait un grand nombre. Songez donc, à si bas prix! Elle se rattrapait sur la quantité. On ne pouvait pas toujours acheter du lait; le lait coûte cher; on n'en donnait pas assez; on le supprimait trop tôt. Fournir du lait aux enfants pauvres, une belle œuvre pour la charité. L'assistance publique a des dispensaires spéciaux à Paris, pour cela. Madame Hendlé, dont le mari est préfet de la Seine-Inférieure, vient d'en installer à Rouen : au bout d'un an, l'influence sur la mortalité est déjà très manifeste. Ces enfants élevés dans la ville sont visités de temps à autre ou par la mère ou par une parente. C'est une garantie. A la campagne, la vie des nourrissons tenait uniquement, avant la création d'inspecteurs, à la conscience des nourrisseuses. On connaissait de ces femmes en Angleterre, en Écosse, qui donnaient de l'opium aux enfants pour se débarrasser de leurs cris, ou qui les suspendaient bien serrés, et bien emmaillotés, à un clou, façon particulière de ranger leurs meubles et de se faire de la place. L'enfant devenait bleu; il étouffait, il mourait. Ces nourrices avaient un nom parmi les femmes d'atelier : on les appelait les faiseuses d'anges.

Quand l'enfant a traversé heureusement cette période aiguë, et qu'il commence à marcher, la mère, qui a peut-être à payer des mois pour un nouveau nourrisson, le reprend; tout au moins, elle le rapproche. Les pouponnières, les crèches, assez fréquentes aujourd'hui, étaient très rares autrefois. Ou il n'y en avait pas, ou la place était prise. La mère, ne l'oubliez pas, était en atelier, au service du *self-acting;* la journée des femmes ne dure plus que dix heures; c'était douze heures il y a trente ans. Que faire du petit? Il n'a que deux ans. Quelquefois, il y avait une sœur aînée, de cinq ou six ans, qui le gardait. Grande protection, et bien efficace! Ou une voisine; mais il n'y a guère de voisine, à la porte d'une manufacture, à moins qu'elle ne soit rendue immobile par l'âge ou la maladie. Pas d'asile non plus, pour les enfants de quatre à six ans. On les voyait errer dans les rues, sales, déguenillés, à la recherche d'un débris de nourriture, plus semblables à des animaux qu'à des enfants. Même quand ils avaient l'âge de l'école, l'école ne durait que quatre heures. Mettons cinq heures quand la municipalité était intelligente. La mère devait douze heures à l'usine : cinq de douze reste sept. Sept heures d'abandon et de vagabondage. Plusieurs, au lieu de les laisser sur la rue, les enfermaient pendant ces longues heures, dans la chambre froide et noire. J'en ai vu qui restaient là comme anéantis sans avoir la pensée de jouer ou même de parler. Je crois que tous les risques de la rue valaient mieux. La mère avait l'option entre la mort par accident, ou la mort par anémie. Elle, pendant ce temps-là, travaillait dans son atelier, ne pensant qu'à eux, se sentant heureuse, malgré son chagrin, de leur gagner de quoi vivre.

On ne rêvait pas, dans ces temps reculés, de fixer à neuf ans l'âge où les enfants pourraient entrer à l'atelier. Nous faisions campagne pour le fixer à sept ans. Nous pensions que c'était un meurtre de les enfermer, à l'âge de cinq ou six ans, pour sept ou huit heures. L'humanité en souffrait; le patriotisme aussi, car la race s'étiolait visiblement. On s'en apercevait bien au recrutement. A chaque période de dix ou douze ans il fallait abaisser la taille réglementaire. Et malgré cela, on fraudait la loi tant qu'on pouvait en fourrant les enfants dans les ateliers avant l'âge. Les mères s'y prêtaient, par tendresse. Les petits ne souffraient pas autant dans l'atelier que dans le grenier. L'atelier au moins était chaud. Elle n'était peut-être pas dans le même atelier que son enfant; mais elle était dans un atelier voisin. Il y avait avec lui d'autres femmes. A défaut de femmes, on pouvait, en cas d'accident, appeler le médecin. M. Villermé disait avoir vu de ces petits ouvriers qui n'avaient pas la force de se tenir si longtemps debout. On avait des boites dans lesquelles ils étaient serrés jusqu'au milieu du corps, n'ayant que leurs bras de libres. Et ils n'avaient aussi besoin que de leurs bras pour faire leur métier de rattacheurs.

Ces temps sont bien loin de nous. Les constatations de M. Villermé sont antérieures à celles de Blanqui, et par conséquent très antérieures aux miennes. J'ai écrit l'*Ouvrière* il y a environ trente-cinq ans. Pour l'écrire, j'ai visité tous les centres industriels de France, et quelques centres très importants d'Angleterre, de Belgique, d'Allemagne. Je me dis quelquefois que mes efforts ont contribué à appeler l'attention sur ces misères, et cela me console un peu d'une si longue vie, qui laissera si peu de traces. Mes travaux sont déjà en oubli, effacés, surpassés par ceux de mes successeurs. Je ne m'en plains pas; je m'en réjouis au contraire. Plus heureux que moi, ils assistent à une véritable transformation de l'assistance publique et de l'instruction publique.

Il reste bien des maux à guérir; mais combien de maux ont été guéris! Nos ateliers de 1850 paraîtraient aujourd'hui des chambres de torture; on y a fait pénétrer l'air et la lumière; on a multiplié les précautions pour éviter les accidents; on a fondé des caisses d'épargne, des caisses de retraite pour la vieillesse; on a créé l'inspection des logements insalubres; je regrette que les inspecteurs ne soient pas suffisamment armés par la législation, mais l'opinion est avertie et les Chambres ne peuvent tarder à intervenir. Les enfants, puisque ici ce sont eux surtout qui nous occupent, ne sont plus à demi abandonnés par les pouvoirs publics comme ils l'étaient avant 1833, et même encore après cette grande date. On a établi depuis plusieurs années un service des enfants assistés et des enfants abandonnés, qui est un très grand progrès, quoiqu'il soit loin d'être déjà ce qu'il doit devenir un jour; on commence à s'occuper d'une autre classe d'abandonnés, ceux que j'ai appelés les « orphelins dont le père et la mère sont vivants ». Les beaux travaux de M. Théophile Roussel serviront de point de départ pour de nouveaux progrès. On se plaint beaucoup de l'instruction publique parce qu'elle a fait des dépenses inutiles; on lui reproche les laïcisations, et la surcharge de ses programmes obligatoires. Je s'associe à ces plaintes : je désire que l'école soit saine, je ne demande pas qu'elle soit belle; je crois qu'il faut laisser aux pères de famille le droit de choisir entre l'école laïque et l'école congréganiste, et que la liberté de penser, qui ne comprendrait pas la liberté de croire, serait un odieux et ridicule contre-sens; enfin, c'est aller contre le principe de l'enseignement obligatoire, dont j'ai été, je crois, le premier propagateur et le premier défenseur en France, que d'étendre l'obligation d'une façon démesurée; elle n'est légitime et profitable que quand elle est restreinte aux connaissances nécessaires. Mais après cette part faite à la critique, il n'est que juste de constater et d'exalter les immenses progrès réalisés depuis vingt ans : les écoles ouvertes jusque dans les plus petits hameaux, toutes les communes propriétaires de leurs maisons d'école, les écoles complétées d'un côté par les cours d'adultes, et, de l'autre, par les crèches, les salles d'asile, les écoles maternelles. Je voudrais qu'on eût plus tôt et plus sérieusement amélioré le sort des maîtres. On a placé, dans la plupart des communes, des écoles de filles à côté des écoles de garçons, et en nombre égal. En un mot, on a fait beaucoup, sans avoir fait tout. Mais l'élan est donné et, cette fois, je ne crois pas qu'il y ait de recul ou de temps d'arrêt à prévoir.

Nos ouvrières n'ont donc plus à trembler pour leurs enfants. Pendant qu'ils sont abandonnés par la mère retenue au service de la vapeur, l'État ou la commune les recueille, dans les crèches, les asiles,

les écoles. Là, ils sont en sûreté : quel soulagement pour elles! Ils reçoivent une instruction dont elles ne sont pas juges, qui est, ou qu'elles croient excellente : quelle espérance pour l'avenir! Cette école, à laquelle vous vous résignez à grand'peine, fait le bonheur de cette pauvre mère.

Il lui reste un chagrin cuisant, c'est de ne voir presque jamais ses enfants à la lumière du jour. Voici sa vie, pendant six mois de l'année. Le matin, elle s'habille en silence, pour ne pas les éveiller avant l'heure, et part dans les rues obscures pour aller gagner son salaire; quand elle revient le soir, vers six heures et demie, il fait nuit depuis près d'une heure. Elle avait le dimanche, jour férié pour les écoles et pour les fabriques. Une loi votée récemment, loi, dit-on, protectrice des ouvriers, décide qu'on leur donnera un jour de congé sur sept. Elle ne dit pas lequel. On n'a pas voulu désigner le dimanche, de peur de donner trop d'importance aux cultes chrétiens. Si ses patrons choisissent le samedi, ou un autre jour de la semaine, la voilà retombée dans tous ses malheurs; elle ne verra plus ses enfants; il y aura un jour, le dimanche, où ils seront errants et abandonnés sur la voie publique.

Pensez un peu à elles, madame, quand vous êtes tentée de maudire nos écoles. Peut-être apprendrez-vous à éprouver du respect pour elles, en vous rappelant ce qu'elles sont pour vos sœurs, madame, et pour vos égales : les femmes d'ouvriers.

L'ÉDUCATION PAR LA MÈRE

A Saint-Jean-Brévelay, où j'ai été élevé, il n'y avait jamais eu d'école. Nous avions à la paroisse deux enfants pour répondre la messe, qu'on appelait des choristes, et auxquels le recteur prétendait montrer le latin. Il lui était difficile de l'enseigner, ne le sachant pas; mais il leur avait appris à lire. Pour moi, jusqu'au moment où j'entrai au collège, à huit ou neuf ans, je n'avais pas eu d'autre maîtresse que ma mère. J'avais une telle passion pour la lecture, qu'il fallait me mettre dehors par les épaules, pour m'obliger à prendre l'air. Je lisais tous les romans qui traînaient dans la maison. Ma mère ne trouva pas d'autre expédient que de les jeter au feu; mais je n'y perdis rien, car je les savais par cœur. J'ai toujours regretté de n'avoir pas été à l'école. D'abord j'y aurais appris beaucoup de choses nécessaires que je n'ai jamais sues faute de les avoir apprises au bon moment, et ensuite j'y aurais vécu avec des camarades, parmi lesquels j'aurais eu des amis et des ennemis, ce qui est l'apprentissage nécessaire de la vie. Pendant que je passais toutes mes journées assis sur une chaise à lire de mauvais romans, n'ayant pour tout exercice physique que le tour du champ de Colas, fait à pas comptés comme on marche à la procession, mes futurs camarades se connaissaient, s'aimaient, se détestaient, se battaient, acquéraient de la force, de l'adresse et de l'audace. On leur donnait quelque idée de la géographie et de l'histoire. On apprenait à quelques-uns le dessin, à d'autres la musique. On faisait semblant de leur apprendre l'anglais. Ils avaient mené cette vie-là depuis trois ou quatre ans, quand je tombai au milieu d'eux tout effarouché. Je dus leur paraître ce que je me paraissais à moi-même, et ce que j'étais en réalité : un nigaud. Comme j'étais très fier, et que je ne voulais pas être ridicule, je n'ouvrais pas la bouche, répondant à peine à ce qu'on me disait, restant dans mon coin, boudant ou pleurant à tous propos, plus ridicule cent fois par cette conduite que si je m'étais risqué à faire comme les autres. On m'aurait repris avec bonne humeur, on aurait trouvé des excuses pour mes gaucheries, tandis qu'on ne me pardonnait pas cet isolement volontaire, cette humeur sombre, ces réponses brèves arrachées par force, cette évidente incapacité d'amuser les autres et de m'amuser moi-même. C'était la même chose en classe, où j'avais de grands succès en français et en latin, mais avec des ignorances absolues, et, autant que j'en pouvais juger, très réjouissantes, sur tout le reste. Je me rattrapai pourtant de ce côté-là, j'acquis la réputation d'un élève brillant. J'étais le seul à savoir ce qui me manquait. J'arrivais par des efforts inouïs et de véritables tours de passe-passe à masquer mon ânerie. Il m'est resté de ces mauvais commencements des difficultés et une timidité qui m'ont entravé et compromis en mainte occasion. Je ne vous fais pas ici ma confession, vous n'avez nul besoin et nulle envie de l'entendre. Je tâche de vous expliquer par mon exemple l'utilité de mettre les enfants dans une école; pour les garçons surtout, c'est absolument indispensable.

Je sais bien que ma mère, qui fut si longtemps mon unique institutrice, avait un fort mince bagage. Il se composait d'une belle écriture, d'une orthographe passable, et d'une remarquable facilité pour le calcul. La plupart des femmes sont aujourd'hui plus instruites. Mais c'est beaucoup moins du défaut d'instruction que je me plains, que du défaut de cohabitation avec des camarades. J'ai vu des jeunes gens élevés par des pères très éclairés, qui savaient à fond tout ce qu'on peut savoir au collège, qui l'enseignaient bien, et qui n'aboutissaient qu'à faire de leur élève une sorte d'automate déplaisant, bien brossé, bien épinglé, bien cravaté, marchant dans un salon suivant les préceptes de l'art, et produisant la musique demandée aussitôt qu'on tournait la manivelle. Il y avait de tout dans ces enfants-là, excepté un enfant.

Je ne puis m'empêcher, en écrivant ces réflexions,

de penser à l'*Émile*. C'est un livre qui vaut beaucoup par l'éloquente hardiesse de certaines invectives. Il a incontestablement semé des idées et suscité des sentiments. La conception générale en est absurde. Il suppose un homme qui se dévoue à faire un homme. Un homme, entendez-vous; s'il se dévouait à faire des hommes, je le comprendrais immédiatement, et je comprendrais l'admiration de Rousseau pour lui. Ce serait un professeur. Loin de là, ce n'est qu'un précepteur. La première faute qu'il commet, c'est de vivre seul en société avec son élève. Oui, sans doute, Sophie arrivera vers la fin de cette étrange éducation, et d'autres personnages vivants ou qui font semblant de l'être traverseront de temps en temps la vie de nos solitaires. La société humaine n'en est pas moins réduite, pour chacun d'eux, à un homme, ce qui constitue un contresens épouvantable. Aussi qu'arrive-t-il? Le résultat de tant d'efforts est un échec absolu. Émile n'est qu'un jeune drôle, malgré ses tirades stoïciennes, et qu'un ignorant, malgré son jargon prétentieux.

J'avoue qu'une fille a moins besoin qu'un garçon d'être mêlée à la vie du dehors. Le mouvement physique lui est beaucoup moins nécessaire. Sa destinée est de concentrer ses soins et son affection sur un petit nombre d'êtres. Elle ne sera pas, comme nous, en relation d'amitié ou d'hostilité avec la foule. Beaucoup de philosophes et de législateurs ont pensé que, sa maison devant être un jour son univers, il fallait la préparer à la vie de famille exclusivement par la vie de famille. Je crois qu'on a fort exagéré autrefois cette doctrine, et qu'en supposant même qu'elle ait pu être sérieusement appliquée dans l'ancienne société, il y a lieu de la modifier dans la société nouvelle.

Il est bon qu'une femme ait un mari, un père ou un frère qui pourvoit à ses besoins et veille à sa sécurité. Débarrassée de la nécessité de gagner un salaire ou de débattre ses intérêts avec des hommes d'affaires, elle s'occupe exclusivement d'élever sa famille et de rendre sa maison aimable. C'est une tâche appropriée à ses dons naturels, dans l'accomplissement de laquelle elle trouve autant de bonheur qu'elle en donne. Il arrive cependant qu'elle est privée d'amis et de protecteurs, obligée de se défendre contre des intérêts opposés aux siens, de gérer sa fortune, ou de demander au travail ce qui est nécessaire à la subsistance de ses enfants et à la sienne. Même quand elle échappe à ces dures extrémités, tout en se renfermant dans l'accomplissement de ses devoirs d'épouse et de mère, elle ne se livre plus avec la même candeur qu'autrefois. La famille était une monarchie absolue, où la femme était toute en soumission et en respect; c'est à présent une petite république, où elle a tout au moins droit de conseil et de remontrance. Elle n'obéit plus les yeux fermés. Il est juste et nécessaire qu'elle soit renseignée, et par conséquent instruite. Entre la doctrine sociale qui confine les femmes dans le harem et les utopies de quelques folles qui rêvent de se transformer en hommes et n'aboutissent qu'à se dépouiller de leurs grâces sans pouvoir se donner notre force, il y a place pour la femme intelligente, sensée, éclairée, doucement active, bonne conseillère, auxiliaire bien-aimée et puissante consolatrice. Elle ne verra le monde que de son salon; mais elle le verra et elle le connaîtra peut-être aussi bien que son mari. Il est bon qu'avant d'y jouer son rôle, elle ait au moins mis un pied dans l'école. Je ne la livrerai pas aussi complètement que son frère à l'école publique. Je garderai la plus grande part dans la direction de son travail, de ses idées et de ses sentiments. Mais je serai bien aise qu'elle ait, de bonne heure, quelques entrevues avec le monde dans une école bien composée et bien dirigée.

Entre autres services que rend l'école, il y en a un très grand, qui consiste à servir de règle et de conseillère pour l'éducation domestique. Ainsi elle est utile non seulement aux enfants qu'elle élève, mais à ceux qui sont élevés en dehors d'elle. L'éducation à la maison était plus imparfaite, quand il n'y avait d'autres écoles que les écoles formées par les associations religieuses ou l'industrie privée, sans aucun plan d'ensemble, et sans aucune étude scientifique des méthodes.

Il est donc très nécessaire que l'État fonde lui-même des écoles, qu'il y appelle des professeurs d'élite, qu'il délibère dans ses conseils sur les programmes d'étude et les méthodes d'enseignement. La pédagogie est une science qui peut être considérée comme l'application pratique de la psychologie et de la morale. Tous les philosophes, depuis Platon et Aristote, s'en sont occupés. Rabelais, Montaigne, Locke, sont des pédagogues comme Rousseau et Condillac.

Tout ce qui est vrai pour l'éducation des garçons est également vrai pour celle des filles. Elles ont les mêmes droits que les garçons aux bienfaits et à la sollicitude de l'État : cela est évident. Il n'est pas moins certain que l'État a le même intérêt à les bien élever; plus d'intérêt peut-être, parce qu'elles sont, quoi qu'on fasse, les premières institutrices de leurs enfants.

Ceux qui recommandent l'inaction de l'État se fondent sur son impuissance en matière d'éducation féminine, et sur une idée particulière qu'ils se font de la destinée des femmes. Mais cette impuissance, en supposant qu'elle existe, tient à une mauvaise organisation des conseils d'instruction publique et de l'inspection. Je comprends que l'État parût suspect, tant qu'il a posé en principe l'exclusion des femmes. Il y avait quelque chose de choquant à faire délibérer des hommes entre eux sur tous les détails de l'éducation féminine. On n'en délibérait, dans ce temps-là, qui pourtant ne remonte pas au déluge, que pour déclarer qu'il n'y avait pas lieu à délibérer. Un très grand homme, que beaucoup regardent comme le plus grand des hommes, disait que les femmes devaient être élevées pour le plaisir et la domesticité, ce qui est un double blasphème. Toutes ces hérésies ont fini par disparaître. Il a fallu pour cela bien du temps. Le droit à l'école primaire n'a été expressément reconnu qu'en 1867, et le droit à l'école secondaire en 1880.

Maintenant, il y a des écoles primaires de filles partout ou presque partout, et un grand nombre d'écoles secondaires, lycées ou collèges. Bienfait inestimable pour celles d'entre les mères qui n'auraient pas les ressources nécessaires pour élever leurs filles dans leur maison. Nous n'avons plus à le démontrer; la preuve est faite pour les familles et pour les pouvoirs publics. La question est de savoir ce que nous conseillerons aux mères assez instruites pour compter sur elles-mêmes, ou assez riches pour avoir une gouvernante. En un mot, le problème qui est devant nous est celui-ci : l'éducation domestique, quand elle est possible, est-elle supérieure à l'éducation publique? Je réponds sur-le-champ : Mettez votre fille à l'école.

Quelle serait l'institutrice, au dehors de l'école? La mère ou une gouvernante. Si c'est une gouvernante, je vais reprendre toutes les dissertations de Rousseau sur les mérites et les vertus qui lui sont indispensables. Il faut qu'elle soit la première des femmes, et qu'elle consente à se vouer uniquement à l'éducation de votre fille, pour douze cents francs. Si c'est la mère, je reconnais que l'éducation gagne cent pour cent en autorité et en vigilance. Mais que dis-je, l'éducation? Je montrerai tout à l'heure que, même en mettant sa fille à l'école, la mère se réserve l'éducation. Elle ne demande à l'institutrice que d'instruire cette enfant; pour la former, c'est autre chose. C'est un soin sacré qui ne se délègue pas. Mais la mère, sans gouvernante ni école, n'est plus seulement éducatrice; elle est institutrice, et je commence par lui demander ce qu'elle sait. Elle était peut-être, il y a dix ans, ou quinze ans, une très mauvaise élève; elle a peut-être oublié ce qu'elle avait appris. J'entends bien qu'elle va refaire son éducation. Elle a beaucoup de bonne volonté, c'est quelque chose; et une grâce d'État, c'est beaucoup. Pourtant, ne nous payons pas de mots. Cette éducation de la mère sera un peu livrée au hasard, et je cherche ce qu'il en résultera pour l'éducation de la fille. Cette jeune mère, qui apprend à mesure qu'elle enseigne, aura-t-elle le temps nécessaire pour cette double tâche? Elle a ses devoirs de maîtresse de maison, de femme du monde; elle doit aussi songer à son mari, qu'elle ne peut pas supprimer sous prétexte qu'elle a une éducation à faire. J'ai bien peur qu'au bout de dix ans elle n'ait réussi qu'à faire une petite niaise. Écoutez aussi cette objection qui n'a l'air de rien; il y a quelque chose qui manquera toujours à l'éducation privée : c'est la régularité de l'enseignement et des exercices. La régularité! un des meilleurs instruments de l'éducation, une de ses plus utiles conquêtes. Être prête tous les matins, à huit heures, pendant dix ans, quelle heureuse aventure! Combien je connais de femmes charmantes, honorables, dévouées, courageuses, qui n'ont que ce seul défaut : n'être jamais prêtes? Elles font tout ce qu'elles doivent faire, mais elles ne le font pas au bon moment. Ce quart d'heure de retard ôte toute sa grâce à leur dévouement. Il rend toutes leurs tâches plus difficiles. Elles travaillent autant, et elles font moins, que si elles avaient la sainte religion de l'exactitude.

Je ne vais pas jusqu'à dire pour les filles, comme pour les garçons, que l'éducation sera toujours imparfaite si elle ne se fait pas, en grande partie, à l'école publique. Mais, tout en laissant à la mère l'enseignement de la morale, tout en l'associant heure par heure à tous les efforts et à tous les exercices de sa fille, je tiens que le meilleur système est de se servir de l'école, si on en a une bonne à côté de soi, et de se donner autant de peine que si on était toute seule chargée de ce grand office.

Je ne fais pas ces réflexions pour les femmes du peuple ou de la très petite bourgeoisie, qui n'ont évidemment ni les moyens d'avoir une gouvernante, ni le temps de diriger elles-mêmes l'éducation de leurs enfants. C'est aux riches que je parle, parce qu'elles seules ont besoin d'être convaincues.

Une femme riche ne se hâte pas d'envoyer sa fille à l'école, elle veut se priver d'elle le plus tard et le moins possible. Elle multiplie les sophismes pour se tromper et pour tromper ceux qui l'entourent. Elle sait bien qu'elle n'a pas les talents acquis d'une institutrice, mais elle a une connaissance approfondie du caractère de sa fille; elle s'occupera d'elle uniquement, au lieu de lui appliquer des méthodes générales qui peuvent êtres bonnes en elles-mêmes, mais qui ne sont pas appropriées à son genre d'esprit, à ses qualités et à ses défauts. Il y a de la vérité dans tout cela; il s'y mêle aussi beaucoup d'illusions. A cette méthode générale dont on ne veut pas, « parce que ma fille n'est pas une enfant comme les autres », on ne substituera pas une méthode meilleure, mais une éducation faite au jour le jour, qui change à chaque instant de principe et de règle, ou qui le plus souvent n'en a pas, et n'est gouvernée que par le caprice. Si, à toute rigueur, on peut marcher ainsi dans les premières années, cela devient plus difficile, et presque impossible quand on arrive à l'instruction secondaire. A moins que la mère ne soit une encyclopédie vivante, il faut qu'elle s'entoure de maîtres spéciaux : le maître d'histoire, le maître de style, le maître d'anglais ou d'allemand, le maître de dessin ou de musique. Il n'y a pas moins de maîtres dans un collège, mais ils sont bien choisis, après examens et concours, bien surveillés, soumis à une administration centrale, inspirés par une volonté unique qui dirige de haut leur enseignement, obligés par leur propre intérêt de donner à leur enseignement toute la solidité possible, tandis que, dans des leçons à domicile, ils ne pensent qu'à leur spécialité et se hâtent de gagner leur cachet. Ils obéissent à la mère, qui compte cela pour un grand avantage. Il vaut mieux qu'elle soit un peu gênée et que le maître soit vraiment un maître; tout le monde s'en trouvera bien : lui d'abord, qui aura le sentiment de sa dignité et de sa responsabilité ; l'enfant, qui sera assujettie à une méthode scientifique, et la mère, qui ne sera pas livrée à ses fantaisies.

Ici je rencontre les plus grosses questions, qu'il faut examiner à part : l'intervention de l'État ; l'option entre le lycée, le couvent et les cours ; l'option aussi entre l'internat et l'externat ; la part personnelle de la mère dans tout ce qui touche à l'éducation morale. Je crois qu'il n'est pas bon que la mère dirige seule l'éducation ; mais je crois qu'il serait déplorable qu'elle s'en désintéressât, ne fût-ce qu'un instant. Elle doit être présente et active partout, quoique toujours aidée, conseillée, guidée. Avant d'étudier sa tâche personnelle, faisons pour elle, si vous le voulez bien, la revue des ressources qu'elle trouvera au dehors.

La France est maintenant pourvue d'abondantes et excellentes écoles. Il est douloureux de penser que nous nous étions laissé dépasser par plusieurs États ; mais nous avons fait tant de chemin depuis l'établissement de la République que toutes les lacunes ont été comblées. Les décrets de nos grandes assemblées, qui mettent une école à proximité de tous les enfants, après avoir été lettre morte pendant plus d'un siècle, sont enfin réalisés. La réforme de 1833 nous avait donné beaucoup d'écoles ; celle de 1885 nous donne toutes les écoles qu'il nous fallait.

Non seulement nous avons l'école, mais nous avons la maison d'école. Les communes ne sont plus réduites à louer une mauvaise chambre, et à dépendre d'un propriétaire. Elles sont, presque toutes, chez elles. Personne ne peut nier l'utilité de cette grande mesure. Il faut à la commune une mairie, une école et une église. Je dis : une église, sans oublier que nous n'avons plus de religion d'État. Nous n'avons plus de religion d'État, je m'en félicite; mais nous avons une religion, et je m'en félicite aussi.

On a pu trouver que les communes et l'État se hâtaient trop d'acquérir leurs maisons d'école. Le moment, dit-on souvent, n'était pas propice. Peut-être, en effet, a-t-on cédé dans certaines localités à une sorte d'engouement pour les dépenses scolaires. Je ne m'en étonne pas. Toute mesure générale, menée avec un peu d'entrain, a pour conséquence quelques inconvénients de détail. L'acquisition des maisons d'école était en somme une bonne opération, il fallait la faire, et il faut se réjouir qu'elle soit faite. On y a mis, dans certaines localités, une sorte de luxe. Le seul luxe permis pour les écoles est la salubrité, l'espace et la lumière. Tout ornement est superflu, et même déplacé. Les bâtiments de l'enseignement secondaire n'ont pas été jusqu'ici l'objet de la même faveur. Beaucoup de colléges, et même de lycées, sont logés d'une façon inconvenante. À Paris, des lycées construits pour sept ou huit cents élèves au maximum, en contiennent dix-sept cents. Le faubourg Saint-Antoine, Bercy, Belleville n'ont à leur disposition ni lycée ni collége. Les familles qui avoisinent le lac Saint-Fargeau sont à cinq kilomètres du lycée Charlemagne.

Nous avions une longue injustice à réparer envers les filles. La Constituante, l'Assemblée législative, la Convention avaient proclamé bien haut qu'elles avaient les mêmes droits que les garçons. On n'avait pas seulement promis des écoles de filles, on les avait décrétées, mais on ne les avait pas faites. Talleyrand, dans son admirable rapport (qui est l'œuvre de l'abbé Desrenaudes) avait laissé entrevoir la pensée que l'éducation des filles est mieux faite à la maison que dans l'école, et que l'État doit se reposer sur les mères du soin de former des citoyennes. Les régimes qui suivirent la République, et pour lesquels ce titre de citoyennes, et toutes les idées qui s'y rattachent, devint inquiétant et suspect, abondèrent dans ce sens, et déclarèrent l'un après l'autre que l'éducation d'une fille était une chose trop délicate, et en même temps trop importante, pour qu'il fût permis à tout autre que la mère d'en prendre le gouvernement.

Il en résulta naturellement que le clergé en devint, sous la Restauration, le maître absolu. M. Guizot avait consacré à l'enseignement des filles un chapitre entier de son projet de loi. Mais la Chambre, qui avait grand souci de l'instruction, n'était pas moins préoccupée du budget. Elle était effrayée du nombre d'écoles de garçons qu'elle allait faire. Une dépense de deux millions pour l'instruction primaire lui paraissait exorbitante. Ces écoles de filles l'auraient presque doublée. Étaient-elles bien nécessaires, ces écoles?

Ne pouvait-on améliorer les écoles mixtes par une bonne surveillance, et, pour le surplus, se confier aux mères? Ces raisons prévalurent sur celles de M. Guizot. La Chambre se confia aux mères, ce qui lui procura une économie d'un million, et les filles une fois de plus se passèrent d'écoles. Je dirai ici, puisque j'en trouve l'occasion, que je ne suis pas ennemi des écoles mixtes, pourvu qu'elles soient confiées à des femmes. Nous ne sommes pas des musulmans; nous n'avons pas de harems dans nos maisons, et je ne vois pas qu'il soit nécessaire d'attendre, pour mettre les deux sexes en présence l'un de l'autre, qu'on soit arrivé, de part et d'autre, à l'âge de dix-huit ou vingt ans. Je crois, de plus, qu'un garçon jusqu'à l'âge de dix ans a tout profit à recevoir la direction d'une femme. Les fils de nos rois ne restaient entre les mains des femmes que jusqu'à sept ans. C'est qu'ils étaient très précoces. Ils étaient majeurs à quatorze ans! Nous autres, qui ne sommes majeurs qu'à vingt et un ans, nous nous accommoderions à merveille d'être confiés à des institutrices jusqu'à dix ans; nous n'en serions que mieux soignés dans les maladies de l'enfance, et mieux préparés à la vie telle qu'elle est. L'École Monge, si je ne me trompe, se trouve bien de cette pratique. Ses élèves prennent leur revanche, quand ils ont franchi cette première période, en se livrant avec ardeur à tous les exercices qui fortifient le corps et la volonté. Je répète donc que je ne suis pas ennemi, dans certaines conditions, des écoles mixtes. Je n'en regarde pas moins comme nécessaire la création des écoles spéciales de filles; car enfin, mes amis, on n'a pas toujours dix ans. C'est seulement en 1867, sous le ministère de M. Duruy, que les communes de plus de cinq cents habitants furent obligées d'avoir une école de filles. J'étais alors député de la Seine, et je concourus de mon mieux à faire passer la loi.

C'était bien pour l'instruction primaire; mais il n'y avait rien de fait pour l'instruction secondaire des filles. M. Duruy y pensait, et nous verrons tout à l'heure ce qu'il imagina. Nous y pensions aussi, et nous ne cessions de réclamer. Nous rencontrions devant nous un double obstacle, sans parler du budget, qui est l'obstacle permanent à toute création nouvelle.

Il y avait d'abord la fameuse objection de Chrysale :

> Nos pères sur ce point étaient gens bien sensés,
> Qui disaient qu'une femme en sait toujours assez
> Quand la capacité de son esprit se hausse
> A connaître un pourpoint d'avec un haut de chausse.
> Les leurs ne lisaient point, mais elles vivaient bien;
> Leurs ménages étaient tout leur docte entretien,
> Et leurs livres un dé, du fil et des aiguilles
> Dont elles travaillaient au trousseau de leurs filles.

Nous prenions la liberté de rire de cette boutade, comme Molière lui-même. Nos adversaires en riaient aussi, mais par bienséance, et tout en pensant que Chrysale avait raison. Ils disaient bien haut « qu'une femme doit avoir des clartés de tout ». Pas trop de clartés cependant, et ils tremblaient pour la tranquillité du ménage, si leur femme était en état de leur tenir tête sur quelque question de littérature ou de philosophie. Ce sont ces mêmes hommes qui veulent une religion pour les femmes, non parce que la religion est bonne en soi (ils ne croient à rien), ni pour le bonheur des femmes (dont ils se soucient à peine, et qu'ils ne voudraient pas procurer par de tels moyens), mais pour la sécurité du mari, qui est leur grosse affaire. Nous avions beau jeu contre eux, parce qu'une doctrine qu'on n'ose pas avouer dans toute sa crudité est difficile à défendre.

L'autre objection nous donnait plus de mal. Elle venait du clergé qui, bien qu'il ait renoncé aux femmes, les regarde comme son patrimoine. L'éducation a toujours été son moyen de gouvernement. Avant la Révolution, il remplissait presque seul les colléges et les universités. Il y avait bataille entre les congrégations et les prêtres séculiers; mais à l'exception des médecins, tous les professeurs, ou presque tous, étaient clercs. Quand Bonaparte fonda l'Université, il la voulut catholique et laïque; et la première condition à remplir pour obtenir ce résultat était d'avoir un corps enseignant catholique et laïque.

Je ne dirai pas qu'il trouva des catholiques tant qu'il en voulut. Il dut se contenter de ce qu'on pourrait appeler des catholiques politiques, ne croyant à rien ou croyant à peu de chose, mais vivant et parlant comme s'ils croyaient. Pour des laïques en état d'enseigner, c'était une tout autre affaire. C'est une race qui ne s'improvise pas. Lakanal avait rêvé de créer des professeurs en quelques mois. Bonaparte y échoua comme lui. Il lui était plus facile d'improviser des généraux.

La Révolution avait dissous les congrégations, chassé et proscrit les prêtres. Elle en avait tué beaucoup. Le plus grand nombre avait trouvé moyen de se cacher ou d'émigrer. Ils reparurent dès que la persécution fut apaisée. Les lois de proscription subsistaient. On ne les appliquait plus, ou on les appliquait par secousses. Les écoles de toutes sortes avaient été fermées pendant la Terreur; les enfants s'élevaient comme ils pouvaient. Ce qui manquait le plus à Bonaparte quand il fonda l'Université, c'était un personnel laïque. Il prit les anciens prêtres, plutôt par nécessité que par choix. Il les prit, parce qu'il n'avait qu'eux sous la main. Ils lui convenaient par le célibat, la gravité et la docilité; son idéal aurait été un corps composé de laïques, discipliné comme un couvent, grave comme un chapitre, et voué au célibat.

L'Université se trouva tiraillée entre les règlements et le personnel enseignant, composé presque tout entier d'anciens moines sécularisés et d'anciens prêtres défroqués. On dit souvent que les lycées de l'Empire étaient des casernes, et les collèges de la Restauration des séminaires. Mais il ne faut pas oublier que, dans ces casernes, l'enseignement était donné par des revenants de l'ancien régime.

Quand la Restauration appela le clergé à gouverner l'Université, elle n'eut guère à changer que le personnel administratif; le personnel enseignant était par avance composé d'ecclésiastiques.

Quelques-uns de ces professeurs avaient repris le caractère sacerdotal, dès qu'ils avaient pu le faire sans courir à la mort; d'autres, comme Daunou et La Romiguière, étaient restés dans le siècle, en conservant seulement, de leur ancien état, le célibat avec la gravité du costume et des habitudes. Les professeurs de la Restauration s'étaient formés sur ce modèle; on les prenait autant dans le clergé qu'à l'École normale, nouvelle et suspecte. Ceux mêmes d'entre eux qui n'étaient pas prêtres ressemblaient plus à un oratorien qu'à un laïque. Au collége de Vannes, nous avions cinq professeurs prêtres, sur huit, et les professeurs laïques étaient plus prêtres que les autres. L'éducation des garçons échappa en grande partie aux ecclésiastiques après 1830. Ils ne furent pas exclus; ils furent écartés. Le Conseil supérieur de l'instruction publique ne compta plus d'évêques ni d'abbés dans son sein. Les prêtres disparurent peu à peu de l'administration et de l'enseignement, sans qu'il y eût d'épuration proprement dite. Je n'ai été que deux ans professeur de collége. A Caen, où j'ai débuté, j'avais pour proviseur un prêtre, l'abbé Daniel, qui a été depuis recteur, membre du Conseil royal et évêque. A Versailles, où j'ai été appelé ensuite, il n'y avait, en apparence, que des laïques; mais un de nos collègues avait été abbé dans sa jeunesse. On le disait tout bas, en ajoutant qu'il l'avait oublié. Un de mes maîtres à l'École normale, M. Mablin était l'abbé Mabellini. Lui aussi avait oublié bien des choses. Le clergé lutta tant qu'il put contre l'Université devenue laïque. Il ne pouvait combattre le principe, puisqu'il était consacré par la Charte. Il soutenait que l'État ne devait pas enseigner, d'abord parce qu'en enseignant il supprimait la liberté d'enseignement et ensuite parce que, n'ayant pas de doctrine, il ne pouvait enseigner que le scepticisme. Cette lutte remplit tout le règne de Louis-Philippe. L'Université triomphait en corps, quoiqu'elle fût battue en détail. Le clergé avait en vain essayé d'avoir une université à lui au moyen des petits séminaires. Battu de ce côté, il fonda des collèges libres, qui n'arrivèrent pas à balancer l'influence et les succès de l'enseignement officiel. Mais il lui restait les filles, et c'était une large compensation. Quoiqu'il y eût çà et là quelques pensionnats laïques, on pouvait dire que tout l'enseignement des filles était sous l'autorité du clergé. Il tenait la société par les femmes, qui font les mœurs.

Il y avait des couvents partout, des écoles dans tous les couvents, et beaucoup de ces écoles étaient doublées d'un internat.

La lutte fut très ardente entre le clergé, qui voulait sauver cette précieuse clientèle, et l'Université qui voulait la lui ravir. Le clergé avait une double ressource pour l'enseignement primaire : ses écoles d'abord, et les écoles communales, partout où le conseil municipal voulait une institutrice congréganiste. Chacun luttait par ses moyens, le clergé par la prédication, l'Université par la loi et l'administration. L'Université prétendit que les congréganistes étaient incapables d'enseigner; elle exigea des grades, des brevets. Les congréganistes reculèrent devant les examens. Grands cris de triomphe des universitaires. Mais, répondirent les congrégations, ce qui nous empêche d'affronter l'examen, ce n'est pas l'ignorance; c'est la difficulté pour une maîtresse de venir se faire interroger et juger comme une élève. — Soit! leur dit-on, les maîtresses en exercice continueront à enseigner; les examens seront pour les nouvelles venues. On les traitera comme les laïques. — Pas tout à fait, dit-on, de l'autre côté, car les laïques seront jugées par des laïques, et nous par des laïques aussi, c'est-à-dire par des universitaires. On partit de là pour demander successivement deux choses : les jurys mixtes, qui étaient pleins d'inconvénients de quelque façon qu'on les formât, et les lettres d'obédience, qui remplaçaient le contrôle de l'État par la garantie d'une supérieure.

Le clergé a perdu successivement toutes ses positions dans l'instruction primaire : d'abord les lettres d'obédience, qui ont été supprimées; puis le jury mixte, qui a existé un moment pour les grades proprement dits et n'a jamais été admis pour les diplômes de l'instruction primaire, et enfin l'immunité des maîtresses après un certain temps d'exercice. Le législateur a été encore plus loin que cela. Il a aboli purement et simplement le droit jusque-là accordé aux communes de choisir entre l'institutrice congréganiste et l'institutrice laïque. Les congréganistes sont définitivement bannies des écoles publiques. A mesure qu'on a des sujets pour les remplacer, on les chasse. Dans deux ans il n'en restera plus. Les congrégations seront réduites à lutter par leurs propres forces, c'est-à-dire par des écoles purement privées, contre les écoles gratuites de l'État.

La marche a été la même pour l'enseignement secondaire; mais s'il n'y a pas de différences dans la légalité, il y en a deux très importantes dans les faits.

Premier fait : l'Université, jusqu'à 1880, n'avait pas d'enseignement secondaire pour les filles. Second fait : les filles qui recherchaient l'enseignement secondaire appartenaient à la bourgeoisie riche et pouvaient payer. Il n'y avait donc pas là, comme pour l'instruction primaire, l'obstacle d'une concurrence gratuite organisée par l'État. Les pensionnats dans lesquels les jeunes filles recevaient une instruction complète, jusqu'à dix-sept ou dix-huit ans, étaient nombreux et prospères.

On a parlé de ces pensionnats, dans le camp adverse, d'un ton très dédaigneux. Ce n'est, disait-on, que l'enseignement primaire un peu renforcé, avec beaucoup d'arts d'agrément, la musique, le dessin, la danse. Ces critiques n'étaient pas fondées. De grandes congrégations, parmi lesquelles il faut citer au premier rang celle du Sacré-Cœur, avaient d'excellentes classes de littérature et d'histoire. On y recevait une éducation très complète. Le principal reproche à leur faire était d'être inaccessibles aux petites bourses.

J'ai dit qu'avant la création des lycées, les couvents n'avaient pas de concurrence à redouter pour l'enseignement secondaire, si ce n'est quelques pensionnats tenus par des laïques, pour un petit nombre d'enfants très riches. L'État avait pourtant fait un effort. Il avait organisé des cours, qu'il ne dirigeait pas lui-même, mais qu'il patronnait et qu'il aidait de diverses façons. Il avait été devancé dans cette voie par l'industrie privée; M. Duruy reprit l'institution, la recommanda, la logea (du moins à Paris), et lui donna pendant son ministère une assez grande importance. Ils subsistent encore, quoique la création des lycées et collèges de filles leur ait naturellement porté un coup sensible.

Ces cours ne constituent pas des écoles. Ce ne sont pas non plus des cours analogues aux cours des Facultés, où le professeur parle seul. Ils n'ont pas de programme commun. Chaque établissement forme son programme comme il l'entend, suivant les aptitudes des professeurs ou les demandes des familles.

Il y a dix-sept cours à Paris; à Blois, il n'y en a que quatre. Ils n'ont pas de classes quotidiennes comme les écoles; la plupart sont hebdomadaires. On s'inscrit à un cours, à deux cours : c'est le régime de la liberté. Presque partout, le professeur donne aux élèves des sujets d'étude pour la séance suivante, et leur fait, huit jours après, subir un examen sur les matières ainsi préparées. Que dis-je, un examen? Le mot est bien solennel pour une série de questions entremêlées d'explications. Le professeur donne aussi des devoirs et les corrige publiquement. Les mères sont là tout le temps; c'est le trait distinctif de ce genre d'enseignement. Elles prennent des notes, elles s'instruisent autant que leurs filles. Elles les dirigeront, d'après les indications du professeur, dans la préparation qui va suivre. Elles sont les vrais professeurs; le professeur est plutôt un directeur d'études. On peut dire aussi que le professeur est un professeur à qui les mères servent de répétitrices. Ainsi beaucoup de liberté, peut-être un peu trop, et une coopération constante des mères : deux choses, en somme, excellentes. Une leçon par semaine, c'est bien peu. Il semble pourtant que ce soit la règle générale, mais il n'y a pas de règle sans exception, et nous sommes ici, avec les cours, dans le pays des exceptions. Il y avait des cours de cette nature dans cinquante villes, avant la guerre. Quelques-uns ont disparu depuis. Ceux de Paris se font dans un bâtiment annexe de la Sorbonne. Ils ont été dirigés successivement par M. Milne Edwards et par ce bon Emile Egger, qui était si pédant, et qui avait tant d'esprit, et une science si sûre et si universelle. C'est à présent au tour de mon ami Émile Levasseur, dont je ne dirai jamais assez de bien, d'être le grand maître de cette petite université. Je ne puis m'empêcher de croire qu'il s'y fait beaucoup de bien, et j'affirme, sans y aller voir, qu'il ne s'y fait aucun mal. Le nom des maîtres me suffit pour n'en pas douter. Comment donc, au lieu de les aider, leur a-ton fait autrefois une guerre ardente, et leur fait-on à présent une opposition sourde? Je voudrais que les œuvres, comme les hommes, fussent toujours à s'entr'aider. Le bien est toujours le bien, quelle que soit la main qui le fasse.

LES PROGRAMMES

Les pensions laïques d'un ordre élevé et d'un mérite réel étaient en si petit nombre, et coûtaient si cher, qu'on ne pouvait en tenir compte comme moyens généraux d'éducation. Il faut en dire autant des bonnes pensions religieuses. Les couvents ordinaires donnaient une instruction fort diverse, suivant les ordres et les localités, et ne s'élevaient pas au-dessus des connaissances primaires. On peut dire que les filles ne recevaient que l'enseignement primaire, et le recevaient un peu au hasard de l'industrie privée. Quand une mère voulait donner à sa fille des connaissances plus étendues, elle la conduisait aux cours fondés ou développés et encouragés par M. Duruy. Ces cours n'existaient que dans un nombre de villes fort restreint; ils n'étaient pas organisés d'après un plan régulier; ils se fondaient un peu au hasard, selon le vœu capricieux des familles, ou les aptitudes spéciales d'un professeur;

ils n'étaient pas surveillés; ils ne donnaient que de rares leçons, quelques-uns ne donnaient qu'une leçon par semaine; ils supposaient la capacité pédagogique de la mère et son assiduité. Celles qui avaient beaucoup d'enfants, ou des occupations en dehors des soins de leur ménage, ou une instruction négligée, ne pouvaient tirer des cours aucune utilité, et se trouvaient réduites au couvent ou à l'école primaire. Dans ces conditions, il n'était que juste de dire que l'enseignement secondaire pour les filles n'existait pas en France.

M. Camille Sée est un Alsacien qui avait fait à Strasbourg de fortes études de droit, et qui après avoir rempli par intérim les fonctions de secrétaire général du ministère de l'intérieur pendant le siège de Paris, fut récompensé de ses services et notamment de ceux qu'il rendit dans la journée funeste du 31 octobre 1870, par la place de sous-préfet de Saint-Denis. Ce n'est pas une grande place; mais elle est enviée à cause de la proximité de Paris, et il s'agissait, à cette date, de rendre la vie à la banlieue, la vie physique et la vie morale. Il n'avait qu'une trentaine d'années. Il se sentit attiré, par son goût pour les études juridiques et par l'indépendance de son esprit, vers la députation. Il s'était fait aimer et, malgré sa jeunesse, respecter comme administrateur; il trouva comme candidat, dans le même arrondissement, de chaudes amitiés, et l'emporta après une lutte acharnée. Je crois que je ne fus pas inutile à son succès dans un arrondissement que j'avais moi-même représenté sous l'Empire. Une fois à la Chambre, M. Camille Sée se montra ce qu'il a toujours été, à la fois studieux et actif. L'activité ne manque pas à nos députés, mais leurs connaissances sont souvent superficielles. Celui-ci était un jurisconsulte. Il appartenait à la gauche modérée, et y acquit sur-le-champ, non de l'éclat, qu'il ne cherchait pas, mais une considération sérieuse. La situation précaire où végétait depuis la révolution de 89 l'enseignement des filles, était, depuis vingt ans, l'un des thèmes favoris de l'opposition. Nous nous en étions plaints à la Chambre et dans des livres; nous avions fait des conférences, il en avait fait avec nous. Son esprit s'attacha à cette question; il la creusa, il étudia ce qui se faisait dans les pays voisins, et, un beau jour, il se trouva prêt à présenter à la Chambre un projet de loi complet, qui créait pour les filles un enseignement secondaire, non pas semblable, mais équivalent à l'enseignement secondaire des garçons. On était en 1878. La tentative parut hardie. On pensa généralement qu'il allait trop loin, qu'il demandait trop d'efforts et trop de dépense. On ne donna pas d'ailleurs à cette affaire autant d'importance qu'à une interpellation capable de renverser un ministre, ou à quelque détail de la loi électorale. Mais on convint unanimement qu'il y avait quelque chose à faire, et qu'une fois la question posée on ne pouvait y répondre par un refus qui serait un déni de justice. Une commission fut nommée; il en devint rapporteur; son rapport fut très savant, très complet et très probant. Il vent de grands obstacles et de grandes lenteurs. On invoqua les droits de la famille, comme si les droits et les devoirs de l'État n'existaient que pour les garçons. Enfin la loi se trouva rendue, et prête à fonctionner, en 1880. On l'appelle ordinairement la loi Camille Sée, ce qui est de toute justice. L'auteur ne l'abandonna pas après l'avoir créée et mise au monde. Il en surveille tous les développements, comme s'il était le grand maître de cette Université nouvelle. Il a fondé une Revue de l'enseignement des filles; il a fait plusieurs livres. Il est à présent conseiller d'État. On l'a mis dans le conseil d'administration des lycées de filles de Paris. Il n'est ni inspecteur général, ni membre du Conseil supérieur, ni professeur. Il est comme le tuteur de l'enseignement des jeunes filles. Il a eu raison à plusieurs reprises des résistances de l'Université. Il tire toute son autorité des services qu'il ne cesse de rendre, et de son titre de fondateur. Je dirai ici, en passant, qu'il est le neveu et le gendre du grand professeur Germain Sée, l'une des gloires de la science médicale contemporaine.

La loi fonctionne à peine depuis dix ans, et nous avons déjà vingt-sept lycées et vingt-six collèges, qui contenaient ensemble, en novembre 1888, une population de six mille six cent trente-quatre enfants. Il a fallu recourir d'abord à des hommes pour remplir les places de professeurs; mais, à la fin de 1888, les femmes avaient déjà fourni, pour les lycées et collèges, un personnel de sept cent vingt-trois fonctionnaires de différents ordres. En défalquant de ce nombre cent quatre maîtresses de dessin, de gymnastique, de travaux à l'aiguille et de musique vocale, il reste six cent dix-neuf femmes qui remplissent les fonctions de professeurs, directrices, surveillantes. L'école fondée à Sèvres pour le recrutement des professeurs est en pleine activité.

Il nous en a coûté de grosses sommes : 11 666 666 francs pour subventions de l'État en 1884; 10 millions, la même année, d'avances consenties par l'État et représentant la part des villes et des départements; 10 987 612 francs en 1885, dont moitié pour l'État et moitié pour les villes; 4 400 000 francs pour les lycées de jeunes filles de Paris. Ensemble quelque chose comme 37 054 278 (trente-sept millions cinquante-quatre mille deux cent soixante-dix-huit francs). C'est pour commencer, car nous ne nous en tiendrons pas à vingt-sept lycées et vingt-six collèges. Plusieurs villes sont en instance, soit pour avoir un collège, soit pour transformer leur collège en lycée.

La première ville qui ait eu un lycée de filles est Montpellier; la seconde, Rouen. Lyon ne vient qu'au cinquième rang; Paris au seizième, avec le lycée Fénelon. Paris a créé depuis deux autres lycées : le lycée Racine et le lycée Molière. On a pris ce nom de lycées et de collèges, pour bien marquer le rang des nouvelles écoles. Elles appartiennent sans conteste à l'enseignement secondaire. Les mots ont leur influence sur la destinée des choses. Nous appelons les écoles secondaires de filles des lycées ou des collèges; les chaires y sont occupées par des femmes dont un assez grand nombre ont des grades universitaires, les mêmes grades que les hommes, reçus devant les mêmes juges et après les mêmes épreuves : bacheliers, licenciés ès lettres, licenciés ès sciences. On a même créé deux ordres d'agrégées : agrégées des sciences, agrégées des lettres. Je ne sais pas si on en viendra à créer des désignations féminines pour ces nouvelles graduées, c'est fort probable. On dit déjà : doctoresse, répétitrice. On dira peut-être bachelière. Proviseur et professeur sont plus difficiles à féminiser. Je n'aime pas beaucoup ces similitudes de noms. Je les aurais au moins évitées pour les concours spéciaux. Ils semblent indiquer l'identité de l'enseignement, ce qui est un inconvénient assez grave. Déjà quand Napoléon a fondé l'École de Saint-Denis, il a fait porter aux maîtresses les insignes de la Légion d'honneur. Passe encore pour la croix d'argent ou la croix d'or attachée sur la poitrine; cela ne choque pas et a quelque chose de touchant. Mais les cordons autour du cou et le grand cordon en bandoulière ont une apparence bizarre. Ce grand cordon paraît même extraordinaire quand il est porté par des hommes vêtus en civils. La décoration qu'il soutient devait, dans le principe, reposer sur la garde de l'épée. Les magistrats, les évêques qui sont grands-croix ne portent pas ce cordon en bandoulière. La surintendante de Saint-Denis le porte. Il fait un drôle d'effet sur un jupon. Il faut prendre garde aux mascarades. Mon premier désir, en entrant dans un lycée de filles, puisque que cela s'appelle un lycée, c'est de constater qu'il ne ressemble pas à un lycée de garçons. Quand on a fondé le lycée de Montpellier, qui était le premier et qui créait les traditions, on a sérieusement discuté dans les journaux la question d'un uniforme. J'avais une peur horrible qu'on ne déguisât ces demoiselles en potaches, ou en cantinières, et qu'on ne fît porter le bonnet carré à leurs maîtresses.

On n'a pas eu l'idée de diviser le cours des études en huit années, surmontées d'une année de rhétorique, d'une année de philosophie et d'une année de mathématiques spéciales : il faut nous en féliciter. Il y a deux divisions : la division inférieure, qui comporte trois années, et la division supérieure, qui en comporte deux. Je ne compte pas un cours normal d'une année pour les jeunes filles qui aspirent à l'enseignement ou se préparent pour l'école de Sèvres. On a compté que la division inférieure correspondrait à l'âge de douze à quinze ans, et la division supérieure à l'âge de quinze à dix-sept ans. On supposait que les enfants étudieraient d'abord dans les écoles primaires, et entreraient ensuite au lycée par une classe dont le programme rappelle un peu la classe de cinquième des lycées de garçons. Mais on s'est aperçu dans la pratique qu'il y aurait tout profit à ne pas scinder en deux l'éducation d'une même enfant, en la confiant jusqu'à douze ans à l'instruction primaire. On a annexé aux lycées et aux collèges des classes élémentaires, de telle sorte que l'éducation entière se fait maintenant dans un même esprit et sous une direction unique. Ce sont bien des classes primaires, mais elles ne se suffisent pas à elles-mêmes comme les classes primaires proprement dites. Elles sont une préparation à l'enseignement secondaire. L'idée était si juste qu'elle est venue en même temps à l'esprit de tout le monde; et le lycée d'Auxerre est le seul qui n'ait pas de classes élémentaires. Encore je ne suis pas sûr qu'il n'en ait pas en ce moment, ou qu'il ne soit pas prêt à en recevoir.

Entrons maintenant, si vous voulez bien, dans la classe où commence l'enseignement secondaire, c'est-à-dire dans la première année de la première période. Si on avait voulu appeler cela la cinquième, j'en aurais été bien aise. Première, seconde, troisième, etc., ce sont les désignations les plus claires et les plus simples, cela n'a rien de pédantesque ni d'universitaire. L'élève a douze ans. Voici le programme, ou, pour parler plus exactement, voici les divers programmes qu'elle est obligée de suivre.

D'abord le programme de langue et littérature françaises, cinq heures par semaine.

En voici la teneur, tout le monde ne l'a pas sous les yeux; on sera bien aise de le connaître :

« Lecture à haute voix expliquée et commentée en classe (vers et prose).

« Récitation d'auteurs français.

« Grammaire française, les sons, les mots, les parties du discours.

« Exercices oraux et écrits de langue et d'orthographe françaises. — Analyses grammaticales. — Dictée sur des sujets variés et instructifs.

« Exercices élémentaires sur le vocabulaire et la formation des mots. — Substantifs tirés d'adjectifs, de verbes; adjectifs tirés de substantifs, de verbes, etc.; verbes tirés de substantifs et d'adjectifs, etc. — Étude de quelques préfixes et de quelques suffixes. — Trouver les dérivés et les composés d'un verbe, d'un nom simple et les encadrer dans de petites phrases, etc.; exemples de familles de mots, etc.

« Composition d'après un récit fait en classe et reproduit d'abord oralement par les élèves. »

Suit une liste d'auteurs et de livres, dans laquelle je remarque cette mention : « Notions d'histoire littéraire à propos des auteurs étudiés. »

J'aurais bien envie de dire ce que je pense de ces suffixes et de ces préfixes, de ces familles de mots, de ces adjectifs tirés d'un verbe et d'un substantif. Pour moi, tout le programme se composerait de la lecture, de la dictée, et d'un récit fait d'abord verbalement, et ensuite par écrit. Pourvu que les morceaux étudiés fussent bien choisis, je me déclarerais satisfait de mon élève de douze ans et de sa maîtresse. Mais je ne fais sans doute, en parlant ainsi, que montrer mon ignorance. Va donc pour les dérivés, les composés, les préfixes et les suffixes. Je ne puis cependant m'empêcher d'ajouter que ce programme est bien touffu, pour cinq heures. Les préfixes mangeront une bonne partie du temps; il en restera bien peu pour la lecture et la dictée, qui sont à mes yeux le fond de l'affaire. Mais passons aux autres programmes, car tu n'en manques pas, ma chère enfant.

Pas de programme de morale. On n'enseigne la morale ni en première ni en seconde année. Il parait qu'on n'est capable de suivre cet enseignement qu'à l'âge de douze ans. Passons.

Voici le programme d'histoire, qui comprend l'histoire nationale et des notions sommaires d'histoire générale. C'est beaucoup, puisque c'est tout. Le programme est très détaillé. Il comprend trente-sept paragraphes, depuis les anciens Gaulois jusqu'à la conquête de Constantinople par les Turcs. Les Gaulois, les Francs, les Arabes, les Espagnols, l'Allemagne et l'Italie, Charlemagne, la conquête d'Angleterre, les croisades, le royaume de Jérusalem, la vie de Jeanne d'Arc, on fera entrer tout cela, en un an, dans ces petites cervelles, avec des détails sur la langue, la littérature, les arts et les mœurs. Il y a aussi la géographie, les vents alizés, les marées, les régions polaires, les fleuves, les montagnes, les races humaines, les fleuves et lacs, les animaux et plantes remarquables, la nomenclature des États avec leurs capitales et les principaux ports de commerce.

Le droit usuel est réservé à la dernière année d'études. Mais nous avons, à douze ans, un peu d'arithmétique. D'abord les quatre règles. On nous avertit que, pour la division, on se bornera à la pratique de l'opération, ce qui veut dire qu'on nous donnera la philosophie des trois autres règles. Nous étudierons ensuite les fractions ordinaires, les nombres décimaux, le système métrique, et nous en serons quittes pour cette année envers l'arithmétique. On nous montrera bien un peu de géométrie, mais si peu que ce n'est pas la peine d'en parler.

Point de physique ni de chimie. Mais de la zoologie et de la botanique.

Pour les langues vivantes, on se borne à l'allemand et à l'anglais. Il n'est pas même question de l'italien et de l'espagnol. Puis viennent le dessin, deux heures par semaine, et, je pense, le travail à l'aiguille, pour lequel je ne trouve pas de programme particulier. C'est sans doute de ma faute. Il m'échappe, il doit être quelque part. Je crois qu'on a suffisamment taillé de la besogne aux demoiselles de douze ans, et qu'on est entré dans des détails assez minutieux! Il faudra marcher au pas de course pour arriver jusqu'au bout. L'histoire y perdra, tout y perdra. Ce qui séduit les philosophes dans l'histoire, ce sont les idées générales; ce qui ravit les enfants, les femmes, les hommes d'imagination, ce sont les détails, les anecdotes. Les anecdotes sont la chair et le sang de l'histoire; les généralités n'en sont que le squelette. Vous allez mettre beaucoup de choses dans la mémoire de vos élèves; rien n'y restera, parce que rien ne leur plaira. Vous n'avez pas compris les deux grands préceptes de l'éducation, qui sont de former le goût et de donner des méthodes. Vous nous ferez des pédantes, j'en ai bien peur, au lieu de lettrées, dont nous avions tant envie. Vous ne cultivez pas les quatrès aimables, vous ne développez pas le talent. Vous bourrez, vous bourrez, vous bourrez; fidèles en cela aux méthodes suivies pour l'éducation des garçons. Pour ceux-ci au moins vous avez un prétexte de les transformer en dictionnaires : un prétexte absurde, mais un prétexte; tandis que les femmes, mes amis, en vous appliquant à les bourrer, vous vous appliquez à les empêcher d'être des femmes. Je vois bien la littérature par-ci par-là dans vos programmes; mais j'y vois aussi les suffixes et les préfixes. Et soyez sûrs qu'elles n'oublieront pas un de vos termes de grammaire. Elles les sauront par cœur; elles en seront encombrées; elles n'en feront jamais rien, parce qu'on n'en fit jamais rien. Pour la littérature, qui n'est pas si formaliste, elles compteront sur leur bonne chance.

Et notez que j'ai parlé de l'élève de douze ans; mais en montant plus haut, j'aurais trouvé d'autres merveilles : des détails sur l'industrie; l'histoire des traités de commerce (qui n'existeront plus l'année prochaine); le progrès des idées démocratiques : « Racontez-moi, mademoiselle, et expliquez-moi le progrès des idées démocratiques. » Elle nous dira aussi l'histoire de la Réforme, et nous montrera comment le catholicisme s'est *réorganisé* après l'avènement du protestantisme. Elle apprendra le droit usuel, la géométrie dans l'espace, le magnétisme, l'électricité et l'optique; les aldéhydes, les acides volatils, les acides fixes et les acides gras, les amides, les principes albuminoïdes, la physiologie animale et végétale, l'histoire de l'art, l'économie domestique (ici j'applaudis de toutes mes forces), l'hygiène (j'applaudis de nouveau), la cuisine, trop peu de cuisine. En Angleterre, les jeunes misses font la cuisine, le dimanche après avoir fait la leçon. En France, sous l'ancien régime, les futures duchesses faisaient la cuisine à tour de rôle, comme vous pouvez le voir dans les curieux Mémoires de la princesse de Ligne, publiés avec tant de succès par M. Lucien Perey.

Et que dit de tout cela M. Manuel? — Vous me demandez quel est ce Manuel, et ce qu'il vient faire dans nos affaires? Eh! c'est Eugène Manuel, Manuel le poëte, que vous connaissez bien, et dont vous savez par cœur la *Robe*, la *Mère et l'Enfant*, les *Pigeons de la République*, et tant d'autres vers qui sembleraient faits tout exprès pour vous charmer, mes enfants, s'ils ne charmaient, en même temps que vous, vos pères et vos mères. Ce grand poëte est en même temps inspecteur général de l'Université, et chargé, en cette qualité, de l'importante mission de présider le jury d'agrégation pour l'enseignement des lettres dans les lycées de jeunes filles. « Nos aspirantes, dit-il, sont beaucoup mieux préparées pour les questions de langue et de grammaire que pour la littérature et la critique... C'est que l'enseignement secondaire des jeunes filles plonge, jusqu'ici, par ses racines, dans l'enseignement primaire, où les connaissances grammaticales, on le sait, ont toujours occupé une place prépondérante, au profit sans doute de la langue, de l'orthographe, et, pour tout dire, des mots; mais aussi parfois au détriment du sens littéraire et des choses mêmes... On s'arrête à la forme extérieure des langues et au vêtement de la pensée, sans voir suffisamment quel corps vivant ce vêtement couvre, et combien la forme et le fond, dans les œuvres les plus accomplies, sont adhérentes et inséparables. » Et plus loin : « Les idées sont trop souvent absolues, sans être personnelles; les affirmations manquent de preuves; dans les exercices où l'ordre, la suite, la continuité des développements sont le plus nécessaires, ce sont de perpétuels écarts, des déraillements véritables dont on ne semble pas avoir conscience... Elles ont plutôt des impressions que des doctrines; elles sentent bien et jugent imparfaitement; les détails les frappent plus que l'ensemble : c'est comme une myopie particulière. En philosophie, elles perdent promptement pied. »

Oui, en effet, il y a un programme de philosophie, ou du moins un programme de morale ajouté à tous ces programmes. C'est le seul dont je n'ai pas parlé, parce que je veux en parler à part. Ce programme me donnera l'occasion de revenir à ce qu'il y a de plus important dans l'enseignement, c'est-à-dire à l'éducation.

LA MORALE

Il a vingt-deux ans, il sort de l'École normale. Il est agrégé de philosophie. On l'envoie professer dans un collège de province. Hier écolier, aujourd'hui maître. Nous avons tous passé par là.

Pendant ses trois années d'École normale, il a eu deux maîtres de philosophie. L'un était le professeur de philosophie proprement dite, et l'autre, le professeur d'histoire de la philosophie; mais je ne vous apprends pas que c'est le même enseignement sous deux formes différentes. Le professeur d'histoire prend les systèmes l'un après l'autre, pour les comparer à son propre système, et c'est au fond sa philosophie qu'il enseigne.

Nous n'avions qu'un professeur, de mon temps. C'était Victor Cousin. Il s'appelait Adolphe Garnier en première année, Damiron en seconde année, et Victor Cousin en troisième. Mais comme Garnier et Damiron enseignaient Cousin, je dis que Cousin était le seul professeur.

Il ne doit pas en être de même aujourd'hui. Je ne vois pas bien qui serait Cousin. Nous avons beaucoup de grands professeurs; il n'y en a pas un qui ait été le professeur de tous les autres, et qui, par l'éclat de son talent et son esprit de domination, soit demeuré leur maître. Les deux professeurs de l'École ont été nommés par l'Université; mais l'Université est tantôt l'Université de Duruy et tantôt l'Université de Ferry. L'une donne l'autorité, en matière philosophique, à Ravaisson; l'autre à Janet. Nos deux professeurs de l'École peuvent avoir été nommés sous des consulats différents. Il y a cent à parier contre un qu'ils n'ont pas une seule et même doctrine.

La philosophie était toute nouvelle du temps de Cousin; non pas certes dans l'histoire et dans le monde, mais dans la France moderne sortant de la Révolution française. Qui ne connait l'histoire de M. Royer-Collard, nommé professeur de philosophie à la Sorbonne, ce qui est, dit-on, la première chaire du monde, se promenant mélancoliquement sur les quais, et trouvant par hasard chez un bouquiniste un volume dépareillé de Thomas Reid, qu'il acheta pour dix sous, qu'il emporta chez lui, qu'il ouvrit par désœuvrement, qui retint son attention, frappa son esprit comme une révélation et devint l'évangile dont il se fit l'apôtre quinze jours après? Cousin pendant ce temps-là était professeur de rhétorique à Bourbon ou à Henri IV. Quand on le fit à son tour professeur de philosophie, il ne connaissait guère que Royer-Collard, c'est-à-dire Thomas Reid et les ingénieuses leçons de son collègue La Romiguière. C'est Cousin qui de Reid passa à Dugald Stewart et aux autres philosophes écossais; c'est lui qui, au bout de deux ans, découvrit l'existence des écoles allemandes, Kant, Schelling, Jacobi. Personne ne s'en doutait ni ne s'en souciait de ce côté-ci du Rhin. Cousin enseigna les Allemands comme il avait enseigné les Écossais, et il découvrit, chemin faisant, qu'avant eux tous, il y avait eu un Français, nommé Descartes, et un autre Français, qui était Allemand par son état civil, et se nommait Leibnitz. Puis, bien au delà de Descartes, en remontant aux origines de la civilisation grecque et latine, il trouva Platon, qu'il ne quitta plus. Il s'appelait lui-même éclectique, pour avoir ainsi parcouru toutes les écoles l'une après l'autre. Je crois qu'au fond il revint à Descartes, comme au plus sage, et tira, de sa fréquentation assidue avec ses œuvres, toute la moelle de son petit livre : *le Vrai, le Beau et le Bien*, qui contient toute sa philosophie. Pour lui, il promenait sur toutes les écoles son insatiable curiosité; mais il avait, dans *le Vrai, le Beau et le Bien* son viatique. Il croyait ceci : il regardait et admirait le reste. Il chargea son école de s'en tenir à son résumé et d'en répandre la doctrine.

Cette école, qu'était-ce? Ce n'était pas une école à la manière de Platon qui attirait les jeunes gens par son éloquence et les retenait par la puissance de ses doctrines, sans autre lien entre eux et lui que celui-là. Cousin avait le prestige et l'autorité du talent, et il y joignait cette autre autorité que confrère la plus haute situation dans une hiérarchie administrative. Il avait la feuille des bénéfices laïques. Il était tout à la fois l'idole de ses élèves, et leur souverain. On enseignait dans toute l'Université ce qu'il appelait sa doctrine, c'est-à-dire la doctrine de son petit livre, et celui qui s'en serait écarté, aurait été traité par lui comme on traitait autrefois les hérétiques dans les écoles de théologie. On ne l'aurait pas brûlé, mais on l'aurait certainement anathématisé et chassé.

Il y avait donc, dans ces temps lointains, une philosophie d'État, dont Cousin avait écrit la Bible. Le troupeau s'est dispersé à sa mort. Chacun a tiré de son côté. Plus les jeunes maîtres étaient des esprits originaux et puissants, plus les divergences s'expliquaient. Ils n'allaient pas jusqu'à fonder des écoles. Ce sont tous des capitaines sans soldats, mais certainement des capitaines.

Pour commencer par l'École normale, chacun des deux maîtres qui s'y trouvent, étant capitaine, a sa doctrine à lui, ce qui fait pour l'élève deux capitaines et deux doctrines. S'il est Parisien, le professeur dont il a suivi les cours au lycée, est certainement aussi un capitaine. L'école ne reste pas enfermée dans les bâtiments de la rue d'Ulm. Elle suit les cours du Collège de France et de la Sorbonne; encore quatre ou cinq capitaines, entre lesquels notre jeune normalien doit choisir.

Et pourquoi choisirait-il? Il y a quatre ans qu'il fait de la philosophie son étude principale. Il connait les écoles anciennes, les écoles modernes; il se croit devenu capitaine à son tour. Ce n'est pas la doctrine de Janet, de Lévesque, de Nourrisson, de Waddington qu'il va enseigner à ses élèves; c'est la sienne.

Je voudrais pour un moment être inspecteur général et parcourir tous les lycées de France. J'y trouverais sans doute une certaine uniformité, puisqu'il y a un programme, délibéré en Conseil supérieur, et imposé. Mais c'est le programme des questions, et non le programme des solutions. Tous les philosophes parleront de Dieu, et en parleront au même endroit, mais chacun en parlera à sa manière. Je ne crois pas qu'il y ait un seul athée parmi nos maitres, et je suis certain que s'il y en avait un, les inspecteurs généraux le découvriraient sous les triples voiles qui enveloppent sa pensée et le feraient descendre de sa chaire; mais en dehors de certaines négations brutales, il y a dans les systèmes des nuances infinies qui échappent au contrôle officiel. Bien hardi serait celui qui entreprendrait de résumer l'enseignement philosophique de l'Université. Presque tous les professeurs s'imaginent qu'ils sont chargés d'être chefs d'école, ou apôtres d'une école. Aucun ne se considère comme chargé tout simplement d'enseigner à des jeunes gens, qui sont presque encore des enfants, un très petit nombre de dogmes acceptés par la plupart des esprits sages et sur lesquels reposent nos lois. Cette mission est très importante, très honorable. C'est une espèce d'apostolat comme celui de l'aumônier. On peut et on doit le compléter par la lecture de quelque chef-d'œuvre, comme le *Discours de la méthode*, et par de bonnes leçons de psychologie et de logique. Il me semble que le professeur, en visant plus haut, se diminue, parce qu'à la parole d'un chef d'école il faut un autre public que les auditeurs de seize ans qu'on trouve au lycée, et une liberté plus ample que celle que comporte l'enseignement secondaire. C'est dans les Facultés et au Collège de France que le maître et les élèves ont le monde devant eux.

Le cours de philosophie, dans les collèges et lycées, renferme un cours de morale : psychologie, logique, théodicée, morale, histoire de la philosophie. Rien que cette énumération devrait avertir les jeunes maîtres qu'ils sont plutôt des cathéchistes que des philosophes. La morale est enfermée dans huit ou dix leçons. Elle doit se borner, autant que possible, à résumer les enseignements de la famille, et à préparer les études ultérieures par une bibliographie sévèrement surveillée. Quoi qu'on fasse, j'aurai toujours peur de ce jeune homme de vingt-deux ans, chargé de décider les questions les plus graves qui intéressent la société et la patrie. Plus il a de talent, plus il m'inspire d'inquiétudes. Le professeur de droit que ces élèves entendront l'année prochaine se tiendra le plus possible dans la tradition de la jurisprudence. S'il a quelques idées personnelles et nouvelles, c'est à peine s'il les laissera deviner dans son enseignement. Ce qu'il doit à ses auditeurs, c'est l'exposition, l'explication et le commentaire de la loi telle qu'elle existe. Il réserve pour ses livres ses points de vue particuliers et originaux.

J'avoue que M. Cousin nous paraissait, il y a cinquante ans, absolument insupportable quand il voulait nous imposer sa philosophie comme philosophie d'État. Moi qui avais été son élève, et qui étais de son avis, au moins pour les doctrines qui faisaient partie de notre enseignement officiel, je souffrais d'enseigner par ordre les choses mêmes que j'aurais enseignées par conviction si on m'avait laissé faire; je me disais que si j'avais été dissident sur certains points, j'aurais brisé ma carrière sans hésiter plutôt que de servir d'organe à une opinion qui n'aurait pas été la mienne. Je pensais cela, et c'est parce que je le pensais que je fondai une Revue au bout de quelques années. Je l'appelai : *la Liberté de penser;* nous entendions par ce titre pompeux, et alors assez nouveau, la liberté de penser autrement que M. Cousin. Mais quand je fis cette entreprise, je n'étais plus dans l'enseignement secondaire, auquel je n'ai appartenu que pendant deux ans. Je soutiens que c'est l'enseignement supérieur qui doit surtout être libre, et que l'enseignement secondaire doit surtout être rassurant.

Je veux que mon fils soit bachelier. Il ne sera reçu que s'il a une bonne note en philosophie. Il faut donc qu'il suive à seize ou dix-sept ans un cours de philosophie, et qu'il le suive dans le lycée ou collège que j'ai sous la main. Le professeur qui me rend le service de le préparer pour son examen doit lui enseigner la doctrine universellement admise dans les familles, dans l'État, dans les jurys devant lesquels il va comparaître. Je ne veux pas qu'il lui enseigne ses découvertes personnelles, qui sont peut-être ses erreurs personnelles. J'ai ma doctrine aussi, et tant que je suis chargé du gouvernement de mon enfant, je désire la lui inculquer. Je n'entends pas que son professeur la combatte. Cette question est plus haute que celle du baccalauréat. Elle tient à l'âme même de l'enfant, à celle du père, au principe de la liberté de conscience, à la nature de la société française, telle qu'elle se trouve maintenant constituée à la suite de nos révolutions. Si je voulais poursuivre cet ordre d'idées que je ne fais qu'indiquer, je montrerais que les mêmes règles dominent toute la question des rapports de l'Église et de l'État, la constitution, les tribunaux, la vie publique et privée. Mais je me borne à des indications qui suffisent au but que je poursuis en ce moment.

Ce n'est pas seulement dans l'enseignement secondaire qu'on trouve la morale. On la trouve aussi dans l'enseignement primaire. Tous les programmes comprennent un cours de morale. On ne fait pas ici du cours de morale une partie intégrante du cours de philosophie. Non. Il n'y a pas de philosophie dans l'enseignement primaire. La morale y apparait à part. Cependant, cette morale, si on l'enseigne dogmatiquement, impliquera nécessairement quelques notions de philosophie. Il est bien difficile de définir le devoir sans définir la raison, et sans discuter le libre arbitre; et de parler de sacrifice sans toucher à l'idée de Dieu et à la vie future. Tout ce que je disais tout à l'heure de mes appréhensions sur ce jeune maitre et ce difficile et périlleux enseignement du devoir et de la destinée humaine, je le répète ici avec plus de force. Et quel est le maitre que j'ai devant moi? Ce n'est plus un homme appelé pas sa vocation à cet enseignement même, préparé pendant plusieurs années par les meilleurs maîtres, sans cesse occupé de cet ordre d'études, y consacrant tout son temps et tout son zéle, surveillé d'ailleurs par des supérieurs très attentifs et des inspecteurs très intelligents et très puissants qui tiennent son avenir dans leurs mains. Non, c'est un élève d'une école normale primaire, dans les études duquel la morale a pris beaucoup moins de part que l'écriture, l'orthographe, la géographie, l'histoire, etc. C'est une petite partie de son enseignement et une petite partie de sa vie. Il est probable qu'il se conforme dans son enseignement au manuel ou au cahier qu'on lui a mis dans la main. Je lui sais gré de cette fidélité et de cette humilité. Il me ferait trembler s'il avait des prétentions. Reste à savoir quel est ce manuel.

Autrefois, il n'y a pas bien longtemps, c'était un manuel de morale chrétienne. Ce n'était pas tout le catéchisme, car par exemple des dogmes tels que la damnation éternelle, la rédemption, le purgatoire, ne peuvent appartenir qu'à une religion révélée. Mais si tout le catéchisme n'y était pas, tout ce qui s'y trouvait était conforme au catéchisme. Le moraliste omettait certaines doctrines; il développait davantage celles qu'il conservait. Ce moraliste, par parenthèse, était aussi chargé, à un autre moment de la classe, de faire réciter le catéchisme. Cette dernière fonction était en quelque sorte mécanique. Il faisait réciter, un autre se chargeait de faire comprendre. Mais entre ce catéchisme récité, et ce manuel de morale commenté une heure après, il n'y avait que les différences que je viens d'indiquer, il n'y avait ni contradiction ni opposition. L'aumônier et le maître d'école enseignaient l'un et l'autre la vieille morale de nos pères. Et c'était aussi cette vieille morale qu'on nous avait enseignée dès le berceau, que nous retrouvions à la maison, quand nous y rentrions venant de l'école, et qui se lisait à chaque page de nos livres, se répétait à chaque leçon de nos maîtres. Nous vivions d'elle et avec elle. Elle nous pénétrait de toutes parts. Elle était pour nos esprits ce qu'est pour nos corps l'air respirable. L'idée d'une discussion et d'une contradiction ne nous venait même pas. C'était la tradition, la loi, la famille, la patrie. Nous la subissions et nous l'aimions.

Il ne faut pas se dissimuler que cette société confiante, homogène, à laquelle se rapportent les souvenirs des hommes qui aujourd'hui portent des cheveux blancs, a presque complètement disparu. Il y a eu, depuis la Révolution, des luttes entre l'esprit catholique et l'esprit critique. Les luttes n'ont pas toujours eu lieu dans la théorie. Elles sont devenues des batailles d'intérêt et des batailles au sens propre du mot. Les mœurs se sont, avec le temps, adoucies ou fatiguées. On ne tue plus, ou on tue rarement. On continue à proscrire. Chaque parti a le dessus à son tour, et chaque parti abuse de la victoire, ce qui avive les haines et retarde l'apaisement si nécessaire. D'un côté, on ne comprend pas que l'ancien joug est devenu impossible avec les lumières modernes, et qu'il faut laisser une grande part à la liberté; de l'autre, on veut tout assujettir à la froide raison, et on ne se rend compte ni de ses défaillances, même dans les esprits les plus cultivés, ni de son impuissance sur les autres.

Au fond, on ne peut se dissimuler que l'esprit moderne, qui est proprement l'esprit critique, fait des progrès. La crédulité disparait, la confiance s'émousse. Chacun veut combattre sous sa propre bannière et combattre pour soi. L'idéal et l'amour disparaissent pour faire place aux mathématiques. La morale s'en ressent grandement; chacun a la sienne, et la construit à la mesure de son intérêt. Les pédagogues en font grand cas, c'est le premier enseignement. Ils mettent la morale dans tous leurs programmes, à la tête de tous les autres enseignements. Ils voudraient que cette morale fût, par excellence, la morale indépendante. Ils la veulent austère, car ils ont le sentiment du devoir, et, même quand ils se trompent, ils gardent l'amour du bien. Mais cette morale qui repousse la tradition est diverse pour chaque école et pour chaque maitre. Elle est obligée de remplacer l'autorité par la démonstration, qui subit la diversité de l'éducation et de l'esprit. Elle peut être fausse en beaucoup de points. Son défaut principal, irrémédiable, c'est d'être impuissante. Comme elle ne vaut que par le raisonnement, quand le raisonnement est oublié, le précepte n'a plus de valeur. Souvent on donne le précepte en quelque sorte tout nu, et dépouillé de sa preuve. Il ne repose alors que sur la parole du maitre. Le maitre autrefois, ce n'était pas un homme: c'était l'humanité. C'était un homme qui parlait au nom de tous les hommes. Aujourd'hui, ce n'est plus que cet individu, sorti avec un brevet de l'école normale, qui tremble devant M. le maire, et qui n'a pensé à la morale que par obligation professionnelle et tout à fait en passant. — De quoi s'agit-il, mon ami? De mourir pour la patrie. — Mourir! C'est une dure leçon. D'où me vient-elle? — Elle est écrite tout du long dans le manuel. — Et ce manuel quel est-il? — C'est un manuel estampillé. Il a reçu l'approbation d'une commission anonyme qui autorise chaque semestre une demi-douzaine d'autres manuels. La morale ainsi enseignée ne me rassure ni sur ce qu'elle contient ni sur ce qu'elle peut. Elle ne peut rien, et elle contient peut-être du mal.

On traite l'enseignement des filles, au point de vue de la morale, sur le même pied que l'enseignement primaire. On y professe la morale, sans la rattacher à la philosophie.

Cette morale subira l'influence des modes. C'était la mode, il y a huit ans, de s'éloigner, autant que possible, du christianisme; à présent, on y revient. Cette morale chrétienne, telle qu'on l'a comprise et pratiquée en France, au XVIe, au XVIIe et même au XVIIIe siècle, est indépendante, quoique chrétienne. Ce n'est pas la morale ascétique de l'*Imitation*; c'est la morale laïque de Nicole. Elle a fait un peuple sensé et honnête. C'est pour l'avoir abandonnée que le XVIIIe siècle s'est perdu sur la fin, et est tombé dans l'anarchie morale, la pire des anarchies. Il faudrait revenir, pour la morale comme pour les lettres, à la grande tradition française qui commence à Descartes. C'est cette même morale qui, enseignée sous la forme la plus abordable, dans les ateliers et dans les chaumières, s'appelle du nom béni de vieille morale de nos pères. C'est un joug; mais il est si bienfaisant et si doux! Descartes, avec son doute philosophique, ne s'isolait pas de la société des hommes. Il mettait à part, comme dans une arche sainte, les vérités de la religion et de la morale. Le degré d'indépendance qui suffisait à ce fier génie, peut suffire aussi à nos demoiselles. Pour leur bonheur et pour le nôtre, je demande qu'on ne les déshabitue pas des croyances et des mœurs paternelles. Elles sont faites pour les sentiers frayés, et non pour les âpres solitudes.

Quand on me parle d'instruction, je demande le professeur, parce que la mère n'aura ni assez de connaissances, ni assez de fermeté. Dès qu'il s'agit de morale, je reviens à la prédominance du père et de la mère. Je la réclame. Je réclame le concours de tous les professeurs et de toutes les maîtresses. Je veux que l'enseignement tout entier soit l'enseignement de la morale, que la mère y pense et y travaille jour et nuit, qu'elle écoute les maîtres avec soin pour les quitter sur-le-champ si sur ce point ils dévient; qu'elle contrôle leurs leçons, leurs moindres propos; qu'elle ne laisse pas un livre entre les mains de sa fille sans examiner, sans consulter. Les maîtres et les maîtresses choisiront aussi toutes les occasions de glisser un bon précepte, un bon conseil. Dans la classe, à la récréation, en promenade, ils s'attacheront à recommander la vertu et l'honneur, à flétrir le vice. On écrira de sages maximes sur les murailles. On choisira avec soin les exemples de lecture. Il y aura comme une conspiration pour combattre les mauvais instincts et développer les belles qualités. Quand on arrivera avec cette préparation au cours de morale, il ne pourra manquer de se conformer à la vieille morale de nos pères. Il en sera en quelque sorte la condensation. Il mettra en formules des habitudes déjà invétérées. En principe, ce serait la directrice qui devrait donner ces leçons; en tout cas, ce sera le maître le plus respecté, et le plus respectueux des devoirs sociaux. Je tiens bien plus aux conseils donnés dans l'intimité qu'aux programmes et aux examens. Je mettrais volontiers sur la porte d'un lycée de jeunes filles : « Ici tout le monde, jusqu'aux servantes, enseigne la morale, et personne ne la professe. »

LES INTERNATS

M. Camille Sée, en proposant la création des collèges et lycées de filles, entendait bien que, comme les collèges et lycées de garçons, les nouveaux établissements comprendraient à la fois des externats et des internats.

Devant la Chambre les externats trouvèrent un bon accueil. Il n'en fut pas de même des internats.

Ils eurent deux sortes d'ennemis : ceux qui, à cette même date, c'est-à-dire de 1875 à 1880, faisaient campagne contre l'internat des garçons, et ceux qui voulaient renvoyer à la famille toute l'éducation des filles. On se rappelle que cette thèse avait été soutenue contre M. Guizot, en 1823, et contre Talleyrand quarante-deux ans auparavant. Talleyrand lui-même avait cédé au courant, et avait fini par soutenir que l'éducation des filles devait se faire au foyer domestique.

Pour ma part, je n'ai pour l'internat aucune tendresse, je ne l'aime ni pour les filles ni pour les garçons. D'abord je le trouve inhumain. J'en ai tâté, quoique très peu; et il m'a laissé les plus tristes souvenirs.

Au collège de Lorient, où j'ai fait mes débuts, je n'étais qu'externe surveillé. Nous arrivions à sept heures du matin, même en hiver, avec un morceau de pain enveloppé d'une feuille de papier. Les plus riches y joignaient un peu de beurre ou de fromage. On passait une heure à l'étude, où il n'y avait pas de feu. A huit heures on avait une demi-heure de récréation; puis, deux heures de classe; point de feu non plus dans la classe; une étude d'une heure et demie, et nous partions pour rentrer chez nos parents. A une heure, il fallait être de retour. Une heure d'étude, deux heures de classe, une heure de récréation, trois heures d'étude. A huit heures, on nous rendait à la liberté pour aller dîner en famille, la plupart n'ayant pris depuis le matin que leur pain sec à huit heures, et un peu de lait à midi. Ce n'était pas une éducation de sybarites. Nous prenions en pitié les pauvres pensionnaires qui entraient à huit heures dans leur réfectoire toujours glacé, dînaient mal, en silence, sous l'œil sévère de M. Giquel, le sous-principal, et passaient de là au dortoir pour recommencer le lendemain. J'ai été ensuite interne pendant six mois, mais c'était dans une pension annexée au collège de Vannes, qui n'avait pas d'internat. Cette pension était tenue par l'abbé Daudé. On le disait lazariste, mais il avait bien l'air, autant qu'il m'en souvient, de tenir la pension à son compte. Parmi ses surveillants, au nombre de deux ou trois, se trouvait le père Buino, qui était incontestablement jésuite.

Entre Vannes et Lorient, le contraste était complet. Lorient, qui préparait pour la marine, avait une certaine allure militaire. La discipline y était sévère, le commandement grave. Peu de rapports personnels entre les élèves et les maîtres. Nous vivions sous l'empire du règlement qui était et que nous savions inexorable. Nous avions, entre nous, un point d'honneur comme au régiment. L'idée d'une délation ne serait venue à personne. Personne non plus ne mentait. A la pension Daudé, c'était un monde tout différent. La police y était faite par les élèves. Un élève surveillait le dortoir, un autre l'escalier, un autre l'étude. Nous étions cent cinquante dans la même étude, et le Père Buino suffisait à nous garder, parce qu'à chaque table il y avait un surveillant, ou, si vous voulez, un espion qui lui dénonçait les délinquants. Je n'ai pas besoin de vous dire qu'on était souvent en prière. Le Père Buino nous réveillait le matin en disant de sa belle voix grave : *Benedicamus Domino!* Cent cinquante voix lui répondaient à l'instant : *Deo gratias!* On s'habillait, on descendait, et d'abord on disait la prière, qui était longue. Une courte étude pour entendre une méditation, par le Père Daudé ou par le Père Buino. Puis on partait deux à deux pour le collége qui n'était pas loin. Au collége, on entendait la messe avec les externes. (C'était sous la Restauration. On avait la messe tous les jours.)

Les jours de congé, qui étaient assez nombreux, outre le jeudi et le dimanche, nous avions la messe dans notre chapelle à nous. Les vêpres le dimanche, avec processions dans l'enclos aux fêtes carillonnées. Salut et procession tous les soirs, pendant le mois de mai, qu'on appelait le mois de Marie. La vie était certainement moins monotone qu'à Lorient, la discipline plus accommodante. Il fallait se défier de son meilleur ami, car il était de règle de confier à l'autorité ce qu'on savait les uns des autres. Il y avait deux pensions; ceux qui étaient de la première avaient un plat de plus, qu'on leur servait à la même table que les autres : c'était pour habituer les pauvres à l'humilité. Tous les ans, à la fin de juillet, on disait une messe dans la chapelle pour demander à Dieu la grâce de n'avoir point de prix. Il ne nous écoutait guère, et nous tenions tête aux externes qui, pour la plupart, venant de la campagne, étaient logés en garni et passaient leur temps à ne rien faire. J'ai donc vu le pensionnat sous ses deux formes, et je ne compte pas ces années de prison dans l'heureux temps de la jeunesse. J'ai été malheureux à Lorient et à Vannes de deux façons différentes; mais quand j'ai été père de famille à mon tour, je me suis bien juré de ne pas imposer à mes fils un pareil supplice. J'en ai deux, qui ont été l'un et l'autre externes pendant neuf ans au collège Bonaparte, que vous appelez le lycée Condorcet. Pendant neuf ans, j'ai été deux fois par jour, tantôt seul et tantôt avec leur mère, les conduire et les chercher au collège. Il y a pourtant eu un moment où le travail languissait et où je les ai mis en demi-pension chez un professeur du collège, M. Masimbert. J'avoue qu'il est très difficile à un homme occupé de trouver le temps nécessaire pour servir de répétiteur à ses enfants. En revanche, je leur servais de professeur de morale. Je voyais de loin avec inquiétude venir l'année de philosophie. Nous avions un bon professeur, et j'en étais très heureux; mais voyez la malechance : on le changea pendant qu'ils étaient en vacances après avoir fait leur seconde. J'étais à Rome avec eux quand je reçus la lettre du ministre qui m'annonçait ce changement. C'était un ami, mais je lui en voulus pendant longtemps de cette aventure. J'en fus quitte pour me rendre compte avec beaucoup de soin de ce qui se passait dans la classe. S'ils avaient été internes, et par conséquent soustraits à mon influence, je ne m'en serais pas consolé.

Tous ces enfants, assujettis à des règles si étroites et tenus comme des prisonniers, ont les ruses et les vices des prisonniers. La discipline est exacte; la morale est contestable. Il n'y a pas de père de famille qui ne le sache, et, malgré cela, il y a une tendance à mettre ses enfants en pension plus générale chez nous que partout ailleurs. Nous aimons partout à nous reposer sur l'autorité. Lors même que les pensions privées sont supérieures pour les soins de la santé et la direction des études, on préfère l'établissement public. Est-ce pour échapper à la responsabilité, ou à la peine? On a beau démontrer au père que son fils ne sera nulle part mieux élevé que chez lui, il le mène au collège le jour de la rentrée, et le voilà tranquille pour dix mois.

Mais quand M. Camille Sée vint parler de claquemurer aussi les filles dans un internat, l'insurrection fut presque générale. Les mères ne voulaient pas quitter leurs filles, et, à la différence des pères, la plupart d'entre elles pouvaient ne pas les quitter. Les pères approuvaient leur résolution. Ils pensent, avec raison, que les filles doivent être surveillées de plus près, quoique leurs inclinations soient meilleures. Elles ont une sorte d'obligation d'être parfaites. L'État, de son côté, reculait devant la charge dont on voulait l'accabler. Un scandale, dans un collège de garçons, est un grand malheur. Mais un scandale dans un collège de filles, quelle catastrophe ! Et non seulement pour l'autorité, mais pour toutes les filles élevées dans les mêmes maisons. Bref, on décida qu'il n'y aurait pas d'internat tenu par l'État. On permit tout au plus à la commune d'avoir un internat à côté du collège ou du lycée, non dans le collège. Il y aurait une directrice de l'internat, indépendante de la directrice de l'externat. Celle-ci serait nommée par l'autorité universitaire, l'autre serait agréée tout simplement; on pensa que ces internats seraient une exception; que les familles éloignées du chef-lieu placeraient leurs enfants chez des amis, peut-être dans des couvents.

Il en a tourné autrement. On a eu, presque sur-le-champ, pour les internats de filles, la même prédilection que pour les internats de garçons. Les demandes des villes ont afflué. Les scandales redoutés ne se sont pas produits. Les résultats ont paru favorables. L'Université n'a pas tardé à trouver incommode cette double vie : l'externat universitaire d'un côté, l'internat communal ou privé de l'autre. Elle a pensé que le plus court moyen d'éviter des tiraillements entre les deux directrices était d'avoir une directrice unique. A l'heure qu'il est, après quelques années de tâtonnement et d'hésitation, tous les lycées et tous les collèges sont autorisés à annexer un internat, et l'on peut dire qu'en fait comme en droit la cause des internats est gagnée.

Ce résultat, si prompt et si complet, est la preuve sans réplique de l'utilité ou, pour mieux dire, de la nécessité de l'institution. Je n'en persiste pas moins à dire qu'il ne faut recourir à l'internat, pour les garçons et pour les filles, que quand on ne peut pas faire autrement; qu'il est plus facile aux mères de garder leur enfant auprès d'elles; que l'internat a, pour les garçons, l'avantage de les préparer à la vie publique, à la vie en commun; que l'art de donner des coups et d'en recevoir est une des parties intégrantes de leur éducation; qu'ils ont besoin de ne pas être protégés à l'excès, de savoir se défendre eux-mêmes et faire leur chemin en jouant des coudes; que les filles au contraire ont une destinée toute différente; qu'elles ne sont pas faites pour ces luttes, ni pour cette vie commune, ni pour cette vie en plein air; qu'elles ne doivent jamais se trouver en contact avec certains mots, certaines images, certaines idées; qu'une mère prudente est attentive aux plus petits détails, mais qu'il est impossible à une institutrice, ayant vingt ou trente jeunes filles sous sa garde, de tout prévoir et de tout empêcher. Ces deux séminaires, l'un de garçons, l'autre de filles, préparent, chacun de leur côté, des individus qui se ressemblent un peu trop. En regardant, au Musée de Bruxelles, le diptyque de Holbein qui représente Adam et Ève, j'admire d'autant plus ces deux genres de beauté parfaite que le contraste est plus frappant entre l'une et l'autre. Si Ève a besoin d'être défendue, ce n'est pas seulement pour la faiblesse de son corps. Ce besoin qu'elle a d'autrui est un de ses charmes. Il faut lui laisser certaines ignorances qui contribuent à son bonheur et au nôtre. Je sais bien qu'il n'y a qu'une seule morale, la même pour les hommes et pour les femmes. Mais outre cette morale-là, à laquelle il faut toujours obéir, il y a encore une morale de surcroît pour les femmes; des devoirs par delà le devoir commun. Pour leur enseigner cette morale-là, et toute la morale, je ne compte ni sur un manuel, ni sur un docteur. Je les confie au collége, pour en faire des femmes instruites, et à leur mère pour en faire d'honnêtes femmes. Vous pouvez, s'il est absolument nécessaire, placer votre fille loin de vous, mais jamais vous ne devez la quitter. Visitez-la toutes les fois qu'une visite sera possible, et même plus souvent. Pensez à elle le jour et la nuit. Ne passez pas un jour sans lui écrire. Interrogez-la sur ses pensées et ses sentiments. Correspondez avec ses maîtresses. Faites-vous l'amie de ses amies. En l'éloignant, à contre-cœur, vous n'avez pas diminué votre tâche; tout au contraire, vous l'avez doublée. Je le répète; vous pouvez l'éloigner, si le sort vous y condamne; mais ni Dieu ni les hommes ne vous permettent de la quitter. C'est le premier et le dernier mot de l'Éducation des filles.

LE CHOIX D'UN ÉTAT

A présent que l'éducation de mon élève est finie, il me reste une grosse question à traiter : le choix d'un état.

— Le choix d'un état! Vous voulez dire apparemment le choix d'un mari?

— Le choix d'un mari d'abord, si vous voulez. Je reconnais que la meilleure condition de bonheur pour une femme, c'est de n'avoir d'autre occupation au monde que celle de rendre son mari heureux, et de bien élever ses enfants. Je vous réponds qu'elle n'a pas de temps à perdre, si elle fait bien ce double métier. Je vois des femmes surchargées de ce qu'on appelle les devoirs du monde : magasins à fréquenter, livres nouveaux à lire, spectacles à suivre, visites à faire et à recevoir, promenades à la mode, bals, soirées, matinées, villes d'eaux pendant l'été; elles sont partout, excepté chez elles, et au courant de tout, excepté de leurs affaires. Si elles se donnent tout ce tracas sans tenir aucun compte de l'utilité que leur mari peut en retirer, je ne vois pas quel autre avantage elles lui ont apporté, que le droit d'administrer leur fortune et peut-être de l'employer à l'amélioration de la sienne. Si la femme voit le monde pour procurer au mari des clients ou des protecteurs, elle est un membre utile de l'association : le mari est chargé d'aller à la Bourse, et elle d'aller au bal. Elle y va dans l'intérêt de la maison. Ses toilettes, à ce point de vue, deviennent une affaire. On peut en délibérer en conseil, et se demander si les chances de l'entreprise compensent suffisamment l'importance de la mise de fonds. J'avoue que je n'ai de goût ni pour l'une ni pour l'autre de ces deux femmes.

La mondaine, avec l'importance qu'elle donne à des futilités, me paraît le type achevé de la nullité humaine. Elle n'est rien, ne fait rien, ne sert à rien : et par-dessus ce triple malheur, elle a celui de se prendre elle-même au sérieux. La femme d'affaires n'est pas une femme ; c'est un spéculateur en jupe de velours ou de satin avec lequel il faut jouer serré. La première m'ennuie ; la seconde m'inquiète. Elles n'ont de cœur ni l'une ni l'autre.

Mais par qui voulez-vous les remplacer?

Tout simplement par une femme naturelle, qui aime beaucoup son mari et ses enfants, qui pense à eux constamment, qui parle d'eux rarement, et qui, sans négliger aucun devoir, trouve le moyen d'aimer un peu le prochain, de se montrer dans le monde et d'y être aimable.

Voyez-vous, madame, une femme qui néglige d'être aimable est coupable envers la société; celle qui oublie les intérêts de son mari est coupable envers la famille, et celle qui ne met pas au-dessus de tout ses devoirs de mère, est coupable envers la nature. Il faut unir les trois caractères dans une juste mesure, en se gardant bien de confondre les devoirs du monde avec le devoir. Dites bien à votre fille qu'un mari doit être à la fois un agréable compagnon pour aller dans le monde, un habile directeur pour gérer les affaires de la maison, et un homme de cœur pour répondre par une tendresse sérieuse et profonde aux sentiments qu'elle aura pour lui.

On demande, depuis cinq mille ans, s'il faut préférer un mariage de raison à un mariage d'amour; et, depuis cinq mille ans, les jeunes gens de quinze à trente ans sont, en majorité, pour le mariage d'amour, les parents pour le mariage de raison. Ces deux mariages ne sont ni l'un ni l'autre le bon mariage. Le bon mariage est celui qui réunit la raison et l'amour. Et il en est ainsi depuis cinq mille ans.

Cet oracle, que je viens de rendre (et c'est la seconde fois que je le rends dans ce livre), est si dépourvu de nouveauté, que je sens le besoin de le corriger un peu en disant qu'il n'y faut mettre ni trop de raison, ni trop d'amour. Je veux dire qu'un mariage sera assez raisonnable s'il est certain qu'il n'est pas déraisonnable; et qu'une bonne affection fondée sur l'estime et sur l'analogie des sentiments est plus rassurante que la passion, parce qu'il est de la nature de l'affection de s'accroître, et de la nature de la passion, de s'en aller. Laissez-moi vous prier, madame, de ne pas trop écouter vos prédicateurs ordinaires, qui sont les auteurs dramatiques. Quand ils font le *Barbier de Séville*, ils supposent toujours que l'amour est éternel parce qu'ils ont besoin de cette hypothèse pour faire leur dernier acte; et quand ils font le *Mariage de Figaro*, ils supposent que l'amour ne dure jamais qu'un an ou deux, parce que cette hypothèse leur est nécessaire dès le commencement de la pièce. J'ai encore une autre objection contre eux; c'est qu'il n'y a que les extrêmes qui soient dramatiques. La sagesse est une fort belle chose; mais ce n'est pas un spectacle très amusant. *Laudatur et alget.*

Ne trouvez-vous pas singulier, madame, que le mariage étant au fond la même chose chez tous les peuples et dans tous les temps, on l'ait organisé de tant de façons différentes? Le mariage est certainement l'association de l'homme et de la femme, pour se rendre réciproquement la vie plus agréable et pour élever en commun les enfants. Il y a, grâce à Dieu, quelque chose de plus dans le mariage chrétien; mais je prends ici la nature sans aucun mélange d'idée mystique. L'affaire dont il s'agit ici est la plus grosse des affaires; cet intérêt est le plus pressant des intérêts. Il faut croire qu'on n'est pas encore arrivé à la bien organiser, depuis cinq mille ans qu'on s'en occupe, puisque chaque peuple a sa législation particulière, et qu'on modifie ces législations tous les jours.

Il y a d'abord la polygamie. Je ne parle pas de la polyandrie, qui est une exception très rare. La polygamie a des formes bien diverses, que je vous demande la permission de ne pas énumérer, madame, parce que je suppose que vous n'êtes pas musulmane. Vous pourriez certainement être musulmane quoique Française; mais si vous l'étiez, ce n'est pas à moi que vous demanderiez des renseignements. Dans le monde chrétien, un homme ne peut avoir qu'une femme à la fois, et une femme n'a, à la fois, qu'un seul mari. La plus grande différence d'une législation à l'autre, dans le monde chrétien, consiste dans l'existence ou la non-existence du divorce. Mon opinion personnelle est que le joug du mariage est moins lourd à supporter quand il est indissoluble, et ce n'est pas la seule raison pour laquelle je repousse le divorce. Mais il ne s'agit pas ici de réformer la législation; il s'agit uniquement d'étudier les mœurs, et de dire mon opinion sur la manière de choisir un mari.

Nos mœurs en France sont surtout caractérisées par deux faits : la réclusion des filles et leur dot.

Quand je dis réclusion, vous m'entendez bien. Je ne parle ni de cloître ni d'internat. Nos jeunes filles ne quittent pas leurs mères, ce qui est très bon. Quand elles les quittent, la mère est remplacée par une gouvernante, ce qui est bon aussi, mais beaucoup moins bon. Les filles vont très peu dans le monde.

Quand elles y vont, elles n'y parlent pas, on ne leur parle pas, ou très peu. Elles n'ont de relations familières qu'avec leurs parents. On surveille de très près leurs lectures. On les mène peu aux spectacles. Les familles austères ne les y mènent jamais. Certaines conversations n'ont jamais lieu devant elles. On suppose même, sans le croire d'ailleurs, qu'elles ne les comprendraient pas. Ce système, qui n'est pas suivi avec la même rigueur dans d'autres pays, ou même n'y est pas suivi du tout, a sans doute quelques avantages. Il a aussi ses inconvénients. En Amérique les filles sont libres; ce sont les femmes mariées qui sont assujetties à d'étroites convenances. On pense là-bas que les filles ont besoin d'être libres, pour chercher et choisir; et que les femmes mariées, ayant trouvé ce qu'elles cherchaient, et n'ayant plus d'enquête à faire, peuvent se renfermer dans leur intérieur.

En Orient, où les femmes sont réellement séparées des hommes, le marié ne voit sa femme que quand toutes les cérémonies sont terminées. Nous ne poussons pas les exigences jusque-là. On peut regarder nos demoiselles, si on ne peut pas leur parler. On peut même leur parler au bal, car c'est là que leurs mères les conduisent pour qu'elles puissent trouver preneur. On leur dit, en dansant, que le bal est fort beau; et elles répondent : « Oui, Monsieur, » du bout des lèvres ou avec conviction. Elles se disent après cela : « Voilà l'homme qui fera le bonheur de ma vie. » C'est trop sommaire.

Je sais, madame, que quand les familles sont

d'accord, et que le mariage devient probable, on donne quelque temps aux deux jeunes gens pour se voir de plus près. On dit même, si je ne me trompe : pour se connaître. Cette situation de deux jeunes gens qui ne se connaissent pas, qui pourtant sont déjà fiancés l'un à l'autre, a quelque chose d'embarrassant. Ni l'un ni l'autre n'est à son aise; ils ne se voient pas dans leur naturel; ils jouent un rôle, même sans le vouloir. Ils sont en même temps en spectacle, ce qui ajoute à leur embarras. S'il y a rupture, elle est toujours dommageable, surtout à la fille. Il se peut que la fille se mette à aimer, et que, pendant ce temps-là les parents se mettent à se défier. Ne croyez-vous pas, madame, qu'un peu plus de liberté dans les relations de société vaudrait mieux que ce temps d'épreuve? Je ne demande pas une liberté illimitée. Rappelez-vous une réponse du roi Louis-Philippe, qui montrait un jour un tableau où Louis XI recevait le duc de Bourgogne. Louis XI était seul, et l'interlocuteur en fit la remarque. « Il n'y a pas de gardes, dit-il. — Il y en a, répondit Louis-Philippe; mais on ne les voit pas. » La liberté dont je parle est une liberté corrigée. Nous ne sommes pas ici en matière politique.

Il y a beaucoup de raisons pour la dot. La première est la tendresse paternelle. On veut donner sur-le-champ à sa fille tout le bien-être qu'elle avait hier. Le père se prive d'une moitié de son revenu pour qu'elle n'ait pas à souffrir. Il ne se peut rien de plus touchant. Il ne pourrait pas jouir des agréments que procure la richesse si sa fille chérie en était privée.

La dot, quand elle est rondelette, permet de choisir plus librement. On prend un mari pour ses mérites, sans avoir besoin de tenir compte de ses ressources.

Une grande différence en cette affaire entre les Américains et nous, c'est qu'ils sont plus pressés et moin timorés. Plus pressés : pressés de se marier, pressés d'arriver. Moins timorés, par deux raisons, parce qu'ils ont le divorce facile et fréquent, et parce qu'ils s'accommodent, eux et leurs femmes, à toutes les fortunes. Une autre différence vient de la multitude de fonctionnaires que nous avons chez nous. Il n'y en a pas, ou il en a bien peu en Amérique. Nos fonctionnaires sont si mal payés pendant les premières années de leur service, qu'ils ont bien de la peine à joindre les deux bouts. Ils seraient hors d'état de faire vivre une femme qui ne leur apperterait pas de dot. Dans certaines professions, la dot est exigée par les règlements. Un sous-lieutenant ne peut épouser qu'une fille qui lui apporte une dot de trente mille francs.

Il n'y a pas de dot parmi les ouvriers, c'est là surtout qu'il faudrait qu'il y en eût. On pense au chômage, à la maladie, à la vieillesse, on ne pense pas à la dot. C'est une lacune. Je voudrais que l'usage de la dot disparût de la bourgeoisie, et qu'on trouvât quelque procédé pour procurer une dot aux filles d'ouvriers. Voici pourquoi.

Les bras ne manquent pas. On en a tant qu'on en

veut, et par conséquent les salaires sont peu élevés. Les ouvriers, pour avoir de l'ouvrage, abaissent leurs prétentions au niveau de leurs besoins. Un ouvrier et sa femme, en réunissant leurs salaires, vivent convenablement jusqu'à la survenance d'un enfant; mais alors, leurs dépenses étant augmentées, et le travail de la femme subissant un temps d'arrêt, la gêne s'introduit dans le ménage. Elle s'aggrave et devient absolument intolérable, si le nombre des enfants s'élève à cinq ou six. Une fois que l'aîné aura treize ans et commencera à rapporter un salaire, ce salaire, si minime qu'il soit, diminuera pour la famille les difficultés de l'existence, et comme, à partir de ce moment, il y aura chaque année un petit ouvrier de plus, la famille au bout de quatre ans se trouvera dans une grande aisance. Mais cette aisance doit être achetée par dix ans de misère. Pendant cette longue période, les ouvriers sont réduits à emprunter, ce qui leur est très dur et très difficile; très dur parce qu'ils empruntent sur le nécessaire, et très difficile parce qu'ils empruntent sur parole.

Qu'arrive-t-il la plupart du temps? C'est qu'ils s'abstiennent d'avoir des enfants, ce qui est à la fois un malheur pour les familles, et un malheur national. On sait combien est lent l'accroissement de notre population; tous les peuples voisins sont en avance sur nous sous ce rapport, et le temps n'est pas éloigné où le chiffre de la natalité sera inférieur à celui de la mortalité. Si nous n'apportons pas un remède à cet état de choses, c'en est fait de la France. Déjà un député allemand a pu dire au Reichstag : « Pourquoi vous occupez-vous de la France? Attendez seulement quinze ans. Elle perd chaque année une bataille. » Je pense qu'en cherchant bien on trouverait moyen d'organiser un système de prêt sur la vie des enfants. Il en résulterait une double cause d'accroissement de la population : d'abord parce que la natalité s'accroîtrait, et ensuite parce que la mortalité diminuerait par une surveillance plus attentive et une hygiène mieux entendue.

Je sais bien que la bourgeoisie est au moins aussi portée que les ouvriers à restreindre le nombre des naissances; et je reviens par là à ce que je disais tout à l'heure au sujet de la dot. C'est la dot qui restreint les naissances dans la bourgeoisie, comme la modicité des salaires les restreint parmi les ouvriers.

L'école de Le Play attribue la diminution des naissances au partage égal des successions. En France, tous les enfants ont une part égale dans l'héritage paternel, quel que soit leur sexe. Les parents, comme ils le disent proverbialement, ne veulent pas faire de mendiants, ils n'ont qu'un ou deux enfants. Il est certain que cette préoccupation disparaîtrait en partie par le rétablissement du droit d'aînesse. Et non seulement, disait Le Play, on y gagnerait l'accroissement rapide de la population, mais encore il en résulterait une transformation du caractère national parce que tous les cadets seraient stimulés par la nécessité de se faire une position.

Le rétablissement du droit d'aînesse est impossible

en France par des raisons sociales, et par des raisons de sentiment. Les raisons politiques suffiraient à elles seules. La suppression de la dot serait plus facile. Le régime de la dot considéré en lui-même n'est pas aussi favorable aux filles qu'il en a l'air. C'est une fille qui la reçoit, mais c'est un garçon qui en profite. Les coutumes relatives au mariage ne favorisent aucun des deux sexes. Ou plutôt, il n'y a que l'autorité maritale qui soit un privilège, et ce privilège, qui donne au mari l'usage de la fortune de sa femme, transforme l'usage de doter les filles en privilège au profit du sexe masculin.

Je vous comprends, madame, vous ne voulez pas entendre parler de supprimer la dot. Vous avez eu une fortune en vous mariant, et vous voulez que votre fille ne soit pas plus maltraitée que vous. Cette prétendue activité que déploierait un gendre réduit à ne compter que sur lui-même, ne vous rassure pas le moins du monde. Vous croyez de bonne foi que j'invoque l'argument ordinaire des mariages d'amour, tandis qu'il y a un abîme entre un ménage déshérité dans un pays où il y a des dots, et une coutume générale à laquelle tous les citoyens sont soumis et qui transforme toutes les relations sociales. J'aurai beau vous crier que beaucoup de petits propriétaires qui font valoir un lopin de terre incapable de les nourrir, deviendraient des cultivateurs aisés sur une grande ferme appartenant à un autre : vous êtes imbue de l'esprit français, des préjugés français, vous ne savez pas la puissance du travail, vous avez une peur maladive des aventures. Soyez tranquille; vous ne risquez rien, et vos filles seront mises à l'encan selon la coutume.

Dans mon pays, madame, il reste encore un grand nombre de paroisses (je dis paroisses au lieu de communes, parce que je parle du passé, que je puis garantir, et non du présent, qui peut-être ne lui ressemble plus. Il s'en va vite, mon pays, celui que je revois dans mes souvenirs qui datent de plus d'un demi-siècle. Les chemins de fer, la charrue à vapeur, l'école primaire et surtout la laïcisation de l'école primaire en auront bientôt fini avec ma province de Bretagne. Je parle d'elle comme si elle était encore là, et il est possible qu'elle ne soit plus qu'un rêve!) dans mon pays, vous disais-je, madame, il reste encore un grand nombre de paroisses où les femmes ont conservé le costume national. Ce n'est pas un costume unique. Il varie de diocèse à diocèse, et quelquefois de paroisse à paroisse. Une femme de Plémeur n'est pas vêtue comme une femme de Saint-Jean-Brévelay, ni une femme de Roscoff, comme une femme de Carnac. Ce sont surtout les coiffures qui diffèrent. Elles portent presque toutes à leurs jours de fête une robe de drap vert ou rouge. Cette robe est bordée de galons qui sont de velours, d'argent ou d'or. Un galon de velours signifie, hélas! que la femme n'a pas de dot. Celle qui porte un galon d'argent possède un capital de mille francs. S'il y a trois galons cousus à un pouce de distance, cela veut dire un capital de trois mille francs. Si les galons sont d'or, c'est bel et bien d'une rente qu'il s'agit. Trois galons d'or, trois mille francs de rente! Le Pactole, madame.

Je sais des filles intelligentes, actives, économes, qui se sont mariées de mon temps avec un simple galon de velours, qui ont épousé un bon travailleur économe comme elles, et qui maintenant pourraient coudre sur leur jupe jusqu'à cinq galons d'or, si cela leur faisait plaisir, tandis que des contemporaines aux galons d'argent ont vu leurs vaches saisies, et sont obligées de se louer à la journée pour gagner leur pain.

Mais, je le répète, soyez en paix, la dot vous reste, je ne gagnerai personne à mes idées. Seulement, je vous en supplie, à côté de la dot mettez le travail. Vous donnerez à vos filles de bons maris, c'est bien. Donnez-leur aussi un bon état. C'est à vous que je parle, madame; ce n'est ni à votre fermière, ni à votre femme de chambre. Je vous expliquerai cela, si vous le voulez bien, dans un prochain chapitre.

LA CARRIÈRE

Prends un mari, ma fille. C'est le bonheur parce que c'est la maternité. (L'amour n'est qu'une ivresse passagère.) Tu as besoin d'un protecteur; regarde les hommes : le plus faible d'entre eux t'écraserait d'un coup de poing. Tu as même besoin d'un maître. Ton esprit a beau être fin et délié; il lui manque quelque chose dans les grands moments : il lui manque la force de caractère. Il se brise après un effort, il s'affaisse après la tourmente. Il a besoin de trouver ailleurs la force qui n'est pas en lui.

Tu es romanesque; tu crois à la perpétuité de l'amour. La perpétuité de l'affection, soit; celle de l'amour est une illusion entretenue par les romanciers. L'amour s'en va avec sa cause qui est la beauté. Toi-même, ne désire pas être aimée parce que tu es belle : c'est un fondement trop peu solide pour le bonheur. C'est à l'union des âmes qu'il faut tendre. La beauté de l'âme a cette supériorité sur celle du corps, qu'elle va en s'augmentant. En toutes choses, le corps est un serviteur. Il suffit qu'il ne se rende pas odieux, et qu'il obéisse. L'âme, à la longue, l'embellit. Elle le marque de son sceau. Ne pense qu'à elle.

Prends garde à l'amant. Il se déguise. C'est peut-être un homme fatigué avant le temps, qui cherche une garde-malade, ou un usurier, qui fait une affaire où tu seras dupe.

Et prends garde aussi à toi-même. N'essaye pas de le tromper; car le jour où il découvrirait la vérité, il se changerait en ennemi, et cet ennemi serait ton maître.

Pendant que tu es encore une jeune fille occupée à te préparer pour les devoirs de la vie, n'oublie pas que le mariage adoucit toutes les difficultés de la vie, et ne les supprime pas. Ta charge principale sera de plaire à ton mari et de bien élever tes enfants : c'est à cela surtout que tu dois penser toute ta vie; mais il y a des tâches à côté, qui peuvent devenir la tâche principale, et auxquelles il faut être prête. Je te parle le langage sérieux d'un père : il faut prévoir la difficulté, et même le malheur. Si ton éducation ne fait de toi qu'un être brillant et charmant, elle te perd. Tu n'es pas faite pour être une idole, et le métier d'idole, à la longue, est humiliant et fastidieux. Quoique ton mari soit le maître de la maison par la nature et par la loi, tu as peut-être des devoirs plus nombreux et plus rigoureux que les siens; et s'il en est ainsi, tu es réellement la première en dignité; car dans la famille comme dans l'État, c'est sur la quantité et l'importance des devoirs que la dignité se mesure.

D'abord, il y a quelque chose qu'il n'est pas bon d'oublier : c'est la mort. Elle peut te prendre, avant que tu aies complètement façonné tes enfants à la vertu : chance terrible, et qui t'oblige à ne jamais perdre une minute dans ton rôle d'éducatrice. Elle peut, à chaque instant, te prendre ton mari. Il est plus vieux que toi, de dix ans, de quinze ans. Il est marin ou soldat. Quel que soit son état, il est jour et nuit à la bataille. On dit, et cela est vrai, qu'il est plus difficile à une femme de suffire à ses propres besoins qu'à un homme de suffire aux besoins de toute une famille. Songe à la situation d'une veuve chargée d'enfants.

Tu peux devenir une veuve chargée de famille de plusieurs façons. D'abord, tout naturellement, par la mort de ton mari. Puis par une maladie mentale ou une infirmité, qui, non seulement te prive de son secours, mais le met lui-même à ta charge. Enfin, tu peux être abandonnée. Je connais des femmes dont le mari a disparu sans laisser de traces; d'autres que leur mari a quittées sans se cacher, et dans des conditions telles qu'elles aiment mieux la solitude que le retour à la vie commune. D'autres enfin sont veuves du vivant de leur mari, en vertu des lois sur le divorce.

Tu ne penseras pas à cela, ma fille, quand tu seras aveuglée par l'amour, ou saisie du désir impérieux de changer d'état. Le présent te cachera l'avenir. Tout te paraîtra agréable et durable. On est souvent trompée sur l'agrément; on ne peut jamais répondre de la durée. Il faut qu'entre les leçons que nous te donnons, se place cette dure leçon sur l'instabilité de toutes choses dans la vie, et sur l'instabilité de la vie elle-même. Tu as deux chances de mort une fois mariée; ou plutôt tu as la chance de deux morts : la tienne, et celle de ton mari.

Une coutume qui a longtemps régné en Orient, même de nos jours, permettait ou ordonnait aux veuves de mourir avec leur mari. Le christianisme leur ordonne de lui survivre, et de se charger elles-mêmes du fardeau qui échappe à ses mains mourantes. C'est une consécration plus étroite et plus sainte du mariage. Rien n'est plus beau, et rien n'est plus lourd. Tu ne voudras pas, ma fille, être prise à l'improviste par un pouvoir aussi redoutable.

La vie est au fond la même pour toutes les créatures humaines. Ce sont les mêmes besoins physiques, intellectuels et moraux, et les mêmes ressources pour y pourvoir. Les conventions humaines jettent sur ce fond éternel les oripeaux qui le déguisent. Fais bien attention que, dès qu'on te parle de morale, les différences disparaissent ou diminuent. La reine est responsable, comme la mendiante, du corps et de l'âme de ses enfants. Elles peuvent, la reine et la mendiante, être, par les mêmes actes, et sous l'impression des mêmes sentiments, héroïques ou criminelles. Le christianisme te dira que ces deux femmes sont égales parce qu'elles ont été rachetées par le sang du même

Dieu, ce qui est une pensée sublime. Et les stoïciens disent, dans un langage moins mystique, que le monde est comme un vaste théâtre où chacun de nous joue le rôle qui lui a été distribué. Ce qui importe, ce n'est pas le rôle; c'est la façon dont on le joue.

Ne retenons de tout cela qu'un grand sentiment de la dignité et de la responsabilité humaines, et une compréhension claire de la fragilité de nos arrangements et de nos conventions. La société qui a péri en 1789 donnait à ces conventions un peu plus de solidité. On paraissait plus solidement établi dans le rang où le sort vous avait placé; on attachait l'idée de droit, avec les garanties de durée qu'elle comporte, à ce qui n'était, en réalité, que privilège. Depuis qu'on a discuté toutes les anciennes maximes et découvert qu'il n'y a rien de persistant en dehors de la morale, les acteurs de la comédie n'ont plus la propriété de leur rôle. Les régisseurs eux-mêmes sont de plus en plus exposés à perdre leur emploi. Il faut de plus en plus se préparer à changer de personnage si le cours des événements nous y contraint, et pour cela développer en nous les qualités, inhérentes à la nature d'homme ou de femme, qui persiste sous tous les déguisements.

Tu es fille d'ouvrier et destinée, selon les apparences, à devenir femme et mère d'ouvriers. Apprends, ma chère, qu'aux yeux de Dieu, et, si on ose après lui prononcer un autre nom, aux yeux des sages, tu es l'égale d'une impératrice, et supérieure à une impératrice, si tu déploies plus de courage et de vertu. La pièce finie, c'est-à-dire au moment de la mort, quand vous aurez rendu vos rôles, vous ne serez plus classées, dans le monde définitif qui est par delà celui-ci, que d'après vos mérites respectifs. Cela ne te dispense pas, pendant que vous occupez la scène l'une et l'autre, de lui obéir et de lui rendre les devoirs que, d'après les conventions du dramaturge, ton personnage doit au sien.

Je ne vais pas, ma chère, aussi loin que les stoïciens qui prétendent que le choix du rôle importe peu. Il importe infiniment moins que le devoir parce que le devoir est éternel et regarde les intérêts éternels, tandis que le rôle est un accident passager. Cela seul est vrai, et cela est consolant et fortifiant. Les stoïciens, qui prétendent que la douleur n'est qu'un nom, expliquent une de leurs exagérations par l'autre; mais je confesse qu'elle est très dure à supporter, et, quoiqu'elle ne soit qu'un accident, c'est un accident dont tu as le droit de te plaindre. Te plaindre, ma fille, ne te servirait pas à grand'chose. Il vaut mieux employer toute ta force et toute to industrie à tirer de ta condition le meilleur parti possible. Si tu es infirme, grabataire, hors d'état de donner du pain à tes enfants, tu n'en es pas moins ma sœur et mon égale, mais une sœur profondément malheureuse. Je ne sais d'autre remède à tes maux, en dehors des secours que la charité m'oblige à te donner, que de te confier à la bonté de Dieu. Lui seul sait le secret de ta souffrance et possède le moyen d'adoucir ta triste vie.

Mais si tu es ouvrière, ma fille, bien portante d'ailleurs, et mariée à un honnête homme, ne te regarde pas comme une déshéritée. C'est une idée profondément fausse que de regarder comme une infériorité et une peine la nécessité de travailler. Tu peux te plaindre du travail s'il est trop dur et trop prolongé; mais le travail en lui-même, le travail approprié aux forces de l'ouvrière, et *à ses dons*, comme disent les Peaux-Rouges, est au contraire une bénédiction de Dieu. Songe, ma fille, à ce que serait cette sentence prononcée sur toi : ne plus pouvoir travailler! Ce n'est pas seulement à cause de la privation des bénéfices du travail, que cette sentence serait terrible; c'est à cause de la privation du travail lui-même. Être une force, et se sentir condamné à la stérilité, quel supplice! Cette âme, liée à ce corps impuissant et inactif, c'est comme un vivant attaché à un mort.

Mortua quin etiam jungebat corpora vivis,
Infandum!

Travailler, ma fille, c'est la même chose qu'agir et produire. C'est employer sa force, c'est en jouir. Comprends-moi bien quand je dis une force; je dirais également un talent, une aptitude. Il n'est pas conforme à la nature d'attacher à l'exercice d'un talent ou d'une force, l'idée d'un effort pénible et d'une fatigue. L'inaction fatigue infiniment plus que l'action modérée. S'il fallait choisir entre l'excès de travail et l'inaction persévérante, toute personne sensée préférerait pour l'hygiène du corps, pour l'hygiène de l'esprit, et pour la morale, l'excès de travail. Mais il n'est pas question d'excès. Toutes les fois qu'un excès de travail est imposé à une créature humaine, elle a le droit de chercher à s'en affranchir, et les autres ont le devoir de l'y aider. Je parle du travail approprié aux aptitudes et mesuré sur les forces; et je dis que ce travail est une joie, qu'il est un bienfait, qu'il faut l'accepter avec reconnaissance, et s'y adonner avec gaieté.

Il arrive quelquefois qu'en examinant attentivement une personne, on s'aperçoit que, médiocre dans le rôle qui lui a été imposé, elle serait excellente dans un rôle différent. Dans ce cas-là, il y a lieu de s'efforcer de la mettre à sa véritable place. C'est d'abord un service qu'on lui rend, et c'est un service à rendre à la société. Toutes les écoles sociales rêvent la solution de ce problème : donner à chaque acteur le rôle qui convient le mieux à ses capacités. Fourier a développé cette thèse avec beaucoup d'imagination et d'esprit. On ne trouvera personne pour la contredire. Mais qui se chargera du métier d'impresario? Qui sera capable de le bien remplir? Et comment contraindra-t-on les gens à accepter les mauvais rôles? Voilà les trois difficultés qui ont été jusqu'à présent invincibles. La plupart des socialistes s'en tirent en les passant sous silence, ce qui n'est pas une solution.

Les amis de la justice, qui sont en même temps les amis de la liberté, et qui se distinguent des socialistes par ce dernier caractère, s'efforcent de mettre à la portée de tous l'instruction et les moyens de travail.

Ils pensent qu'avec ce secours les capacités ont de grandes chances de se mettre elles-mêmes à leur place.

Cela est vrai, et je suis d'avis qu'on ne fera jamais trop d'efforts pour répandre l'instruction et pour mettre à la portée de tous les instruments du travail. Il y a pourtant un point noir, et c'est contre lui, ma fille, que je m'occupe en ce moment à te prémunir. Ce point noir, c'est l'opinion qu'une profession est préférable à une autre par elle-même, et non pas par rapport aux aptitudes de la personne qui la remplit. A cause de cette fausse opinion, tous nos efforts pour faciliter l'ascension des capables aboutissent à la création des déclassés, qui sont un véritable fléau, et la cause de tous les fléaux dont la société se plaint.

Ainsi, toi, ma fille, tu es ouvrière, et bonne ouvrière. Tu peux te perfectionner encore, et devenir une ouvrière d'élite. Tu seras très heureuse dans cet état, parce que tu es faite pour lui. Telle autre de tes amies n'a aucune aptitude manuelle : elle fait son ouvrage avec maladresse. Il n'y a pas de sa faute; c'est qu'elle n'est pas faite pour cela. Son ouvrage l'ennuie parce qu'elle le fait mal. Il lui rapporte un salaire insuffisant. En revanche, dès qu'elle a été à l'école, elle a montré une facilité exceptionnelle. Dans la classe supérieure, elle est arrivée sur-le-champ au premier rang. Elle a passé avec éclat l'examen supérieur qui lui donne, non pas le droit, mais la possibilité d'être institutrice, si elle a la chance de trouver une place vacante et d'obtenir qu'on la lui donne. Il est à souhaiter qu'elle ait ce bonheur. Elle sera très heureuse et très utile comme institutrice, parce qu'elle était en quelque sorte créée et mise au monde pour cela; tandis que toi, qui es une ouvrière modèle, tu es heureuse comme ouvrière, et ne te serais jamais trouvée à ta place comme maîtresse d'école.

Mais qu'arrive-t-il? La maîtresse est une dame. Elle a un chapeau, peut-être même, aux grands jours, une robe de soie. Elle ne travaille pas de ses mains. Elle a un salon dans le logement qu'on lui donne à l'école. On l'appelle madame tout du long, elle se marie à un employé. Il semble à de pauvres filles vaniteuses que cette existence est un idéal. Elles se contraignent à étudier sans goût, et parviennent à force de peine à passer leur examen. Une fois reçues, elles remuent ciel et terre pour être placées. Une fois placées, elles découvrent qu'elles n'aiment pas leur profession, que ce genre de travail leur est odieux, qu'elles n'y réussissent pas, qu'elles sont malmenées et mal notées par les inspecteurs, que les familles se plaignent d'elles hautement, et que leurs élèves en font autant. Les dames ne voient en elles que des paysannes déguisées et ne les acceptent pas dans leur compagnie. Leur vie est une suite d'humiliations et de déboires. Ce sont les heureuses cependant, puisqu'elles ont réussi! D'autres passent leur vie à désirer une place sans l'obtenir, et sans prendre le sage parti d'oublier leur brevet dans le coin de leur tiroir, et d'aller tout simplement en journée.

Je ne dirai jamais assez quelle différence il y a

entre une bonne ouvrière contente de son sort, et une mauvaise institutrice mécontente du sien. L'une est à envier, l'autre à dédaigner. Non seulement l'ouvrière est plus heureuse, mais elle est plus honorée. Méfie-toi, ma chère amie, de la robe de soie. Sache qu'on te donne pour de la soie une étoffe soie et coton où le coton domine. Une vraie dame ne donnerait pas une telle robe à sa femme de chambre. Une robe de laine te parerait si bien! Il n'y a rien de si misérable et de si pénible à voir qu'un faux luxe.

J'ai quelquefois sermonné de jeunes garçons qui sortaient de l'atelier ou de l'école pour entrer au régiment. « Je souhaite à chacun de vous, mes enfants, leur disais-je, d'occuper la place qu'il est capable de bien remplir. A celui qui a de l'instruction et de la décision d'esprit, je souhaite d'être capitaine. Il sera heureux. Il sera l'égal de ses collègues, il sera leur ami. Il sera aussi l'ami de ses hommes, qui auront confiance en lui et marcheront gaiement au feu sous sa conduite. Mais à celui qui ne comprendra jamais rien à la composition d'une escouade, et dont toute la capacité se borne à bien astiquer son fourniment, à marcher longtemps sans se fatiguer et à mettre une balle dans le blanc, je ne souhaite pas même les galons de sergent. Ses camarades diraient en arrière de lui : « Le sergent est un imbécile. » Ils ne le diraient pas devant lui, à cause de la discipline; mais il le lirait aisément dans leurs yeux, dans leurs gestes. Il ferait des sottises qui pourraient coûter la vie à ses camarades. Lui qui aurait été un bon soldat honoré et aimé de tout le monde, il est la plaie et la honte du régiment. Mes enfants, chacun à sa place, et tout ira pour le mieux. »

Je leur disais aussi : « Ne confondez pas mon opinion avec celle des aristocrates qui veulent qu'on reste en bas, si on y est né, et que toutes les places d'honneur soient réservées aux privilégiés. Il y a tel fils de député ou de sénateur qui n'est qu'un âne. Il est bien probable que son père le mettra dans un collège et dépensera beaucoup d'argent pour en faire un bachelier. Et puis après? Ane il était avant d'avoir son diplôme; c'est un âne diplomé maintenant et il n'en est que plus ridicule. Il se hissera peut-être jusqu'à être avocat ou médecin; tant pis pour ses clients ou pour ses malades. Ma consolation est de penser qu'il n'en aura pas. Si son père avait été un homme, et si lui-même avait eu du cœur, il se serait fait maçon puisqu'il n'était propre qu'à cela, et, avec du travail et de la conduite, il aurait été un citoyen estimé et utile. »

Toi, ma fille, tu peux passer au rang de dame sans diplôme et sans examen, tout simplement en épousant un monsieur. C'est un grand danger que tu cours. Il est bien rare que ces brusques changements réussissent. Tu plairais à tout le monde avec ta jupe de grisette, et tu feras rire tout le monde sous tes falbalas. J'admets pourtant qu'une fille sur mille puisse être à sa place après cette métamorphose. Pour celle-là, mais pour celle-là seulement, je souhaite que le miracle s'accomplisse.

Mais sais-tu, ma fille, ce qui est plus difficile que de monter? C'est de descendre. Ce malheur ne peut manquer à celles qui ont voulu viser trop haut. Elles descendent, et tout le monde applaudit à leur chute, qui est le juste châtiment d'une ambition mal justifiée.

Je conviens qu'il y a des malheurs invraisemblables. Mais écoute bien ceci. Ils sont rarement aussi invraisemblables qu'ils paraissent l'être. Regarde ce qui nous arrive pour la santé. Comme nous en abusons dans la jeunesse! Il nous semble alors que nous ne saurions jamais être malades. A chaque imprudence que nous faisons, nous raillons nos conseillers. — Vous voyez de quoi je suis capable! — Un beau jour, la maladie tombe sur nous, et c'est fini pour jamais d'être fort et d'être heureux. — Ah! si j'avais su! — Mais tu le savais. Tu n'as pas d'excuse. Tu as couru à ta ruine les yeux ouverts.

Il en est de même de la fortune. A quoi tient-elle? Un rien la renverse. Il y a quelques places inamovibles; celles-là même ne sont pas inamovibles; nous en avons la preuve tous les jours. Ces inamovibilités longtemps choyées par les faiseurs de constitutions, et considérées comme des barrières contre le flot croissant de la démocratie, tombent l'une après l'autre : on les abolit ou on s'en moque. Le chef même de l'État n'est pas à l'abri, pendant la durée de son mandat, de la colère des foules. On tombe de haut, et très bas. Ce qu'on était hier est une difficulté presque invincible pour tout ce qu'on tente aujourd'hui. Pense à cela, ma fille. Tu as deux rôles à jouer dans cette affaire; le premier, par le conseil, avant la chute consommée; le second, après la chute, par la coopération et le concours. Beaucoup de femmes disent, croyant bien dire : « Je ne me mêle pas de politique », et là-dessus conseillent des lâchetés. Elles disent à leur mari : « Vous vous devez à votre famille. » Non pas; il se doit d'abord, comme fonctionnaire, à l'État; comme homme, à l'honneur; la famille ne vient qu'après. Tu dis que tu ne te mêles pas de politique. Il y a les grandes lignes que tout le monde voit, et que tu dois voir la première, quand le devoir et l'honneur sont engagés. Sois prête pour la ruine, puisque tu peux être obligée de la conseiller, et même de l'exiger. Un jour peut venir où tu diras : « Vous me devez deux choses : le pain quotidien, et l'honneur d'un nom qui nous est devenu commun. S'il faut choisir entre la vie et l'honneur, je choisis l'honneur : faites de même. » Si tu ne te sens pas capable de tenir ce langage dans l'occasion, évite autant que possible de prendre un mari mêlé aux affaires publiques. Mesure ton ambition à ta faiblesse.

Mais, diras-tu, ma fortune est établie sur le rocher des siècles; elle ne dépend pas des caprices humains; elle est aussi solide que le principe même de la propriété, qui est le principe et la forteresse de la société. Il n'est pas nécessaire pour cela que tu sois millionnaire. L'homme le plus riche n'est pas celui qui a le plus d'argent et de terre. C'est celui qui arrive au bout de ses besoins et de ses désirs avant d'épuiser son revenu. Tu es cet heureux homme, ou plutôt tu es la femme de cet heureux homme. Votre fortune est garantie par toutes les forces de l'ordre social. Elle te reste, si tu perds ton mari. Elle reste à tes enfants, si tu meurs. Tu as la plus grande sécurité et la plus grande sûreté qu'on puisse avoir en ce monde. Tu peux perdre ton bonheur, parce qu'il tient à d'autres causes; mais tu ne perdras pas ta position. Elle est au-dessus du caprice des hommes.

Erreur. Anachronisme. La propriété foncière elle-même n'est pas à l'abri. Je ne crois pas qu'on la supprime, ni surtout qu'on la supprime de sitôt. Rien n'est plus flottant et plus variable que son rendement. Les autres sortes de propriétés ne tiennent à rien. Un homme vous ruine radicalement, et il en est quitte pour se suicider; cela se voit tous les jours. Il n'y a pas même besoin de catastrophes. Le jeu régulier de notre organisation financière fait et défait des millionnaires au jour le jour. On décachette un pli; on y trouve la nouvelle inattendue de sa ruine. Votre mari meurt au milieu de toutes les pompes de l'opulence. Les hommes de loi surviennent; ils cherchent partout; les valeurs ont disparu; les dettes accourent avec la rapidité de la foudre; en un clin d'œil vous passez de la splendeur à la misère. Il faut vivre, vous et les vôtres. Où est votre force? Quel est votre espoir?

Il y a deux sortes de mendiantes. Il y a celle qui va de porte en porte, qui essuie des rebuffades et des grossièretés, et qui peut fort bien mourir de faim dans la rue; et il y a celle qui va implorer les créanciers, ou demander une place, une pension, un bureau de tabac. On sait moins jusqu'où peuvent aller les abaissements et la misère de celle-là, parce qu'elle les cache.

Je ne peux pas, ma fille, changer la société. Je puis encore moins changer l'humanité. Je t'avertis, pour que tu sois prête à souffrir et, s'il le faut, à travailler. Prends un état, quoique riche. Sois prête à te servir toi-même et à servir les autres. Apprends bien ton rôle, pour le jouer habilement, à ton profit et au profit de ceux que tu dois aimer. Mais surtout acquiers ou cultive les qualités qui te sont nécessaires quel que soit ton rôle, et qui te resteront si ton rôle change. Prends la vie très au sérieux, ma fille. Ne confonds pas les usages du monde avec les lois de la nature, ni les grimaces avec le devoir. Pense à Dieu, car, sans lui, ta faiblesse t'accablerait. N'écoute pas les grands esprits qui regardent comme une belle œuvre d'ôter leur croyance à ceux qui en ont une, et même aux malheureux qui n'ont que cela. Donne une foi à tes enfants. Donne-leur cette arme contre la fortune et contre leurs passions. Aie l'ambition de leur apprendre autre chose que les rôles qu'ils auront à jouer. Vois leur âme à travers leur condition. Attache-toi à la fortifier et à l'élever. Vis pour eux, vis en présence de Dieu. Grandis-toi, grandis-les par l'amour et le sacrifice. Il n'y a que le sacrifice qui soit grand. Il n'y a que l'amour qui soit fort.

HYGIÈNE D'HIER

On est en général sévère pour la femme du XIXe siècle, je parle ici de la femme du monde; et les critiques qu'on lui adresse ne sont pas toujours injustes; elle joue son rôle dans le monde, mais un rôle, qui, dit-on, s'accommode surtout des démonstrations extérieures dont sa vanité et son désir de paraitre tireront quelque profit, elle vit plus pour les autres et moins pour les siens. Elle sait des choses qu'elle devrait ignorer, elle ignore des choses qu'elle devrait savoir, elle se considère plutôt comme un ornement dans la société que comme l'éducatrice, la conseillère et la consolatrice dans le foyer domestique.

Tous les actes de sa vie semblent converger vers un but unique d'ostentation et de gloriole; elle veut d'abord plaire et être admirée, sa première préoccupation est sa toilette, elle fréquente les magasins, elle choisit ses étoffes, elle se rend chez sa couturière, elle y fait de longues stations; le plus souvent elle se soumet au goût et au caprice du faiseur à la mode; elle subit les tortures d'une façon compliquée; elle tient à ce que le modèle qu'on a choisi pour elle ne soit pas montré à des personnes étrangères parce qu'elle veut être la première à le porter et à l'inaugurer dans son salon; elle fait de nombreuses visites parce qu'elle tient à se créer des relations; elle recherche les personnages en renom, elle les attire chez elle, elle multiplie pour eux toutes les ressources de sa grâce et toutes les habiletés de sa diplomatie; elle ne les connaissait pas la veille; ils sont ses meilleurs amis le lendemain, elle parle de son influence sur son éminent ami, M. X... et sur son illustre ami, M. Z...; elle vante ses relations toujours bien nouvelles et souvent bien fragiles comme une marchandise dont elle tire vanité.

Elle est à la tête de toutes les œuvres de charité avec la conviction de faire quelque bien à ceux qu'elle protège et de faire grand bien à sa réputation; elle se montre à toutes les premières représentations, moins pour voir la pièce que pour être vue par la salle; elle aime la musique puisqu'elle a sa loge le dimanche au Conservatoire, et elle a le respect de l'art puisqu'elle ne manquerait pour rien au monde un vernissage. Elle est au courant du mouvement littéraire, elle lit les mauvais romans qui font du bruit; elle ne les avoue pas, mais elle a lu le roman dont on parle; elle cherche moins à meubler son intelligence qu'à satisfaire certaines curiosités plus ou moins malsaines; elle ne fait plus comme autrefois le succès d'une grande œuvre, elle subit le jugement et les impressions du journal mondain. Elle passe son hiver dans les soirées, dans les bals, dans les théâtres; elle ne mènerait pas cette existence d'épuisement et de surmenage si on la lui imposait, mais elle s'est créé des obligations, elle s'est lancée dans le tourbillon des expéditions mondaines auquel elle ne peut se soustraire, si elle ne veut pas être oubliée.

Elle est prise par cette vie factice et absorbante qui l'entraîne tout entière dans un engrenage de plaisirs et de devoirs prétendus dont elle se plaint ensuite d'être la victime. Elle a ouvert elle-même la voie, elle l'a suivie, car elle a un salon où on ne parle pas de musique, d'art ou de littérature, mais où elle reçoit les femmes des personnages en vue et où on échange quelques petites calomnies et quelques médisances, où on obéit à ses antipathies, à ses passions et à ses rancunes, où l'on dit du mal de celui qui n'est pas arrivé au but de son ambition et où l'on dit du bien de celui qui va arriver aux honneurs, où on accable le malheur et où l'on fait l'apologie du succès.

C'est pour ce salon aussi que l'on s'agite et que l'on s'use.

On veut mener tant de plaisirs de front, on veut s'atteler à des tâches si multiples, on veut brûler si rapidement la vie et profiter avec tant d'ardeur de cette jeunesse toujours trop courte, que le système nerveux se fatigue dans une lutte où il est toujours sur le point d'être vaincu.

La femme du monde était jadis anémique; elle est aujourd'hui nerveuse. Autrefois, elle ne se soignait pas ou se soignait peu; actuellement, elle se soigne trop; elle est un peu comme le cheval qui finit par monter la côte à grand renfort de coups de fouet. Elle cherche dans les médicaments un moyen artificiel de poursuivre jusqu'au bout la série de ses amusements mondains sans être obligée de concéder à la souffrance le sacrifice de quelque bal ou de quelque première représentation.

Aussi elle lit particulièrement les comptes rendus de l'Académie de médecine, elle connaît le nom scientifique de toutes les maladies de nerfs et le nom des médicaments, elle sait même les doses; depuis que la médecine a trouvé le moyen, par de nouvelles découvertes, de supprimer la souffrance ou tout au moins de l'atténuer, la femme use et abuse de ces médicaments; elle s'administre, avant de partir pour le concert, un petit paquet de sels, bien heureuse encore quand elle le fait dans l'intérêt de sa santé et quand elle ne le fait pas dans l'intérêt de sa beauté.

Elle s'est fatiguée pendant huit ou neuf mois, il faut qu'elle demande au repos des provisions de force pour la prochaine campagne d'hiver. Et puis le mois de juillet est arrivé, tout le monde est parti ou du moins ne se montre plus; les convenances, le bon ton, la mode et aussi la chaleur vous ont chassés vers les eaux thermales ou vers les plages. On se retrouvera à Aix, à Luchon ou à Trouville, car on ne va pas à des eaux où l'on se soigne ou à des plages où l'on se repose, on va à des eaux ou à des plages où l'on s'amuse, où on retrouvera comme un diminutif de la vie parisienne : d'abord les acteurs de la Comédie-Française en tournée, puis le personnel des amuseurs, les concerts du casino, les courses, les conversations dans les salons de villas.

Un sevrage trop complet pourrait être fatal pour une maladie de nerfs qui se soigne mieux par les distractions que par les eaux. Les eaux ne sont qu'un prétexte. Elles constituent néanmoins une atténuation à ces excès de fatigue.

— C'est là, dites-vous, la femme du monde; vous exagérez, vous avez fait le portrait d'une femme du monde de la fin du siècle, mais non le portrait des femmes du monde, vous avez généralisé un cas particulier.

— Je n'ai pas généralisé, j'ai reproduit simplement, par une analyse scrupuleuse, les reproches qu'on leur adresse en racontant la vie d'une d'entre elles qui ressemble singulièrement à celle de beaucoup d'autres.

Mais la petite bourgeoise, celle qui ne peut se donner ni les plaisirs ni le luxe; celle qui vit dans son foyer? Mais elle a aussi son salon, où les conversations sont insignifiantes, elle a ses théâtres, elle a ses soirées, elle a, comme l'autre, l'esprit nourri de futilités, elle s'occupe aussi de sa toilette et elle tient à faire figure dans le monde, elle est souvent la simple plagiaire de la grande dame.

Je ne songe pas à lui en faire un reproche; j'accuse l'éducation telle qu'elle a été comprise, telle qu'elle a été donnée aux filles qui sont devenues des femmes et des mères, et je voudrais que les femmes du XIXe siècle, dont les filles seront les femmes du XXe siècle, eussent l'énergie de faire pour leurs enfants ce qu'on n'a pas fait pour elles.

Et en admettant même que le tableau que je viens d'esquisser soit inexact, demandez aux femmes, à celles qui comprennent le mieux leurs devoirs de mères, si elles ne se plaignent pas avec amertume de l'éducation qu'on leur a donnée. Elles vous diront qu'elles ont appris de la littérature, de l'histoire, de la géographie, du calcul, peut-être un peu de couture, pas beaucoup, qu'elles savent mettre l'orthographe; mais ont-elles été préparées à leur rôle de mères? Elles qui devront nous donner des hommes forts, solides, des citoyens pour la patrie, savent-elles seulement les règles les plus élémentaires de l'hygiène? Ont-elles même entrevu les premiers éléments de cette science qui doit être pour la femme la science par excellence, celle qu'elles doivent connaître par-dessus tout, celle qui les attache au foyer, qui rend plus passionnant encore leur rôle de mère, qui peut apaiser les craintes et les angoisses de leur cœur, et les préserve de se trouver comme aujourd'hui désarmées par leur ignorance en face du petit être souffrant?

Demandez à ces jeunes mères de famille si elles peuvent pardonner à ceux qui leur ont appris l'histoire de Sésostris et qui ne leur ont pas appris les premiers soins qu'elles devaient donner à leur premier enfant.

LA MÈRE ET LA NOURRICE

Vous vous le rappelez, madame; je vous ai connue quand vous n'aviez encore que quinze ans; vous suiviez des cours; vous aviez, je crois, un cours de style, un cours d'histoire, un cours d'arithmétique et un cours de dessin; vos parents vous avaient confiée à une institutrice anglaise, vous écriviez le français avec élégance et parfois avec prétention, vous saviez fort bien les dates de notre histoire, vous parliez l'anglais comme une Anglaise. Vous apparteniez à une excellente famille, à une de ces familles qui tiennent à ce que leur fille ait une instruction solide et fasse bonne figure dans le monde, et qui ont ce qu'on appelle de l'aisance. Vous alliez, quelques années plus tard, dans les soirées parce qu'il s'agissait de vous marier, car il paraît que c'est dans les soirées après quelques tours de valse qu'on trouve des maris. Je me rappelle que vous m'aviez dit bien souvent : « Je désire me marier parce que j'adore les enfants. » Vous ne l'avez pas oublié, vous les aimiez tellement que vous vous amusiez des journées entières avec les enfants d'amies plus âgées que vous. Vous jouiez avec eux un peu comme on joue avec une poupée, vous leur changiez leurs robes, vous les chatouilliez sous le menton pour les faire rire, vous entamiez une conversation avec eux qui n'était souvent qu'un monologue, car s'ils étaient assez intelligents pour vous comprendre, ils n'étaient pas assez grands pour vous répondre.

Vous les aimiez tellement, ces petits êtres, que vous m'avez fait un jour cette autre confidence : « Si je n'avais pas d'enfant, j'en adopterais un. » Vous étiez déjà mère autrefois quand vous aviez votre poupée, vous preniez les soins les plus méticuleux pour ne pas la casser et même pour ne pas la cogner; vous l'habilliez, vous lui mettiez sa casaque quand elle sortait, quoique ne redoutant pas pour elle les rhumes ou les fluxions de poitrine; vous aviez pour elle des prévenances maternelles.

Vous vous êtes mariée, vous avez épousé un homme intelligent et laborieux. Vous êtes devenue mère. On dit que la joie fait peur. Je me souviens de ce grand jour; vous étiez tellement joyeuse que vous ne pensiez plus à vous, mais au bébé, et vous étiez doublement heureuse : vous étiez mère et vous aviez une fille, car vous désiriez une fille. Vous vouliez la tenir toujours dans vos bras et vous désobéissiez au médecin et à la garde qui voulaient vous éviter les excitations et les émotions, mais vous étiez incorrigible; si la petite pleurait, vous appeliez, vous vous demandiez ce qu'elle avait, vous vous imaginiez qu'on lui faisait du mal.

Vous auriez voulu la nourrir, on vous l'a défendu; je n'ai pas oublié votre chagrin. La même interdiction est prononcée par le médecin contre bon nombre de Parisiennes, qu'une mauvaise hygiène et les habitudes du monde préparent mal à ce surcroît de fatigue. Vous étiez une mère trop nerveuse. On a donc choisi une nourrice. Vous n'étiez pas satisfaite, il vous semblait que cette nourrice vous ravissait une partie de l'amour de votre enfant, vous ne l'aimiez pas, vous étiez disposée à trouver qu'elle remplissait mal sa fonction. Vous ne pouviez pas le savoir puisqu'on ne vous permettait guère de la voir; mais la petite criait et vous pensiez, dans votre aveuglement maternel, qu'elle n'aurait pas crié si elle avait eu sa mère comme nourrice.

Cependant on vous apportait votre petite fille tous les soirs. Nous l'avions pesée le premier jour; elle pesait plus de trois kilos, trois kilos cent vingt grammes, si je me rappelle; ce n'était pas pour vous une indication, on vous aurait dit deux kilos ou quatre kilos, que vous ne pouviez juger si ce poids était respectable. Je vous rassurai en vous disant qu'elle avait un poids excellent, que c'était un bel enfant, et je fus surpris lorsque vous me dites : « Il faut donc peser les enfants? »

C'était le commencement de votre odyssée maternelle, mais vous n'avez eu aucune peine à comprendre que vous aviez par le poids une indication précieuse sur la vitalité et le développement de votre nouveau-né.

Un jour, vous me fîtes appeler en grande hâte, c'était, je crois, trois jours après la naissance de l'enfant; je croyais que vous étiez malade et je n'oublierai jamais vos terreurs; vous aviez pesé la petite et elle avait diminué de poids : « J'en étais sûre, me dites-vous, la nourrice était mauvaise, l'enfant dépérit. » Vous fondiez en larmes, vous aviez déjà déclaré à la nourrice qu'elle partirait le soir même, ce qui n'avait pas dû avoir une influence heureuse sur son lait. Vous aviez vous-même de la fièvre.

Je ne pus m'empêcher de sourire, malgré vos alarmes : « Ne savez-vous donc pas, vous dis-je, que pendant les deux premiers jours le poids de l'enfant diminue et qu'il ne commence à augmenter qu'après la première semaine? Nous sommes au quatrième jour, attendez la semaine prochaine et gardez votre nourrice qui est excellente. »

Votre nourrice avait éprouvé une très douloureuse surprise en se voyant congédiée; je vous prévins des conséquences que pourrait avoir cette émotion et je vous mis en garde contre toute déception possible. Vous avez poussé alors un long soupir et vous m'avez dit : « Ah! si j'avais nourri cet enfant, tout cela ne serait pas arrivé! » Vous vous impatientiez, vous attendiez l'arrivée de la seconde semaine qui devait attester les progrès du développement de votre enfant. La nourrice avait eu ces jours derniers moins de lait et du lait moins bon, elle avait mangé insuffisamment, elle avait été un peu agitée la nuit à cause de la scène que vous lui aviez faite, d'ailleurs fort injustement, et, il faut bien le dire, à cause de votre inexpérience.

L'enfant n'avait pas progresé, il était resté stationnaire; je vous avais fait prévoir ce résultat, mais vous ne l'acceptiez pas. C'est encore la nourrice qui allait recevoir le choc de votre colère.

« Eh bien! vous êtes convaincu aujourd'hui, docteur; il faut changer cette nourrice. » Je n'étais nullement convaincu et j'insistai pour que vous renonciez à votre projet. C'est la première fois que nous nous fâchâmes; vous étiez entêtée, je l'étais encore plus que vous, car je voyais trop clairement le défilé de nourrices auquel nous allions assister; vous aviez même des idées assez fausses à ce sujet : vous aviez une nourrice petite, vous vouliez en avoir une très grosse, sous prétexte que les grosses devaient être les meilleures. J'opposai une vigoureuse résistance, et n'imitant pas l'exemple de médecins qui cèdent trop souvent à des regards suppliants, je vous déclarai, en forçant le ton pour ne pas paraître faiblir : « Vous garderez votre nourrice, votre enfant se porte bien, vous risquez de la remplacer par une médiocre ou par une mauvaise; achetez-lui un beau ruban pour son bonnet, elle sera contente, et vous me direz si votre enfant n'a pas gagné une livre à la troisième semaine. »

Vous vous êtes révoltée. Vous sentiez bien que j'avais raison, mais vous étiez offusquée de récompenser une nourrice que vous vouliez congédier. Vous avez cédé pourtant, et vous ne vous en êtes pas repentie.

LE BERCEAU ET L'ALLAITEMENT

Je vous vois encore le jour où votre petite fille eut trois semaines; vous étiez étendue sur votre chaise longue dans un peignoir de satin rose. Vous aviez reçu une ou deux amies d'enfance, vous étiez un peu pâle. Vous aviez voulu qu'on transportât dans votre chambre le berceau, ce berceau que vous aviez à peine entrevu quand vous étiez souffrante.

C'est votre mère qui vous l'avait donné. Elle avait été bien embarrassée dans son choix, la chère femme, elle savait que vous désiriez une fille, elle devait donc prendre un berceau avec des rideaux roses; elle s'était arrêtée aux rideaux bleus, un peu par superstition, mais surtout pour vous mieux préparer à une déception : « Je lui dirai, pensait-elle, que j'ai choisi les rideaux bleus parce que je comptais sur un garçon, que je suis bien heureuse; j'atténuerai ainsi le choc de sa surprise. »

Vous m'avez fait admirer, madame, le berceau de

garçon qui abritait une jolie petite fille, vous étiez toute fière et toute heureuse. Vous vouliez me faire partager votre enthousiasme; mais, comme vous êtes clairvoyante, vous vous êtes aperçue que je témoignais quelque indifférence : « Est-ce que vous n'approuvez pas le berceau, docteur? » Et vous m'interrogiez d'un regard inquiet.

Toucher au berceau qui représente à la fois un symbole et une tradition, qui est une des institutions les plus anciennes et les plus solides, c'était presque un sacrilège! Elle était si gentille, la mignonne, dans sa petite habitation de dentelles et de rubans dont vous souleviez avec amour les portes fragiles pour la voir dormir d'un sommeil si paisible!

Le berceau est la demeure consacrée et presque un petit temple auprès duquel la mère vient faire ses dévotions. Et ce n'est pas vous seulement, madame, qui l'aimiez, qui ne le trouviez jamais assez beau, ni assez orné; c'est aussi la grand'mère qui en le contemplant assistait pour ainsi dire à la résurrection de ses jeunes années. — Je sais, madame, que le berceau est devenu une sorte de religion à laquelle il est imprudent de toucher; mais, au risque de choquer votre conviction et de contrarier une habitude, je dirai en toute franchise, dussé-je vous paraître un peu prosaïque, que je préfère le petit lit sans rideaux où l'air circule largement : car il a besoin d'air ce petit être que vous enfermez dans une double prison, sa chambre et son berceau, et que vous privez de jour et de lumière.

Mais vous ne pourrez, dites-vous, le bercer. Est-ce un mal? Je ne le crois pas; vous lui apprenez bien jeune à contracter de mauvaises habitudes dont il aura quelque peine à s'affranchir. Car c'est vous qui lui créez ce besoin; le jour où vous l'aurez bercé une première fois, il faudra continuer; il criera, il s'irritera si vous renoncez à ce balancement; et puis, remarquez-le bien, votre enfant est le plus souvent confié à une nourrice qui n'a ni votre délicatesse ni votre prévenance; elle berce parfois avec rudesse, et je me rappelle qu'une de vos amies était accourue chez vous en sanglots, et vous avait raconté que son enfant était tombé du berceau et avait fait une chute malheureuse. L'enfant est déjà bien fragile et vous le placez dans une demeure mouvante exposée comme la barque à tous les naufrages; et puis vous couchez l'enfant au moment où il vient de teter, vous le balancez parfois un peu brusquement pensant qu'il s'endormira plus vite; croyez-vous que la digestion de ce lait secoué dans cet estomac encore inexpérimenté ne puisse pas être troublée?

Je viens de prononcer le mot de teter et je vous ai vu dresser la tête. Je crois bien que vous avez quelque reproche à vous adresser, la petite a eu hier quelque chose; vous pouvez me l'avouer; elle avait crié trop fort; pour la calmer, vous lui avez donné à teter, elle a eu une indigestion, vous ne vous êtes pas trop alarmée parce qu'elle est remise aujourd'hui.

Mais vous qui êtes jeune, un peu naïve, très inexpérimentée, qui êtes entrée dans une vie nouvelle sans avoir appris auparavant à la connaitre, vous vous êtes fiée à votre nourrice qui, dans l'intérêt de sa tranquillité, vous a dit qu'il fallait faire teter l'enfant, qu'il criait parce qu'il avait faim, et avec vos deux ignorances, car votre nourrice n'en sait pas plus que vous, vous avez décidé qu'il fallait calmer la petite en lui donnant du lait; elle n'a pas pu digérer, elle a été malade. Vous avez souffert plus qu'elle, vous avez longuement réfléchi, vous vous êtes demandé (car je vous sais très scrupuleuse) si vous étiez bien préparée à votre rôle, si toutes les jeunes femmes devaient avoir toujours auprès d'elles un médecin pour les conseiller et les guider, si elles ne devaient pas, avant de se marier, connaitre les soins nécessaires pour élever un enfant; on ne vous a rien appris, pas même les premières règles les plus indispensables, et comme vous avez en moi un ami, vous m'avez dit avec un certain embarras : « Aidez-moi, conseillez-moi, renseignez-moi. » Et je suis devenu pour vous moins un médecin qu'un professeur d'hygiène, le seul professeur qu'on ne vous ait pas donné quand vous étiez jeune fille et celui qui aurait été certes le plus nécessaire parce qu'il vous aurait préparée au grand rôle que vous deviez jouer dans le monde.

C'est en effet un petit problème que d'organiser les tetées de l'enfant; vous l'avez bien compris vous-même, mais vous n'avez pas pu diriger votre nourrice, vous vous êtes laissé diriger par elle.

Sachez donc, madame, qu'il faut laisser à votre enfant le temps de bien digérer chaque repas, que, les premiers temps, les tetées doivent être assez espacées et pas trop abondantes, qu'il faut autant que possible les régler, dix tetées dans les vingt-quatre heures suffiront; elles deviendront chaque mois plus considérables, non comme nombre, mais comme quantité à chacune d'elles. Vous devrez surtout vous garantir contre les excès de zèle qui consistent à allaiter l'enfant d'une façon continuelle au risque d'imposer à son estomac inhabile une tâche qu'il ne pourra pas remplir.

LA PREMIÈRE DENT

Vous m'avez fait vos confidences, madame, et je vous en remercie; vous n'avez pas été retenue par ce faux amour-propre qui consiste à commettre des fautes pour ne pas avouer son ignorance. Vous étiez née pour être mère, et vous êtes la meilleure des mères, vous avez une sollicitude si ardente et si agitée que la joie de votre maternité est un peu obscurcie par les inquiétudes et les difficultés journalières. Vous avez le sentiment maternel si profondément enraciné dans votre cœur que vous redoutez toujours quelque incident ou quelque accident qui vienne compromettre votre bonheur. Vous êtes comme le soldat qui va au feu et qui ne se sent pas suffisamment armé. Ma présence vous rassure, mais vous vous demandez comment font les mères qui ne peuvent compter que sur elles-mêmes.

Je ne veux pas vous inquiéter, mais si je vous disais que trop souvent, faute de soins, et surtout par ignorance, des milliers de nouveau-nés succombent, que trop souvent un enfant qui naît a moins de chances de vivre une semaine qu'un homme de quatre-vingt-dix ans et de vivre un an qu'un homme de quatre-vingts ans, vous en seriez effrayée.

Si on avait appris à nos filles les premières règles de l'hygiène, si on leur avait indiqué les premiers soins qu'elles devaient prendre pour les nourrissons, nous conserverions chaque année beaucoup d'enfants et nous n'assisterions pas aujourd'hui aux désastres terribles de la dépopulation. Mais je n'ai pas à vous faire ici une conférence. Vous êtes mère, vous êtes égoïste pour votre enfant. C'est lui seul qui vous préoccupe et vous ne vous inquiétez pas de ce qui peut se passer ailleurs. Vous n'élevez pas un enfant pour la société, mais pour vous-même.

Vous avez été absorbée jusqu'ici par la question de la nourrice et de l'allaitement, mais je vois que vous ne m'avez pas fait votre confession tout entière, vous ne pouviez penser à tout dès le début. Les réflexions vous viennent chaque jour plus nombreuses, et les problèmes se posent et se multiplient au fur et à mesure que l'enfant s'élève.

Laissez-moi d'abord vous rappeler la surprise que vous avez éprouvée lorsque je vous ai dit d'avoir un thermomètre dans la chambre de la petite et d'y maintenir une température moyenne de vingt degrés. Je vous recommandai aussi de baigner votre enfant tous les jours et de ne pas le laisser dans l'eau plus de cinq minutes; vous étiez d'ailleurs très expérimentée sur les soins de propreté, et vous le changiez souvent de linge après l'avoir lavé. C'est, je crois, tout ce que vous saviez. Vous avez tenu à l'emmailloter, vous avez obéi là à la tradition, et la grand'-mère avait d'ailleurs vécu sous le règne florissant du maillot; elle avait sur ce point les préjugés de sa jeunesse. Ne vous avait-elle pas dit que l'enfant emmailloté était garanti contre le froid, et qu'il était si bien emprisonné qu'il ne pouvait pas se servir de ses jambes pour commettre quelque imprudence en l'absence de la mère et de la nourrice? J'ai souri, en songeant à une pareille précocité; vous avez cédé, vous inclinant devant l'autorité maternelle. Je n'insistai pas, par respect pour des illusions qui vous étaient chères.

Votre fille a déjà plusieurs mois; vous avez renoncé au maillot de nos ancêtres pour lui laisser la liberté de ses mouvements, vous avez bien fait.

Mais il s'agit bien aujourd'hui du maillot, des bains, du thermomètre; vous avez d'autres préoccupations. Un maillot comme vêtement et le lait comme aliment, c'est fort simple. Teter et dormir, voilà le rôle du nouveau-né; il semble que la mère ait une mission relativement aisée à remplir; cependant vous savez par quelles épreuves vous avez passé pendant ces premiers mois. Mais la petite grandit, et vous [illegible]ivez à un défilé encore plus redoutable; vous [illegible]vouez, vous vous inquiétez déjà du sevrage; vous ne savez ni quand ni comment vous allez nourrir la petite, vous ne savez pas quand vous devrez la faire marcher, les exercices qu'elle devra faire, vous ne savez pas comment vous devrez la vêtir.

Et cependant cette tâche, qui vous paraît si délicate, serait fort simple si on avait bien voulu vous l'apprendre.

Elle a déjà six mois, la mignonne, elle commence à vous amuser; elle regarde, elle sourit, elle remue ses petits bras, elle agite ses petites jambes, elle est bien contente d'être débarrassée de ce maillot que votre mère lui avait imposé par respect pour ses ancêtres; car votre excellente mère, que j'aime beaucoup et que je respecte, s'imagine que nous n'avons pas fait de progrès en hygiène; elle est encore au bon vieux temps, où l'on devait conserver soigneusement la crasse, les pellicules et les croûtes qui couvraient la tête de la petite. Vous vous rappelez comme elle a crié contre moi quand je vous ai fait frictionner avec une brosse bien douce la tête de l'enfant; j'avais bien voulu céder sur le maillot, mais je n'ai pas consenti à respecter le culte superstitieux de l'entretien des croûtes sur la tête.

Elle avait tenu aussi au bonnet, je n'ai pas trop insisté d'abord; mais je lui avais bien recommandé de ne pas trop comprimer la tête, qui dans les premiers mois, est si facile à déformer; et j'obtins une victoire véritable en obtenant la suppression du bonnet. Je crois bien qu'il y avait de la part de votre mère un peu de coquetterie; elle se désolait parce que la petite avait peu de cheveux; elle eut assez de confiance dans mon expérience pour supprimer le bonnet lorsque je lui fis observer que l'enfant transpirait, qu'il était nécessaire de donner de l'air aux cheveux pour empêcher leur chute et de ne pas couvrir la tête pour lui éviter des rhumes. Je voulus faire lever la fillette et la placer par terre sur un tapis ou sur une couverture : « Mais elle est bien jeune, monsieur, me dit votre mère d'un air effaré; autrefois nous ne leur laissions pas sitôt leur liberté, songez qu'elle a six mois à peine. »

Je le savais bien, mais ces petits êtres ont besoin de mouvement pour développer leurs muscles, pour favoriser leur appétit et faciliter leur sommeil; laissez-la se traîner un peu sur le tapis. A six mois, on a terminé ce voyage monotone aller et retour du lit dans les bras de la nourrice, il faut ménager quelques stations sur le tapis ou sur une couverture; vous verrez alors ses petits bras et ses petites jambes devenir plus fermes. Je dois reconnaître, madame, que vous avez accepté sans peine cette prescription, car vous suiviez avec curiosité et admiration les arabesques que la petite décrivait en se traînant sur le tapis, vous assistiez à l'effort présomptueux qu'elle faisait d'ailleurs sans succès pour se redresser; mais cette gymnastique du premier âge vous divertissait et flattait même votre vanité de mère : « Comme elle est avancée! » vous écriiez-vous; la grand'mère la trouvait trop avancée pour son âge.

Les journées s'écoulaient pour ainsi dire sans souci, l'enfant tetait à des heures régulières, mangeait de temps en temps quelques soupes, — car il fallait la préparer doucement au sevrage, — dormait dans la journée, dormait bien la nuit; la nourrice était devenue un modèle depuis qu'on lui donnait des robes et qu'on ne ménageait pas les grands rubans qui lui descendaient sur les talons et qui avaient provoqué aux Champs-Élysées bien des jalousies et amené probablement par contre-coup de petites scènes dans les ménages plus parcimonieux pour leur nourrice.

Nous arrivions au huitième mois; un jour vous me fîtes appeler en toute hâte; l'enfant, qui pendant les deux derniers mois avait été gaie, qui avait des yeux ouverts, qui continuait à se rouler sur le tapis, était devenue triste, maussade, avait des paupières à moitié closes, traversait des périodes d'agitation et de somnolence, avait moins d'appétit, se mettait à crier. Cette transformation subite vous inquiéta; la nourrice voulait la forcer à teter pour l'empêcher de crier, la pauvre petite innocente se résignait parfois, mais elle vomissait; vous regardiez sa langue, vous examiniez ses gencives et vous aviez constaté sur le rebord un petit point blanc.

J'accourus, il y avait en effet un petit point blanc, c'était la première dent. Cette première dent, vous vous la rappelez, madame; je vous fis prendre une petite cuiller, je vous fis donner un petit coup sur ce point blanc, et vous ne doutiez plus, c'était un petit corps dur, c'était la première dent. Elle n'était pas encore sortie, ce qui vous impatientait, et votre regard anxieux m'interrogeait : « Elle va être bien malade, elle va bien souffrir, la pauvre petite; et dire qu'elle ne les gardera pas, qu'il faudra qu'elle en change encore plus tard; comme la nature a été imprévoyante! » Je vous laissai à vos emportements contre la nature, je sentais que vous vous soulagiez :

— Mais parlez donc, docteur.

— Rassurez-vous, répondis-je, nous avons tous eu des dents de lait, — et je vous fis un petit cours sur la première dentition pour vous mettre en garde contre les surprises à venir.

» Il n'y a pas de règles fixes pour l'apparition des dents, votre fille va avoir ses deux premières dents du bas à huit mois, elle en aura quatre en haut de neuf à douze mois, et les autres suivront, et vous pouvez dire que la sortie des vingt dents de lait s'effectuera en vingt-cinq mois.

» Mais ce sont les huit ou douze premières qui vous intéressent surtout, car c'est à cette époque que vous devez opérer le sevrage; comptez donc qu'elle aura ses huit dents de douze à quinze mois.

» Et pendant cette période, continuez à lui donner exclusivement du lait.

Mon petit cours ne vous avait pas satisfaite complètement. Vous aviez vu, deux jours auparavant, une de vos amies qui vous avait raconté l'odyssée de la dentition de son enfant. Elle vous avait dit que la dentition donnait des diarrhées, des rhumes, de la fièvre. Votre imagination avait galopé comme une petite folle, vous aviez lu la statistique médicale dans un journal et vous aviez été effrayée par le nombre des décès causés par la diarrhée infantile. Vous commenciez à avoir des prétentions en connaissances médicales. Vous n'aviez rien appris, votre science reposait sur les statistiques et sur l'ignorance de vos amies, qui vous avaient apporté des récits de commères. Je me rappelle que je fus assez dur pour vous parce que vous vouliez me tenir tête. Nous avions soigné jusqu'à présent la petite par l'hygiène, vous ne vouliez plus croire à l'hygiène, et lorsque je vous dis : « La dentition n'est pas en général la cause de la diarrhée, la cause d'un rhume ; elle produit un affaiblissement, de la fatigue, par suite des douleurs qu'elle provoque, et elle rend ainsi l'enfant plus susceptible au froid et par suite à la diarrhée et au rhume ; elle impose par conséquent la nécessité de surveiller et de modérer parfois son alimentation, de le préserver contre le froid et contre l'humidité, » vous vous êtes emportée et vous avez décidé que la dentition était la cause de tous les maux. Vous n'en avez pas moins suivi mes conseils, ce qui a été fort heureux. Vous avez mieux couvert votre enfant, vous avez modéré sa nourriture, et cette épreuve que vous redoutiez tant a été traversée sans trop d'encombre. Le rhume n'est pas venu, la diarrhée ne s'est pas déclarée. Vous m'avez proclamé le plus grand des médecins, vous auriez pu l'être comme moi si vous aviez appris cette science que vous dédaigniez tant ; il est vrai que quelques semaines plus tard vous déclariez que j'étais un médecin détestable, parce que l'enfant avait les joues rouges, il avait quelques petits boutons dans la bouche : « Cette fois, j'en suis sûre, m'avez-vous dit, il a la rougeole. » Vous étiez impardonnable, car une de vos amies, que j'avais vue chez vous, vous avait dit, il y a quelques mois : « Mon fils va bien (car elle l'appelait déjà « mon fils »); il a seulement quelques feux de dents. » Votre enfant avait des feux de dents et des aphtes dans la bouche.

Je peux bien dire aujourd'hui que vous m'avez fait traverser de cruelles épreuves; soyez convaincue que je ne vous en veux pas. Votre amour maternel vous avait aveuglée. Vous vous en preniez à tout le monde, à votre mari, à votre médecin, à la nourrice, à la nature, à la nature surtout, qui jouait son rôle et qui ne nous donne pas la joie d'avoir des enfants sans y mêler en même temps quelques amertumes. Les aimeriez-vous autant plus tard, quand ils sont devenus grands, si vous n'aviez pas eu quelques angoisses quand ils étaient petits?

Et ces angoisses n'auraient pas été si vives si vous aviez fait votre apprentissage de mère. Votre amour grandit encore au lendemain de la maladie de l'enfant, lorsque après l'avoir vu triste, fatigué, ses petits yeux un peu éteints, vous le retrouviez gai, souriant, vous regardant avec ses yeux vifs et grands ouverts; vous vous attachez encore plus ardemment à lui parce que vous aviez éprouvé plus que lui les souffrances qu'il avait endurées.

LE SEVRAGE

Quel plaisir vous aviez, madame, à voir grandir la petite qui marchait bravement vers sa première année! Une année, c'était pour vous presque un siècle. Que d'étapes parcourues pendant ces douze mois! Vous commenciez à être de plus en plus jalouse de votre nourrice parce que la petite semblait trop s'attacher à elle; vous me l'aviez fait déjà observer, je calmai vos inquiétudes; je prononçai un mot qui vous fit bondir : je vous dis que l'enfant était comme le petit animal qui s'attache au sein qui le nourrit, que vous ressaisiriez bien vite le cœur de votre fille. Vous ne vouliez pas me croire, et vous vouliez précipiter l'heure du sevrage, afin de congédier votre nourrice que vous soupçonniez d'un accaparement maternel. Je vous en dissuadai en vous disant que le sevrage n'était pas une de ces opérations laissées à la fantaisie ou au caprice de la mère, qu'il constituait une véritable révolution; et comme ce mot vous causait quelque surprise je repris : « C'est une imprudence de vouloir devancer l'heure de cette évolution; ce n'est pas, comme vous le croyez, hâter le travail de la nature, c'est compromettre la santé de l'enfant. Songez que sevrer un enfant, c'est substituer un régime alimentaire à un autre et que les organes seront d'autant mieux préparés à cette évolution que leur développement sera plus avancé. Le sevrage n'est pas subordonné à la durée de l'allaitement, mais aux progrès de la dentition. Ne cédez pas à une impatience puérile et peut-être dangereuse. »

Il paraît que je fus éloquent, car je vous convertis; j'aurais compris votre sollicitude si la nourrice n'avait plus eu de lait; il aurait fallu dès lors se résigner en présence d'un cas de force majeure; mais vous aviez la bonne fortune d'avoir une excellente nourrice, vous pouviez donc attendre l'apparition des huit premières dents.

Cependant la petite venait d'atteindre sa première année, et vous aviez entendu dire qu'après la première année, on pouvait procéder au sevrage; vous ne sembliez pas vous rendre un compte exact de l'importance de cette opération, et je vous racontai à ce propos une anecdote qui vous fit réfléchir : l'enfant d'un de mes amis, vous dis-je, avait été sevré au bout d'une année, on avait congédié la nourrice, on avait remplacé l'allaitement brusquement par des potages, des jaunes d'œuf, quelques panades; le pauvre enfant criait, parce qu'il n'avait plus sa nourrice, il avait des indigestions répétées parce que son estomac avait été surpris par ce brutal changement de régime alimentaire; il maigrissait, il s'étiolait, il était triste, il dormait mal; on dut rappeler la nourrice, on lui redonna le sein; le pauvre bébé, qui avait les joues creuses et pâles, engraissa, redevint rose, reprit sa gaieté et son sommeil.

Vous avez donc suivi mes conseils; l'enfant, à la fin de sa première année, téta à des intervalles moins rapprochés; il prit de temps en temps des soupes au lait et des œufs; la période de transition s'opérait sans secousse, l'estomac s'habituait progressivement au travail nouveau qu'on allait lui imposer, et vous vous le rappelez, la petite ne s'aperçut pas du changement lorsqu'à treize mois elle quitta presque complètement le sein; vous-même vous ne vous en êtes pas doutée, car vous m'avez dit un jour : « Et quand la sèvrerons-nous? attendrez-vous qu'elle se marie? La fille de mon amie a été sevrée à douze mois et on se moque de moi, on m'interroge chaque jour, on me demande si j'attendrai que ma fille ait deux ans. Et cependant, elle est très avancée, la petite. Elle se porte bien, elle est vigoureuse. »

Je souriais en entendant votre discours. « Je sais, madame, vous répondis-je, qu'il y a des mères qui mettent leur vanité à hâter le sevrage, elles paient plus tard leur imprudence et leur erreur. Si la fille de votre amie est sevrée, c'est qu'elle a ses huit dents et votre fille est sevrée aujourd'hui parce qu'elle a ses huit dents et qu'elle va bientôt avoir ses douze dents. » Vous ne vous en étiez pas doutée. Cette heure terrible du sevrage qui effraie tant de mères avait passé comme les autres inaperçue, nous avions abandonné progressivement l'allaitement pour la panade et la soupe sans que le petit estomac ait été contrarié. La révolution a été pacifique, il n'y a pas eu de révolte, il n'y a pas eu de combat; la nourrice est restée quelques jours après avoir terminé son rôle, pour que l'enfant ne fût pas effrayée par une figure nouvelle. Car, ne vous trompez pas, elle a accepté la soupe que lui a donnée la nourrice bien plus volontiers que si elle lui avait été donnée par une étrangère. Ah! madame, vous ne savez pas les angoisses que votre prudence vous a épargnées. En vous résignant à cette évolution progressive, vous avez gagné une bataille. Vous avez dû mettre quelques semaines à la gagner, mais regardez autour de vous combien de batailles ont été perdues grâce au passage brusque d'un régime à un autre. Combien de victimes de la diarrhée infantile!

J'ai eu, madame, un maître que vous connaissez bien, c'est M. Germain Sée, qui honore la science par ses beaux travaux et dont l'activité croissante avec les années apporte chaque jour une pierre nouvelle à l'édifice d'une thérapeutique qui, sans lui, serait un peu arriérée; en voilà un qui ne vous aurait pas conseillé d'opérer une révolution brusque dans l'estomac de votre enfant.

Et comme nous allions, vous et moi, suivre l'alimentation nouvelle de votre petite fille, je me promis d'invoquer auprès de vous l'autorité de ce maître qui a si bien étudié, dans son livre sur les dyspepsies, la dyspepsie chez l'enfant. Je m'abritai derrière lui, et pour que vous ne m'accusiez pas d'exagérer ou de travestir la pensée de l'illustre professeur, j'apportai le livre et je vous dictai une phrase que je vous priai de relire sans cesse : « Les manifestations sérieuses ne se produisent qu'une, ou deux, ou trois semaines après cette révolution dans le régime, et c'est au moment où l'on est le plus rassuré que les accidents éclatent. »

L'ÉDUCATION DE L'ESTOMAC

ET LES PREMIERS PAS

Je ne voulais pas vous effrayer, je voulais vous avertir, et j'étais bien inspiré, car vous appartenez à une école qui pense qu'il faut bourrer les enfants pour les engraisser et les faire grandir. Vous ne connaissiez pas un mot de physiologie et vous me disiez : « Il faut nourrir solidement la petite pour qu'elle profite. » Combien de fois je l'ai entendue, cette phrase qui est devenue une sorte d'axiome : il faut que l'enfant profite; mais il ne peut profiter que s'il digère, et il ne digère pas si vous encombrez son estomac, si vous le chargez de produits inutiles, si vous le surmenez.

Je viens de parler de surmenage, je me permis à ce propos une petite incursion sur le terrain pédagogique en vous rappelant la campagne qui avait été entreprise contre le surmenage dans les lycées. On surchargeait l'intelligence et la mémoire de nos enfants de connaissances aussi nombreuses que variées.

On bourrait les jeunes cerveaux de littérature et de science qu'ils ne pouvaient pas digérer ou qu'ils emmagasinaient sans profit pour leur intelligence, mais non sans préjudice pour leur santé, et je vous prévins qu'avec votre système de nourriture à outrance, sans règle, sans méthode, vous alliez faire pour l'estomac de l'enfant ce qu'on faisait pour le cerveau de nos lycéens.

C'est peut-être encore plus grave pour l'estomac, car il commande à tous les organes; et, comme le cerveau, il doit recevoir une éducation proportionnée à sa capacité; il fait lui aussi ses études, il ne peut être brutalisé, il a fait son éducation primaire avec le lait, il passe à l'éducation secondaire avec les soupes et avec les œufs, avec les panades et les farines lactées; il arrive à l'éducation supérieure avec la viande, le poisson, les légumes secs; il ne peut être surmené, et je défie bien qu'il comprenne ce que vous lui demandez si le lendemain vous lui imposez sans transition une tâche qu'il ne remplissait pas la veille.

Faire l'éducation de l'estomac, c'est assurer pour le présent et pour l'avenir son bon fonctionnement et par conséquent sa santé. Un estomac sain, un estomac bien portant, un estomac qui digère facilement, un estomac qui peut emmagasiner tous les aliments et les absorber sans contrainte, c'est comme une place forte qui renferme des munitions et qui peut longtemps se défendre contre les ennemis du dehors. Si vous saviez, madame, le grand rôle que joue le bon estomac dans une existence et le prix considérable qu'il faut attacher à une digestion facile! Ce sont les bons estomacs qui font les bons caractères, l'humeur joyeuse, qui favorisent l'aptitude au travail, et le goût au plaisir, qui entretiennent la liberté de l'esprit et la vigueur du corps.

J'ai connu des gens qui avaient malmené leur estomac, qui lui avaient imposé une tâche excessive, et qui sont devenus des dyspeptiques. Il étaient terribles, ces dyspeptiques; ils ne jouissaient guère de la vie; ils étaient tristes, maussades; ils étaient envahis par les idées noires qui flottaient autour d'eux comme une légion de spectres, comme l'image d'un mauvais rêve, qui s'emparaient violemment de leur esprit, qui l'étreignaient, qui ne lui laissaient ni calme ni repos, qui les condamnaient à une sorte d'isolement dans la société, qui jetaient dans leur âme le découragement et même la lâcheté, qui les rendaient égoïstes jusqu'au point de renier toutes leurs amitiés.

Ils n'aimaient pas le travail parce qu'ils étaient incapables de l'entreprendre, ils ne goûtaient pas le plaisir parce qu'ils étaient impuissants à le supporter; ils étaient condamnés à ne s'occuper que d'eux-mêmes, à analyser leurs sensations, à se confiner dans leurs souffrances dont ils subissaient la tyrannie.

C'est donc une grande responsabilité que vous avez là, mères de famille. Si le sevrage est une épreuve, la période qui suit le sevrage a une importance considérable.

Vous l'avez compris, madame, vous avez été avisée et prévoyante en m'écoutant. Vous teniez la petite sur vos genoux, vous lui donniez sa farine lactée ou vous lui faisiez prendre sa panade. Elle digérait fort bien : « Elle mangerait plus, me disiez-vous, songez donc qu'elle a quinze mois. » Vous vouliez devancer l'heure de la côtelette.

Je vous décourageai, nous n'étions pas encore arrivés au jour où elle mangerait sa première côtelette. Vous la couchiez dans l'après-midi, et elle dormait bravement ses deux heures, puis vous la mettiez sur son tapis, elle se roulait, elle rampait, elle se retournait, elle s'appuyait sur ses petites mains et se soulevait, elle essayait de se maintenir en équilibre. Va-t-elle se lever, se tenir droite? Vous aviez les yeux fixés sur elle comme un spectateur qui assiste à une représentation, mais un spectateur anxieux. Elle vous regardait, vous souriait, car la nourrice qui était partie depuis quelques semaines était complètement oubliée; vous aviez ressaisi cet enfant dont l'attachement à la nourrice vous alarmait si fort.

La petite ne voulait plus vous abandonner. Vous ne vous en plaigniez pas, et cependant elle vous paraissait parfois exigeante, lorsqu'elle criait quand vous sortiez de votre chambre pour aller donner un ordre. Mais vous ne vous fatiguiez pas de cet esclavage; c'est qu'elle commençait à devenir intéressante, et puis elle disait « maman ». Oh! lorsqu'elle a prononcé ce mot de « maman », je me le rappelle encore, vous étiez devenue rouge de joie, vous étiez plus heureuse encore que le jour où on vous appela pour la première fois « madame ». Avec ce mot de « maman », la petite vous aurait fait commettre toutes les imprudences, elle vous aurait arraché une soupe supplémentaire ou une petite friandise. Il fallait bien la récompenser. C'est comme lorsqu'elle eut ses douze dents, je crois bien que vous auriez voulu lui donner un morceau de côtelette pour expérimenter les petits couteaux blancs qui étaient plantés dans ses gencives. Ce fut bien autre chose lorsqu'un beau matin, après des efforts consciencieux, la petite se tint debout, vous étiez rayonnante : c'est une grande fille; il est vrai qu'elle retomba tout de suite sur son derrière; mais elle ne s'était pas déclarée vaincue, elle avait poursuivi ses opérations d'équilibre, elle s'était traînée jusqu'à un fauteuil, elle avait appuyé ses mains sur le rebord du fauteuil, et elle s'était dressée toute droite, elle avait fait quelques pas, mais elle s'était de nouveau assise. Quelle victoire lorsqu'elle eut seize mois! Elle marchait, vous avez voulu la récompenser, vous lui avez apporté une petite poupée, et vous l'avez couverte de baisers.

Votre vie s'écoula, pendant six mois, bien paisible; la petite prenait régulièrement ses soupes et ses tasses de lait, vous lui donniez le matin un peu de lait, à midi une soupe, à trois heures du lait et à six heures un œuf ou une soupe. Elle s'accommodait fort bien de ce régime, elle marchait, elle trottait, les chairs étaient moins boursouflées, moins molles; les muscles se développaient par le changement de régime et par l'exercice. Vous aviez renoncé au berceau et vous aviez préféré avec raison un petit lit, afin qu'elle eût plus d'air.

Comme vous étiez fière de votre fille! Et quand les jeunes amies venaient vous voir et vous disaient : « Comme elle est avancée pour son âge! » vous vous redressiez en ayant l'air de dire : « Vous avez bien raison. » Et quand elles ajoutaient : « Elle vous ressemble, c'est tout votre portrait, » vous ébauchiez un sourire; et quand elles se retournaient vers la petite en disant : « Elle sera bien jolie, » vous rougissiez; et alors vous surenchérissiez : « Et si vous saviez, ajoutiez-vous, comme elle est intelligente, elle comprend tout; elle est si douce, si caressante, elle ne crie jamais, ne se plaint jamais. »

Un enfant modèle, n'est-ce pas? Vous jouiez votre rôle de mère et en même temps votre rôle d'auteur.

Et quelle coquetterie vous mettiez à l'habiller! Il vous avait pris la fantaisie de vouloir la décolleter, de lui mettre les bras nus et les jambes nues. Je m'y opposai. « Mais cependant, me dites-vous, il faudra bien en arriver là un jour; j'ai une amie qui est anglaise, qui élève fort bien ses enfants, qui a des enfants vigoureux et bien portants, elle leur laisse les bras nus et les jambes nues.

— Je sais, répondis-je, qu'en Angleterre on élève un peu durement les enfants, qu'on ne craint pas de les exposer au froid; ils résistent parfois, et ils sont alors très solides; mais il en est un grand nombre qui succombent et qui ne peuvent subir ces épreuves; l'enfant, par sa constitution, est incapable de lutter contre les variations si brusques que nous observons dans nos climats, il ne trouve pas en lui les ressources nécessaires pour résister, il faut donc lui donner des vêtements un peu chauds. Je conviens qu'on exagère chez nous certaines précautions et je vois des petits enfants qu'on matelasse outre mesure; on leur met des voiles, des guêtres, des foulards, des tricots de laine, des robes, des manteaux ouatés. Ils sont comme de petites boules d'étoffe. On a tort; il faut les aguerrir dès le plus jeune âge pour ne pas les exposer plus tard à gagner des maux de gorge et des rhumes, mais il faut au début les protéger.

Elle était sur le point d'avoir deux ans, votre charmante petite fille, madame; elle vous montrait ses petites dents, et elle vous indiquait par là qu'elle était prête à faire honneur à une côtelette; j'autorisai la viande. Vous vouliez déjà la traiter comme une grande personne, mais je vous fis observer que l'estomac allait commencer ses classes supérieures et qu'il fallait vous montrer très prudente. Je vous indiquai qu'il y avait dans la viande ce que vous appelez des nerfs, ce que nous appelons nous autres des tendons; ce que vous appelez des peaux, ce que nous appelons nous autres des aponévroses qui ne sont pas digestibles, et je vous engageai à faire dépouiller la viande de ces peaux et de ces nerfs.

— Mais nous les mangeons, ces peaux et ces nerfs, docteur, me dites-vous, et s'il fallait demander à notre cuisinière de procéder à un épluchage en règle...

Je vous interrompis : « D'abord nous ne les mangeons pas, nous les enlevons, et quand nous les mangeons, nous ne les digérons pas, et notre estomac, qui est devenu robuste, se charge de les éliminer, tandis que votre fille mangera tout ce qu'on lui donnera, et, comme je vous l'ai répété à plusieurs reprises, son estomac se trouvera encombré par des produits inutiles, il devra faire un effort; il est encore bien jeune et bien novice pour le faire, il faut le lui éviter en lui offrant seulement les matières qu'il peut absorber sans fatigue. Son éducation n'est pas terminée, il faut la lui faciliter, songez qu'elle durera bien encore pendant plusieurs années, vous recueillerez plus tard les bénéfices de votre patience. »

J'avais, je le reconnais, conquis entièrement votre confiance, car l'expérience vous avait démontré que mes conseils n'avaient pas été trop mauvais; vous me faisiez des objections, mais vous vous soumettiez; vous me trouviez bien un peu excessif et vous me parliez du temps passé où l'on était moins scrupuleux et moins attentif, et où les enfants, suivant votre expression, s'élevaient presque tout seuls; vous aviez une verve intarissable sur ce sujet. Vous m'accusiez presque de vouloir mettre votre petite dans du coton et vous m'offriez comme exemple l'enfant de votre cuisinière qui avait le même âge que votre fille et qui mangeait ce qu'il voulait. Je n'eus pas la cruauté de profiter de mes avantages, j'avais été appelé trois fois par votre cuisinière pour soigner le petit qui en était à sa troisième indigestion. Il est vrai qu'elle avait une théorie, cette brave femme, c'est qu'il fallait élever ainsi les enfants, c'est qu'il fallait leur apprendre tout jeunes à tout manger, vous voyez qu'elle avait vos doctrines. Elle ignorait, l'innocente femme, que si elle voulait que l'estomac de son enfant pût tout absorber plus tard, il fallait commencer par lui faire un estomac, par lui apprendre peu à peu à digérer pour qu'il pût ensuite tout digérer. Votre cuisinière, vous vous le rappelez, a voulu que son bébé pût tout manger au début, elle n'était pas pour rien du siècle de la vapeur; elle a obtenu ce résultat, c'est qu'il a été sans cesse souffrant, que plus tard il a dû être au régime et qu'on a dû proscrire certains aliments. C'est un malade, tandis que votre fille, au contraire, dont nous avions surveillé l'alimentation, avait un de ces estomacs solides dont on dit qu'ils digèrent des cailloux.

Oui, vous avez mille fois raison, madame; dans un temps qui n'est pas encore bien éloigné de nous, trop de mères laissaient leurs enfants s'élever tout seuls, elles les confiaient à une bonne, et on voyait les jeunes gamins de cinq ou six ans et les fillettes du même âge manger de tout, c'était leur occupation principale. Ils ne se contentaient pas de faire un premier déjeuner, de faire un second déjeuner, de goûter et de dîner, ils trompaient souvent la surveillance et et allaient dans le garde-manger dérober quelques friandises, ils passaient leur temps à manger; leurs repas étaient ou paraissaient plus ou moins bien réglés pour les heures, ils n'étaient pas du tout réglés par la quantité.

Le petit estomac s'emplissait des mets les plus variés et les plus copieux; il n'avait pas terminé sa besogne qu'il recommençait; il recommençait toujours sans que la digestion précédente fût accomplie, il subissait ainsi des travaux forcés à perpétuité. Ne faut-il pas que l'enfant mange pour qu'il profite?

Vous aviez épousé ce préjugé, madame, mais je le combattis si énergiquement que vous l'avez abandonné. Je vous fis observer qu'un enfant ne profite pas par la quantité d'aliments qu'il prend, mais par la quantité et la qualité d'aliments qu'il digère et qu'il assimile; qu'un enfant peut manger beaucoup et dépérir, qu'un autre enfant peut manger moins et engraisser; que l'effort doit être proportionné à la puissance digestive, et que cette puissance digestive a des limites qu'il est imprudent de dépasser; qu'il faut entre chaque repas donner un temps de repos à l'estomac et ne pas lui infliger un travail qui aboutit à un surmenage nuisible.

Sans doute autrefois on surveillait moins qu'aujourd'hui l'alimentation des enfants, mais vous ne comptez pas le nombre des victimes et le nombre des malades. Les estomacs traversaient ces expériences après avoir payé leur tribut, vous aviez des entérites et des dyspepsies, les organes digestifs fonctionnaient mal, vous étiez obligées de soigner rétrospectivement un estomac auquel vous aviez accordé une trop grande liberté; l'hygiène était alors une science dédaignée; elle a fait de grands progrès, mais on la néglige encore trop volontiers, toujours en vertu de cette singulière doctrine que nos pères ne se soignaient pas tant, et qu'ils se sont néanmoins élevés et sont devenus vigoureux. Vous regardez ceux qui ont résisté, ceux qui ont survécu, mais vous négligez les victimes et les éclopés : et voilà pourquoi j'ai insisté tant auprès de vous sur le rôle de la mère, sur sa responsabilité dans la direction de la santé du premier âge. Je sais bien qu'on raille souvent cette sollicitude et que des mères font des concessions à un faux amour-propre en souscrivant à des imprudences qu'elles regrettent ensuite. Elles cèdent à des caprices, ou elles se laissent attendrir par les larmes du petit; et lorsque, le lendemain, elles sont au chevet de l'enfant qui souffre, qui a la fièvre, elles se frappent la poitrine, elles sont doublement torturées par la maladie de l'être qui leur est cher et par le remords de leur faiblesse.

LE MÉDECIN DE LA FAMILLE

Aussi quelles récriminations et quels reproches! « Ah! si j'avais su, si j'avais pu prévoir! » Vous saviez, mais vous n'aviez pas prévu, ou vous n'aviez pas voulu croire. Vous ne vouliez pas supposer que l'enfant est comme un de ces mécanismes fragiles d'horlogerie qu'on ne peut impunément brusquer. Votre petite fille avait six ans, madame, lorsqu'elle tomba malade pour la première fois; elle avait pris son déjeuner comme d'habitude, elle avait été à une matinée d'enfants. Il y avait eu un goûter; vous l'aviez laissée dans la salle à manger devant une table brillamment servie, tout ornée de beaux monuments de pâtisserie, elle n'avait pu résister à tant de tentations; comme tous les enfants, elle avait pris tout ce qu'on lui offrait; elle avait cédé à un plaisir plus qu'à un besoin; vous la rameniez chez vous souffrante, elle était triste, elle était rouge, elle avait de la fièvre. Vous étiez tellement affolée que vous avez fait venir plusieurs médecins; le premier médecin était excellent, mais vous étiez un peu comme toutes les mères aujourd'hui, qui ne se contentent pas d'un seul médecin, et qui en veulent plusieurs. Le premier vous avait rassurée, mais vous teniez à être rassurée encore davantage, et puis la petite continuait à souffrir. Vous n'admettiez pas qu'elle ne fût pas guérie en quelques heures; le second et le troisième médecin vous rassurèrent aussi, mais vous n'étiez pas encore satisfaite; vous ne vouliez pas comprendre que l'embarras gastrique suivait son évolution normale, vous vouliez changer à chaque instant de médication et en trouver une assez énergique qui triompherait sur l'heure de la maladie. Vous considériez les médecins comme des ignorants. Ils vous avaient tous avertie que la maladie durerait quelques jours, vous ne vouliez pas subir cette loi cependant inéluctable et vous me dites un jour : « Décidément, vos grands médecins sont comme les autres, ils n'en savent pas plus long. » Vous avez appelé alors un nouveau docteur qui arrivait le jour où la convalescence allait se produire. Il prescrivit un médicament qui ne pouvait plus agir; l'enfant, le lendemain, se trouvait bien tout naturellement, et vous étiez triomphante : « Je vous l'avais bien dit! » vous êtes-vous écriée. Et ce médecin, qui arrivait au moment psychologique, était pour vous le plus grand des médecins, il avait sauvé votre enfant. Il était choyé, il était béni par vous. Vous le recommandiez à toutes vos amies.

Je calmai votre enthousiasme, et comme vous êtes une femme intelligente, vos angoisses ayant disparu, je vous rappelai ce que je vous avais annoncé le premier jour; je vous montrai que tout s'était passé suivant les règles; et je saisis cette occasion pour vous mettre en garde contre ce travers trop répandu de faire appel, dans les cas les plus simples, à toutes les lumières de la science. Je vous engageai à ne consulter que le médecin dans lequel vous aviez confiance, à suivre régulièrement ses prescriptions, à ne pas vous mettre dans cette situation délicate d'être obligée de choisir parfois entre les avis de ceux que vous avez consultés.

Je ne suis pas, vous le savez, un de ceux qui croient que la médecine guérit tous les maux; mais enfin, si insuffisante que vous paraisse la science des médecins, vous reconnaissiez avec moi qu'il fallait bien recourir à leurs services puisqu'en définitive ils avaient le mérite d'en savoir plus que les autres; mais je ne vous cachai pas les inconvénients d'avoir plusieurs médecins, d'en changer souvent et d'écouter surtout les charlatans qui vous indiquent les médicaments dont ils ont tiré grand profit.

Vous parliez tout à l'heure des habitudes de nos pères; eh bien! nos pères avaient du moins une excellente habitude que je ne saurais trop vous recommander; ils avaient un médecin, toujours le même, c'était le médecin de la famille, qui connaissait bien ses clients, leur tempérament et leurs petites misères, qui les avait toujours suivis, qui était leur ami, qui venait les voir sans être appelé. Il faisait pour ainsi dire partie de la maison, il n'était pas un étranger, il ne donnait pas seulement les conseils que lui dictait sa science, mais il mêlait à ses ordonnances un peu d'affection, des paroles amicales et réconfortantes qui exerçaient sur l'esprit du malade une salutaire influence. Il soignait les parents, il soignait les enfants, il était de la famille. Où est-il aujourd'hui, ce médecin? S'il existe encore, il est singulièrement oublié. La mode est aux spécialistes, on consulte presque autant de docteurs qu'on a d'organes. Il y a le médecin de l'estomac, le médecin du cœur, le médecin des nerfs, le médecin des poumons; vous n'admettez pas que la maladie d'un organe retentit sur les autres, et vous vous transformez en une boutique de pharmacie. On se droguait trop autrefois, on se drogue encore plus aujourd'hui, alors que l'hygiène a rendu le grand service de modérer cette marée montante des médicaments. Mais on veut être médicamenté, et le médecin est obligé trop souvent, sous peine de paraître un ignorant, de céder à ces exigences et à ces faiblesses.

Vous le savez bien, madame, et vous attribuez vous-même ce mal à nos nouvelles habitudes, à ce besoin que nous avons de brûler la vie, de multiplier nos plaisirs, et par suite d'augmenter nos fatigues.

Votre petite fille avait huit ans, elle avait percé, il y a six mois, quatre grosses molaires et vous vouliez déjà, non pas la mener au bal, je ne vous fais pas cette injure, mais la mener dans des matinées enfantines, dans quelques théâtres d'enfants. Elle avait ses petits cheveux blonds, si bien bouclés, elle avait son intelligence si éveillée, elle avait de si jolies robes, qu'il était vraiment cruel de ne pas la produire dans le monde; vous vouliez multiplier les occasions et vous recherchiez ces réunions mondaines.

Je modérai l'ardeur de ces projets, et vous n'avez pas eu de peine à reconnaître que les promenades en plein air, que quelques études chez elle, qu'une alimentation régulière et un sommeil à heure fixe profitaient à la petite fille qui grandissait, se développait, se fortifiait.

Vous aviez présidé, madame, de huit à dix ans, à l'éducation de votre fille, vous lui aviez appris à lire, à écrire, à faire des additions et des gammes; vous vous promeniez avec elle tous les jours, car vous apparteniez à l'école nouvelle qui favorise les exercices physiques. Vous saviez par expérience le mal qui résulte de la funeste habitude de mener une vie sédentaire. Elle marchait, elle courait aux Tuileries; aussi elle avait de l'appétit, elle mangeait bien, elle digérait encore mieux, elle allongeait, comme vous disiez; vous aviez pris soin de la mesurer à une porte de votre appartement, vous lui appliquiez une règle sur la tête et vous faisiez une petite raie au crayon en inscrivant la date. Vous constatiez chaque mois qu'elle avait un peu poussé. Vous qui étiez coquette, vous étiez devenue coquette seulement pour votre fille; elle était toujours bien habillée et fort élégante; on vous le reprochait parfois en vous disant que vous lui donneriez des goûts de luxe, car la robe jouait un grand rôle, surtout lorsque la fillette eut quatorze ans.

LA JEUNE FILLE. — LE VÊTEMENT

Vous n'aviez plus guère à vous inquiéter de son alimentation, mais vous étiez absorbée par son vêtement et par son éducation. Vous vouliez en faire une jeune fille élégante et une jeune fille instruite.

Vous lui aviez mis une sorte de brassière qui faisait l'office d'un corset, mais vous étiez fort embarrassée pour ses robes; vous consultiez la couturière et vous obéissiez à la mode. Vous me faisiez admirer cette charmante jeune fille qui touchait à sa quinzième année. « Elle est, me disiez-vous, dans l'âge ingrat, et cependant elle est déjà bien jolie; je suppose, ajoutiez-vous d'un ton railleur, que je n'ai pas à vous consulter sur la coupe de ses robes et sur la façon de ses corsages? — Je sais bien, répliquai-je, que mes conseils risqueraient de n'être pas entendus; l'art de s'habiller conformément aux règles de l'hygiène n'a pas fait de grands progrès. Vous êtes, madame, sous la tutelle du faiseur en renom et vous subissez la tyrannie de la mode. La mode a été toujours plus puissante que nous, elle règne en souveraine, et c'est une royauté que malgré tant de révolutions nous n'avons pas pu atteindre, nous autres hygiénistes; c'est une question de spéculation et une question de bon ton. La spéculation consiste à vous faire changer souvent de robes, que vous n'avez pas usées, en changeant la mode, et le bon ton consiste à suivre la mode que la spéculation a modifiée. Aussi, tantôt vous vous enfermez dans des vêtements larges et flottants qui vous protégent insuffisamment contre les influences extérieures, tantôt vous vous emprisonnez dans des vêtements étroits qui paralysent le jeu de vos organes et suppriment entre eux et le corps la couche d'air nécessaire.

Je me souviens encore du jour où votre fille eut son premier corset. Vous étiez allée chez la corsetière la plus connue. Elle était assurément plus contente encore que vous, car elle se considérait cette fois comme une véritable jeune fille; elle avait la joie enfantine qu'éprouve un collégien qui porte son premier pantalon et qui se croit un homme.

Le jour où vous m'avez montré le corset je fis une grimace, non pas que je fusse l'ennemi du corset qui a des baleines souples, mais ce corset avait des buses durs et longs. Je ne disais encore trop rien; mais lorsque la jeune fille s'habilla et apparut toute raide dans sa cuirasse, se sentant évidemment mal à l'aise puisque c'était pour elle un début, ayant la taille mince et la démarche un peu gauche, je ne pus retenir une exclamation. C'est qu'elle souffrait, la pauvre enfant, dans cette prison d'acier; elle ne le disait pas, parce qu'elle voulait avoir une taille fine, mais elle respirait difficilement, son cœur battait avec violence, sa circulation s'opérait mal, elle avait un lien qui repoussait en haut ses organes supérieurs, qui repoussait en bas ses organes digestifs, car il fallait bien que ses organes se logeassent quelque part, puisque vous leur enleviez une partie de la place qu'ils occupaient.

Nous dînâmes ensemble, car c'était la fête de votre fille; nous avons passé une bien triste soirée; pendant le dîner, la jeune fille eut des plaques rouges sur le visage, vous ne vous en étiez pas aperçue, puis après le dîner, elle pâlit, elle s'évanouit, et fut transportée dans sa chambre. La digestion s'opérait mal. Notre premier soin fut de délacer son corset, elle éprouva un soulagement immédiat et une véritable délivrance; les mains, qui étaient froides, reprirent leur chaleur, le visage redevint rose. Comme il y avait des amis et comme le malaise avait disparu, on voulut remettre le corset, mais il fallut le délacer, donner quelques centimètres de plus à la taille. On n'avait pas prévu qu'il fallait bien laisser une petite place au dîner, accorder à l'estomac des facilités pour accomplir son œuvre, permettre à l'intestin de recevoir les aliments. La taille ne fut plus aussi mince. Dirai-je que ce petit accident servit de leçon? En aucune façon; il était déjà oublié. On recommença le lendemain, suivant l'expression dont vous vous servez, à faire fondre la taille, c'est-à-dire à serrer énergiquement le lacet jusqu'à ce qu'on arrivât au degré de minceur fixé. De nouveaux accidents se produisirent : battements de cœur, troubles de respiration et de circulation; il fallut capituler, on concéda au cœur et à l'estomac deux ou trois centimètres de plus pour fonctionner. Ils fonctionnaient, mais ils fonctionnaient mal, la digestion était encore pénible et on en était quitte pour quelques rougeurs à la figure et pour quelques malaises nerveux.

On se fatigua de ces sacrifices faits à la coquetterie au détriment de la santé. On abandonna le corset à l'étoffe dure, aux buses trop rigides, et on prit un corset à l'étoffe souple, aux baleines flexibles; la poitrine pouvait alors se dilater librement, les mouvements n'étaient plus entravés, les digestions étaient faciles. On n'avait plus à redouter une déformation de la colonne vertébrale, car je vous avais fait peur en vous disant que votre fille serait de travers.

Un jour qu'elle vint vers moi, vous vous le rappelez, j'étais assis dans le fauteuil qui est près de la cheminée, je la trouvai grandie; je vous en félicitai. mais elle marchait gauchement; sa démarche n'était pas gracieuse, et je vous dis en souriant : « Vous l'avez bien élevée, mais vous avez oublié de lui apprendre à marcher. » Je regardai ses bottines qui étaient peut-être trop serrées, et je ne fus pas peu surpris de voir sous le talon de petits morceaux de bois très hauts. Mademoiselle portait des talons Louis XV pour se grandir. Elle avait le pied en pente, elle marchait sur ses pointes comme les danseuses, elle paraissait juchée sur de petites échasses. C'était à ce moment le dernier cri de la mode, et d'une mode qui a persisté et qui persistera, je le crains bien, encore longtemps. Je dois avouer que la jeune fille abandonna d'elle-même les talons Louis XV; elle sentait qu'elle marchait mal, qu'elle se fatiguait rapidement après avoir fait une petite promenade; en outre, elle s'était blessé la pointe du pied et elle avait failli avoir une entorse. Vous aviez et elle avait cédé à un caprice qui ne dura pas.

Votre fille, qui aimait le plaisir, les réceptions, les petites soirées intimes, mais qui n'avait pas encore l'âge où l'on va dans le monde, travaillait à ravir. Vous étiez satisfaite d'elle; elle avait des maîtresses de français, d'anglais, de dessin, d'histoire et de calcul; vous lui aviez fait apprendre la couture; il faut, me disiez-vous, qu'elle sache mettre un bouton à un corsage et raccommoder une robe. Vous lui faisiez donner aussi quelques notions de cuisine; vous ne trouviez pas que ces exercices étaient au-dessous d'elle et de sa situation, et vous aviez raison. Vous n'aviez pas oublié la maîtresse de piano et le professeur d'hygiène. Je vous en sus gré.

LES EXERCICES PHYSIQUES

LA CROISSANCE

Ce professeur d'hygiène lui apprenait, selon vous, un peu trop de physique et de chimie, et vous aviez vous-même rédigé le programme des leçons; je me souviens encore des chapitres : hygiène de la première enfance, les soins de propreté, le vêtement, l'alimentation, l'allaitement, les pesées, la première dentition, le sevrage, l'exercice et l'hygiène scolaire.

Nous avions étudié ensemble la pratique, vous vouliez lui apprendre la théorie. Je crois bien qu'elle se passionnait pour ces leçons et qu'elle appelait dans ses rêves le jour où elle pourrait utiliser sa science pour donner ses soins à son bébé. Car elle les aimait comme vous, les enfants; elle aimait aussi à se vanter de ses connaissances et, un jour qu'elle vous dénonçait l'ignorance de la fille d'une vos amies sur les soins qu'elle donnait à son enfant et lorsqu'elle vous indiqua avec volubilité comment elle comprendrait son rôle de mère, vous lui avez imposé silence et vous l'avez exhortée à plus de modestie. Craigniez-vous, par hasard, qu'elle ne devînt une pédante?

Non, madame, elle était comme tous les jeunes gens et toutes les jeunes filles qui, ayant appris quelque chose, pensent l'apprendre aux autres, ne se doutant pas qu'ils ont encore beaucoup de choses à savoir pour être au niveau de ceux auquels ils s'adressent; mais c'est pour eux de la nouveauté, ils ne s'imaginent pas que nous avons été jeunes comme eux et que nous en savons un peu plus qu'eux. C'est un travers de leur esprit que nous avons eu nous-mêmes et que nous devons leur pardonner; il arrive d'ailleurs parfois que, grâce à la fraicheur de leurs connaissances, ils nous apprennent des choses que nous avons sues, que nous avons oubliées et que nous ne voulons pas paraitre ignorer.

Vous avez bien fait, madame, de la mettre en garde contre le pédantisme de ces bas-bleus qui se rendent ridicules par l'étalage d'une science élémentaire dont ils connaissent à peine les premiers rudiments.

Vous avez voulu que votre fille n'apprît pas trop de choses, mais qu'elle sût bien ce qu'elle avait appris. Vous avez tenu à continuer son éducation physique en lui faisant faire de la gymnastique.

Nous avions été, ensemble, dans un grand gymnase très fréquenté, au moment de la leçon des filles. Vous avez trouvé que les exercices étaient parfois trop violents. « Nous ne voulons pas faire de nos filles des acrobates, » me disiez-vous. Vous aviez raison et nous avons arrêté ensemble un programme. On devait faire des haltères, des barres parallèles, du plan incliné, du saut, tous les exercices modérés qui pouvaient développer les muscles, élargir la poitrine, redresser le corps.

Vous vous étiez plainte en effet que votre fille avait une épaule plus haute que l'autre, l'épaule droite; vous trouviez aussi qu'elle avait le dos un peu voûté. Elle se plaignait de fatigue lorsqu'elle était obligée de se tenir trop droite. Nous avons découvert le corps du délit. Elle avait le dos légèrement voûté parce qu'elle se pliait presque en deux sur son tabouret de piano pour lire les notes; je vous conseillai de lui donner une chaise; elle avait l'épaule droite plus élevée parce que la table sur laquelle elle travaillait était trop haute et la chaise trop basse; le bras droit était obligé de se relever pour écrire; nous eûmes une table dont la hauteur correspondait à celle du coude, de telle façon que l'avant-bras pouvait s'y poser sans effort, et à l'aide de quelques exercices de gymnastique on corrigea ces attitudes vicieuses.

Vous avez, madame, fort sagement compris qu'il fallait régler les exercices gymnastiques comme il fallait régler la marche. Vous vouliez que votre fille se développât, mais vous réagissiez énergiquement contre cette tendance de faire de nos filles de véritables garçons en leur apprenant la culbute, le trapèze, les mouvements trop violents. Il vous semblait qu'on risquait ainsi de sacrifier quelques-uns de leurs charmes, l'élégance et la grâce, au profit de la brutalité et de la vulgarité. Vous ne voyiez là que des questions d'attitude, de maintien, de manière d'être; j'y voyais, pour ma part, une question de santé.

Assurément nous ne devons pas transformer nos filles en poupées de porcelaine; nous devons leur donner des muscles, de la force, et les aguérir pour leur permettre de remplir plus facilement et plus utilement leur mission dans le monde, et j'ai applaudi quand on a institué, dans les écoles, des leçons de gymnastique et quand les mères ont consenti à mener leurs filles dans les gymnases.

Mais il s'est produit ce qu'on rencontre toujours en pareil cas, l'excès des exercices succédant à leur absence presque complète. Cette réaction était inévitable, elle ne sera évidemment que passagère. Mais je devais vous avertir en vous montrant les conséquences du surmenage physique. Et je ne parle pas ici seulement de nos filles qu'on ménage plus, mais de nos garçons auxquels on impose parfois des efforts excessifs. Ils n'ont en effet qu'un temps limité pour la leçon de gymnastique, ils ne peuvent se livrer à des exercices lents, pondérés, séparés par quelques minutes de repos; on leur demande une série d'efforts rapides et un peu au-dessus de leurs forces. Cette méthode présente des inconvénients. L'enfant est en pleine croissance : ses organes sont en plein fonctionnement et en plein développement, sa charpente osseuse n'est pas terminée, son cœur subit des transformations, son cerveau est exercé et parfois trop exercé, ses poumons respirent plus rapidement, sa circulation est plus active; il produit plus de chaleur qu'il n'en produira jamais. Vous lui prescrivez l'exercice qui fortifiera ses muscles, qui allongera ses os. C'est parfait, mais il y a une question de mesure : l'exercice trop rapide, trop violent entraîne une fatigue dont la conséquence peut être le surmenage, et le surmenage peut retentir sur le cœur qui est en voie de formation définitive en amenant une hypertrophie ou une dilatation, il peut provoquer une augmentation des combustions intérieures, c'est-à-dire de la chaleur ou de la fièvre sans qu'aucun organe soit atteint; c'est ce que M. Germain Sée a démontré avec une grande autorité; et j'ajoute que le système nerveux reçoit un contrecoup.

Je ne vous apporte pas là, madame, des déclarations en l'air; j'ai été appelé, en plusieurs circonstances, par des familles amies : un enfant revenait d'une leçon de gymnastique avec de la fièvre et du mal de tête, je l'avais soigneusement examiné; il n'avait aucune maladie, et cette fièvre inquiétait d'autant plus vivement la mère qu'on ne pouvait lui assigner aucune origine déterminée. J'avais pu heureusement la rassurer; l'exercice excessif avait entraîné des combustions plus vives que d'ordinaire, c'est-à-dire avait élevé la chaleur intérieure du corps et amené un mouvement de fièvre. Avec un peu de repos et un traitement approprié la fièvre avait rapidement cédé. Je réglai les exercices, et ces accidents ne se reproduisirent plus. Je ne veux pas dire par là que toutes les constitutions sont soumises à ces sortes d'épreuves; la croissance exerce son action d'une façon différente et inégale chez nos enfants; les tempéraments ne sont pas astreints aux mêmes règles, ni exposés aux mêmes préjudices. Mais j'insiste sur ce point c'est que, s'il faut combattre l'inaction, la vie sédentaire, que s'il faut encourager les exercices physiques et maintenir dans notre éducation la gymnastique, il convient aussi de modérer des enthousiasmes irréfléchis, d'apporter, dans l'application des doctrines nouvelles et assurément bienfaisantes, une mesure qui risque d'être dépassée, et de montrer une sagesse d'autant plus grande qu'on demande à l'esprit de nos enfants plus d'application et de travail.

Il y a là un équilibre des fonctions qu'il s'agit de maintenir. On doit exercer l'esprit, on doit exercer le corps, mais scientifiquement, hygiéniquement; car l'excès de dépenses ne peut pas toujours être comblé par une somme suffisante de recettes, il y a un déficit, et ce déficit est le surmenage. Vous l'aviez fort bien compris, madame, votre fille travaillait, elle marchait, elle faisait de la gymnastique scientifique, permettez-moi ce mot un peu ambitieux; elle avait fort bien établi son budget des dépenses.

LES REPAS

Nous avions à parler du budget des recettes. C'étaient le sommeil et l'alimentation.

Je ne vous dirai que quelques mots du sommeil; nos jeunes filles sont en général devenues plus raisonnables, surtout dans ces derniers temps, depuis que l'hygiène s'introduit dans nos mœurs, et depuis que le microbe a inspiré à tous de salutaires réflexions; elles se soignent plus, elles se ménagent, je dirai volontiers, elles s'écoutent plus, et puis elles n'ont pas, fort heureusement d'ailleurs, abandonné les traditions de la coquetterie, elles semblent même disposées à hâter l'heure où la jeune personne s'offre, dans son miroir, une représentation de tous les jeux de sa physionomie, où elle fait les yeux doux ou les yeux sévères, la bouche souriante, ou la bouche pincée, ou la bouche en cœur, où elle prend diverses expressions et diverses attitudes, afin de pouvoir choisir celles qui la rendront plus séduisante. Elle veut plaire.

Son miroir lui dit un jour qu'elle a les yeux fatigués, un peu cernés, le teint jaune; c'est qu'elle a trop veillé, qu'elle s'est attardée au bal. Elle se couchera de bonne heure, et la jeune fille prend ses neuf heures de sommeil; si elle ne peut pas les avoir la nuit, elle empiète sur le matin.

Vous êtes parfaitement tranquille, madame, votre fille a un sommeil réglé.

Le gros problème pour vous est l'hygiène alimentaire. Et cette hygiène prend surtout de l'importance au moment de l'adolescence. La jeune fille deviendra une jeune femme, elle sera soumise aux épreuves de la maternité et de l'allaitement; ce sera pour elle une joie, mais également une fonction; il faut la mettre en état de la remplir en lui donnant de la vigueur. Vous l'avez compris en lui préparant un excellent estomac dans lequel elle peut emmagasiner les aliments, c'est-à-dire la force qui peut produire le travail, mais croyez-vous d'abord que tout aliment est synonyme de force, que lorsque l'appétit est excellent et la faim apaisée, la nutrition est complète? En d'autres termes savons-nous manger, savons-nous nous nourrir? Tout ce que nous mangeons est-il digéré? Tout ce qui est digéré suffit-il à la réparation de notre organisme?

Ce sont là de grosses questions que je voudrais traiter avec vous en les dépouillant de leur caractère scientifique.

Le bon sens semble vous indiquer que lorsque nous avons satisfait notre faim, nous avons réparé;

que dès lors nous sommes nourris. Ce serait là à la fois une grave erreur et un danger imminent. Voulez-vous des exemples : prenez des pommes de terre, vous pouvez en faire votre repas tout entier, vous calmerez votre faim, vous ne serez pas nourri; prenez exclusivement de la viande qui est assurément un aliment très fortifiant, et faites, pendant un certain temps, un usage exclusif de la viande, vous finirez par dépérir; remplacez la viande par des purées de légumes secs (pois, lentilles, haricots) et continuez ces légumes secs, vous arrivez au même résultat. Vous pourrez le retarder pendant longtemps si vous ne vous livrez à aucun exercice, à aucun travail; mais si vous faites une dépense quelconque de forces, une alimentation exclusive constituera un budget de recettes défectueux.

Et vous allez le comprendre. Je choisirai une comparaison vulgaire qui rendra bien ma pensée. Vous avez une machine qui renferme un certain nombre de rouages; vous êtes obligée de l'entretenir, de réparer des pièces, d'en consolider d'autres pour qu'elle puisse marcher, vous brûlez dans cette machine du charbon pour qu'elle puisse fonctionner et produire du travail. Il en est de même pour la machine humaine; elle est formée d'une charpente qui renferme des organes : cette charpente et ces organes qui forment ses rouages sont soumis à une usure, ils doivent être réparés et consolidés, il faut leur donner des aliments de réparation et l'aliment de réparation, c'est l'albumine de la viande, du poisson, du lait, des œufs, des légumes. Cette machine humaine brûle également du combustible pour produire du travail, travail intellectuel et travail physique; il lui faut du charbon, il lui faut donc des aliments de calorification, c'est-à-dire des aliments qui fournissent de la chaleur et vous les trouvez dans les fécules des légumes secs (lentilles, pois, haricots), dans les pommes de terre, le macaroni, le riz, les sucres, enfin dans les graisses qu'on rencontre dans la viande, dans l'œuf, dans le fromage et dans toute votre cuisine que vous faites au beurre.

Si un de ces aliments manque, la machine se trouve atteinte, l'équilibre est rompu, les dépenses risquent d'être plus fortes que les recettes, et leur augmentation entraîne un déficit, c'est-à-dire le dépérissement.

Voilà pourquoi vous ne pouvez pas prendre une nourriture uniforme. Il vous faut une nourriture variée, ce que nous appelons une nourriture mixte. Et vos menus devront toujours être ainsi composés : 1° viande de boucherie ou gibier, ou poisson, 2° légumes secs féculents, sucre, fromage, beurre. Vous pourrez varier à l'infini. Si vous mangez insuffisamment de la viande vous pourrez la remplacer par l'albumine des œufs ou des légumes secs; si vous le préférez, vous pouvez manger du poisson avec du gibier; mais il vous est interdit sous peine de déchéance de vous soustraire à ce régime mixte.

Je sais bien que vous me ferez une objection. Vous me direz : et ceux qui suivent un régime de lait, et les ordres religieux qui ne mangent que des légumes?

D'abord ceux qui ne prennent que du lait sont des malades; ils ne dépensent pas de force, et ce régime ne peut être que temporaire; s'il se prolongeait, il deviendrait dangereux.

Quant aux ordres religieux : vous dites qu'ils ne prennent que des légumes, mais ils prennent du lait, des légumes secs, des œufs dans lesquels ils trouvent l'albumine de la viande; ils sont nourris.

Vous avez voulu, madame, arriver ainsi à la question du carême. Je ne vous dirai pas que le carême est excellent, mais c'est une pénitence, et cette pénitence ne compromet nullement la santé. Je ne prétends pas qu'au bout de quarante jours, vous ne vous sentiez pas un peu fatiguée; mais vous avez mangé du poisson, du lait, des œufs, des légumes secs, du fromage. Je ne reproche à ce régime qu'une certaine monotonie, mais il renferme exactement tous les principes nutritifs que je vous ai recommandés.

Vous voudriez savoir si on peut manger, digérer et surtout profiter comme vous dites, sans avoir faim. Je réponds oui sans hésiter. La faim n'est qu'une sensation : si cette sensation manque, l'estomac et l'intestin n'en continuent pas moins leurs fonctions. Et voyez d'ailleurs comme la nature a été prévoyante. Si votre estomac n'a pas accompli complètement sa besogne, soit parce qu'il a été paresseux, soit parce qu'on lui a imposé une trop lourde tâche par une alimentation excessive, il a tout près de lui un collaborateur, un auxiliaire, l'intestin, qui reçoit de l'estomac ce que celui-ci n'a pas voulu prendre, qui se met vaillamment à l'œuvre et qui achève la digestion des aliments pour son voisin.

Mais vous voilà rêveuse, vous êtes si prévoyante que mes explications vous paraissent renfermer une lacune; je vous ai indiqué comment nous devons manger, et vous, femme pleine de prudence, vous dites : comment pourrai-je bien digérer ce que j'ai mangé? et vous voulez savoir qu'elles sont les conditions d'une bonne digestion, vous avez raison. La digestion est parfois mauvaise, pénible, laborieuse parce que nous ne savons pas manger.

Il y a trois conditions; 1° bien mâcher, 2° bien préparer et bien choisir ses aliments, 3° avoir des repas réguliers.

Bien mâcher, oh! ce n'est pas facile à obtenir surtout de la part de nos enfants qui mangent parfois avec précipitation, et disons le mot, qui vous paraitra un peu vulgaire, avec gloutonnerie; ils avalent des morceaux entiers qui se succèdent avec rapidité, qui ne sont pas humectés par la salive, qui offrent de la résistance et qui restant longtemps intacts provoquent un encombrement dans l'estomac.

L'estomac n'est pas satisfait, il fait bien mouvoir toutes ses glandes pour en exprimer le suc gastrique; mais il n'a pas de réserves suffisantes, et il ne peut remplir, à lui seul, la tâche des dents et de la salive; vous sentez alors un poids parce que les opérations de la digestibilité se trouvent retardées; l'estomac à son tour se débarrassera sur l'intestin qui trouvera aussi la lutte trop ardue, et il pourra se produire ce fait : ou que, par leur collaboration, l'estomac et l'intestin achèveront plus tardivement leur œuvre, ce qui vous causera quelques petits troubles, ou que l'intestin laissera partir ce qu'il n'aura pu absorber, et vous aurez ainsi perdu le bénéfice de certaines matières nutritives. Vous aurez peut-être beaucoup mangé, mais vous n'aurez pas tout absorbé : voilà ce que peut produire le vice de la mastication. C'est grave, comme vous le voyez, et trop de mères n'y prêtent pas une attention suffisante; il faut tempérer cette ardeur; faites donc parler les enfants pendant les repas, c'est la meilleure manière de calmer leur précipitation et par suite de les faire mâcher; il est vrai que lorsqu'ils parlent à table, surtout quand ils n'ont qu'une douzaine d'années, on trouve qu'ils sont mal élevés, et on leur impose silence. Passe encore quand c'est un diner de gala, mais dans l'intimité ou lorsque nous avons seulement quelques amis à diner, nous pouvons bien les laisser parler un peu afin de les laisser souffler.

Je vous ai dit en second lieu qu'il fallait bien préparer et bien choisir ses aliments. Je ne vais pas vous établir ici deux catégories : les aliments lourds, les aliments légers. C'est la cuisine mondaine qui a inventé ces distinctions. La cuisine médicale prétend qu'il peut y avoir des aptitudes individuelles spéciales, mais que ce n'est pas en général la qualité des aliments qui peut être mise en cause pour les retards de la digestion. Ainsi un morceau de viande peut être plus long à digérer qu'un morceau de homard.

Voilà vos doctrines un peu bouleversées, madame, et ce que je vous dis est rigoureusement exact. D'abord, vous prenez en général un morceau de viande plus gros qu'un morceau de homard et, dans cette viande, il y a souvent, sinon toujours, des matières inattaquables par le suc gastrique qui entourent la chair musculaire, comme les tendons et les aponévroses. Eh bien ! ce morceau de viande est plus difficilement attaqué que la rondelle de homard.

Voilà pourquoi je laisse de côté les aliments lourds et légers et voilà pourquoi je dis qu'au point de vue de la facilité de digestion, tout se réduit surtout à une question de préparation et à une question de quantité. Ainsi une viande bien dépouillée de ses peaux, de ses nerfs, — je prends vos expressions, — des légumes comme les pois, les haricots, les lentilles, décortiqués, c'est-à-dire affranchis de leurs enveloppes, seront facilement attaqués par les sucs digestifs et seront facilement absorbés; on ne demandera pas ainsi à l'estomac, à l'intestin, un effort trop considérable; on ne forcera pas les sucs à opérer ce véritable travail de pénétration à travers les peaux de la viande et les enveloppes des légumes, c'est-à-dire un effort qui peut être stérile ou qui peut amener un retard dans l'absorption des matières alimentaires. J'ajoute encore que pour favoriser la digestibilité des aliments, il faudra faire un usage modéré des graisses, car les graisses ne subissent pas de transformations dans l'estomac; elles sont là comme dans un vestibule d'attente, jusqu'à ce que l'intestin les prenne pour les absorber. Si elles encombrent le vestibule, elles gênent le travail stomacal; et le véritable régime consiste dans des viandes ou leurs similaires (poisson, œufs, lait, etc.), additionnés de fécules et de sucres et enfin de graisses en quantité modérée.

Quant à la richesse de l'alimentation, elle est essentiellement variable; elle dépend de notre genre d'existence, de nos habitudes, de l'exercice, de la somme de travail que nous devons fournir; il en est de même de sa composition qui peut se modifier suivant la température; par le froid, on prendra plus d'aliments gras, d'abord parce qu'on peut plus facilement les digérer, ensuite parce qu'ils nous fourniront de la chaleur et nous garantiront contre l'impression du froid; par la chaleur au contraire, il s'agit de modérer nos combustions intérieures; nous serons donc plus réservés sur les graisses et nous préférerons les légumes verts. Ce qui nous permettra de mieux résister à la température.

J'arrive à la question de la régularité des repas. Il faut pour qu'une nouvelle digestion commence, que la précédente soit accomplie. La durée de la digestion varie entre cinq, six et huit heures, elle est plus ralentie ou elle est plus accélérée suivant le plus ou moins d'exercice et aussi suivant le plus ou moins d'aliments, suivant la température et enfin suivant l'âge.

Les adolescents et les adultes qui prennent un premier déjeuner, puis le second déjeuner, ne peuvent pas attendre le diner sans faire une collation. Quelles que soient les heures que vous choisissiez pour vos repas et qui sont nécessairement soumises à vos aptitudes digestives, à vos habitudes et aussi à votre profession, vous devez adopter toujours les mêmes heures, si vous ne voulez pas ressentir des troubles et compromettre les résultats des diverses digestions.

Je vous ai parlé de nos aliments, laissez-moi, madame, vous dire un mot de nos boissons. Nous avons une grande quantité d'eau dans nos tissus que nous perdons de diverses façons, notamment par la respiration et la transpiration ; nous sommes obligés de restituer cette eau à notre organisme, et nous la trouvons dans la plupart de nos aliments qui en contiennent de notables quantités ; mais nous sommes obligés de compléter cette ration insuffisante par les boissons.

Les boissons jouent un double rôle : elles restituent l'eau que nous avons perdue, elles aident à la digestion en inbibant les aliments et en facilitant leur introduction dans l'organisme ; la boisson la plus commune est l'eau rougie bien préférable au vin pur qui est parfois difficilement supporté. L'excès de liquide a un double inconvénient, il risque de troubler l'action des sucs digestifs et d'entraîner trop rapidement comme un torrent des matières nutritives qui auraient pu être utilisées, ce qui provoque une déperdition de la matière alimentaire et une diminution de gain.

La bière a des qualités nourrissantes par sa constitution et engraissantes par la facilité avec laquelle elle incorpore les graisses dans nos tissus; mais elle ne peut être continuée très longtemps sans amener une dépression des forces parce qu'elle diminue notre besoin de réparation et par suite notre ration alimentaire d'entretien; elle doit être suspendue puis reprise.

Le café est assurément la meilleure des boissons parce qu'il excite favorablement le cerveau et donne de la vigueur aux muscles; il produit au début une insomnie qui cesse à un moment donné, par l'usage; il n'est pas toléré par tous les tempéraments et notamment par les nerveux, chez lesquels il produit des palpitations de cœur et des troubles nerveux.

Le thé est stimulant, il est excellent comme boisson pendant les repas; il agit favorablement comme boisson chaude pour terminer une digestion laborieuse.

On a abusé et on abuse encore des eaux gazeuses. Ce goût piquant nous est agréable et au début elles excitent l'appétit; les estomacs solides pourront les supporter, mais ce sont en général les estomacs paresseux qui les recherchent, et elles deviennent promptement pour eux une véritable mystification. Après avoir produit une impression favorable, elles finissent par rendre inerte l'estomac déjà distendu par des gaz, en apportant leur contingent de gaz acide carbonique, et la sagesse impose leur suppression.

Je vous ai entretenue rapidement, madame, de

l'hygiène alimentaire, je ne vous ai donné là qu'une esquisse incomplète, une indication dont vous pourrez profiter; j'ai voulu vous en montrer l'importance au point de vue de l'entretien de la santé. Vous avez assurément compris qu'en suivant une méthode rationnelle, qu'en établissant un équilibre constant des forces, vous vous placiez dans les meilleures conditions pour résister à la maladie, pour en diminuer la gravité et en affaiblir les atteintes, pour retrouver plus facilement, dans la convalescence, les forces diminuées. Le champ était vaste, je risquais en le parcourant de dénaturer le caractère de ces causeries. J'ai voulu vous donner seulement quelques conseils que vous pourrez utiliser dans la direction de votre ménage.

LA PREMIÈRE SOIRÉE

La maison était tout en l'air, ce jour-là; on avait supprimé les leçons et la promenade; mademoiselle devait aller le soir à son premier bal. Les couturières achevaient une jolie robe rose qu'on devait essayer dans l'aprés-midi pour y faire ensuite les retouches nécessaires, le corsage était montant et formait châle en laissant entrevoir un petit triangle de la peau de la poitrine.

Comme la jeune fille tenait à ce petit triangle! elle pensait que plus tard elle aurait un petit carré, jusqu'au jour où elle pourrait montrer sa gorge, ses épaules et ses bras nus.

C'est maman qui était heureuse, elle avait un corsage bien décolleté avec deux simples épaulettes qui lui servaient de manches; un demi-buste nu.

L'hiver était très rigoureux, la bise soufflait, une neige épaisse couvrait les trottoirs et les pavés.

On avait commencé la toilette à huit heures du

soir, on avait passé des mains du coiffeur aux mains de la couturière. On avait mis un peu de poudre jaune dans les cheveux, et de la poudre blanche sur la figure et sur les épaules nues. J'arrivai à dix heures et demie pour chercher ces dames, car je m'étais promis d'assister au début de la jeune fille dans le monde.

J'avais revêtu l'insipide habit et le gilet largement ouvert dans lesquels on grelotte, et j'attendais au salon l'entrée de ces dames. A onze heures moins le quart, la jeune fille apparut; elle était ravissante, avec sa robe rose, ses souliers de satin rose et sa petite frange follette sur le front; la maman avait mis plus de temps à sa toilette, elle vint un quart d'heure après toute fière de montrer ses bras et ses épaules admirables.

— Voilà une toilette que vous ne porteriez pas par trente degrés de chaleur, hasardai-je, mais nous avons quatre degrés au-dessous de zéro, et c'est la toilette de saison.

Vous me répondîtes aigrement :

— Mais n'est-ce pas la toilette de bal? Allez-vous dire qu'il ne faut plus se décolleter?

— Je m'en garderais bien, je n'essaierai pas de lutter contre une institution qui a la consécration de plusieurs siècles; mais je ne cesserai d'admirer notre inconséquence ou, si vous préférez, l'inconséquence de nos habitudes.

» Dans la journée, en hiver, nous nous habillons chaudement, nous redoutons si fort de gagner un refroidissement que nous ne nous contentons pas d'un vêtement montant, mais que nous nous garantissons encore avec un paletot; à chaque changement de température, que ce soit en été, que ce soit en hiver, nous changeons de vêtement suivant le temps qu'il fait; mais lorsqu'il s'agit d'une soirée ou d'un bal, nous nous décolletons, qu'il y ait dix degrés au-dessus de zéro ou qu'il y ait cinq degrés au-dessous. »

Vous avez répondu, madame, très sèchement par une phrase qui n'admettait pas de réplique; je n'eus garde d'insister.

Les femmes sont courageuses, elles s'exposent aux maux de gorge, aux laryngites, aux fluxions de poitrine et aux rhumatismes; personne au monde ne saurait les en empêcher, et l'usage de la robe décolletée continuera à traverser les âges; d'ailleurs, si dans la soirée la plus modeste vous vous croyez astreinte à porter la robe décolletée, dans les soirées officielles elle est obligatoire : une robe montante serait une mise négligée, et cette intolérance va si loin que vous n'imposez pas cette mode seulement aux jeunes femmes qui sont plus résistantes, mais que vous l'exigez encore des femmes qui ont dépassé un certain âge; elles peuvent s'y soustraire, dira-t-on, en refusant les invitations; c'est une erreur; elles sont obligées souvent par la situation de leur mari de se soumettre à ces exigences; elles courent un risque; mais elles doivent être l'esclave de l'étiquette et de leur devoir.

Je ne songeai donc pas à récriminer, madame, mais à vous admirer. Je vous recommandai seulement d'emporter pour vous et pour votre fille des vêtements bien chauds afin de vous couvrir en sortant du salon; j'obtins même une concession, c'est que vous auriez une petite mantille que vous mettriez sur vos épaules au cas où vous sentiriez le froid.

Car vous le savez vous-même, ces salons si brillamment illuminés qui ressemblent à un éden sont particulièrement malsains. Vous avez d'abord la chaleur de la cheminée, la chaleur des lumières, la chaleur des invités, le parfum des fleurs; vous vous trouvez dans un air vicié par les produits de la combustion, par la respiration des personnes et aussi par la respiration des fleurs. Vous êtes dans un air confiné et dans un air surchauffé; on ouvre brusquement les fenêtres pour le renouveler, il gèle dehors, le froid vous prend dans les épaules, car vous avez transpiré. C'est demi-mal, dites-vous, pour les danseurs et danseuses qui vont se donner du mouvement.

Mais vous savez bien, madame, qu'on ne danse plus aujourd'hui; on marche : vous marchez dans le quadrille, vous marchez dans la polka, vous glissez dans la valse. La danse, qui était autrefois excellente, est actuellement à peine un exercice.

Mais je conviens qu'il faut vivre avec les inconvénients du décolletage et du bal et qu'il y a seulement quelques précautions à prendre.

Votre fille avait dansé avec beaucoup de grâce,

mais elle avait eu très chaud dans le salon, et je lui conseillai de se reposer avant de sortir pour ne pas éprouver la sensation trop brusque du froid.

Vous m'avez entrepris pendant ce temps d'arrêt, sur la poudre de riz et sur les fards. Vous m'aviez montré en face de vous une femme qui avait dépassé le temps où on peut plaire, mais qui n'avait pas abandonné l'illusion — d'autant plus tenace qu'on avance plus en âge — qu'on peut substituer les ressources de l'art aux flétrissures de la nature; elle avait du noir sur les sourcils, du noir sur les cils, du blanc sur les joues, du rouge sur les lèvres; c'était une véritable palette; elle avait même poussé le regret de sa jeunesse passée jusqu'à dessiner sur ses épaules de petites raies bleues qui indiquaient le réseau des veines. C'était un objet de peinture complet; vous m'avez demandé si cet étrange vernissage n'offrait pas de dangers, et je vous mis en garde contre ces fards qui renferment des poisons dangereux comme le mercure, le plomb et l'arsenic.

Vous étiez arrivée à la poudre de riz en me faisant remarquer une fort jolie personne que j'avais vue déjà à son entrée dans le salon; elle avait alors une couche blanche de poudre de riz sur la figure, et comme nous étions arrivés à la fin de la soirée, cette couche blanche s'était morcelée, divisée en petits îlots, elle avait des plaques qui l'enlaidissaient singulièrement.

Je commençai par vous faire une profession de foi très nette : Les femmes, vous dis-je, s'enfarinent en général pour être plus belles, pour avoir la peau plus blanche, pour dissimuler quelques boutons imperceptibles et aussi pour plaire aux hommes ; mais si elles savaient combien elles seraient plus belles et plus séduisantes, combien elles plairaient plus en laissant à leur teint tout son éclat et toute sa fraîcheur, elles renonceraient à une pratique déplorable. Remarquez que je ne proscris pas l'emploi de la poudre de riz quand elle n'est pas composée de produits malsains ; elle est utile pour sécher la peau, pour lui donner un certain velouté, mais à la condition qu'elle soit enlevée soigneusement. Les masques de pierrot que nous voyons trop souvent dans les soirées ont un inconvénient, c'est qu'ils bouchent tous les pores de la peau, entravent sa respiration (car la peau respire) et risquent de la flétrir rapidement.

Croyez-moi, madame, n'habituez pas votre fille à l'usage de ces poudres dont on abuse. J'ai vu que vous lui avez mis ce soir de la poudre blonde sur les cheveux. Vous avez eu tort. Cette pratique renouvelée finirait par dessécher ses cheveux et par leur ôter tout leur luisant et tout leur éclat.

La soirée se terminait par un cotillon ; il était tard, tous les invités revenaient de la salle du souper dans les salons. La chaleur avait fait disparaître sur les visages des femmes tout le fard et la poudre de riz, ce qui nous réservait quelques découvertes ; les femme jolies étaient encore plus jolies et les femmes laides n'étaient pas plus laides, elles apparaissaient toutes comme la nature les avait faites, et, quelle que soit votre opinion, la nature triomphera toujours de ces artifices qui hâtent plutôt qu'ils ne reculent l'heure de la déchéance.

LE CHOIX D'UN MARI

Vous songiez à marier votre fille, madame, elle avait dix-neuf ans; elle était jolie et elle avait une dot, double avantage pour faire un mariage excellent. Je crois bien que plusieurs jeunes gens se disputaient sa main, vous ne me l'avez pas dit, mais je l'ai soupçonné à certaines visites. Vous aviez de vives appréhensions et une certaine tristesse. Il vous coûtait de vous séparer d'une fille que vous aviez élevée avec tant de sollicitude, que vous aviez tant aimée et que vous aimiez tant. Votre jalousie reprenait tout son empire. Vous saviez bien cette fois que votre futur gendre vous enlèverait une partie de l'affection de votre enfant bien-aimée. Vous envisagiez ce mariage comme une séparation cruelle, mais aussi comme une nécessité inéluctable. Votre fille n'avait jamais parlé avec vous de cette heure décisive dans sa vie, elle était heureuse dans son intérieur, vous l'aviez gâtée, et elle ne songeait pas à un changement d'existence;

mais vous qui aviez le désintéressement de beaucoup de mères et qui ne songiez qu'au bonheur de votre enfant, vous n'aviez pu oublier qu'elle arrivait à l'âge où elle doit devenir une femme. Vous n'aviez surpris chez elle aucun penchant, aucune affection, vous aviez évité de lui parler des projets d'avenir; elle avait dans le cœur une virginité d'impressions et une naïveté de sentiments qui vous faisaient sans cesse reculer le jour où vous lui parleriez d'une existence nouvelle. Vous aviez d'ailleurs voulu auparavant me consulter; n'avais-je pas été le confident depuis plus de vingt ans de vos joies et de vos inquiétudes, n'avais-je pas vu naître et grandir cette enfant à laquelle je m'étais attaché comme à mon propre enfant; n'avais-je pas entendu son premier cri et recueilli avec vous son premier sourire; ne l'avais-je pas vue bébé, enfant, jeune fille; n'avais-je pas assisté à l'éclosion de ses premières pensées et à sa première entrée dans le monde?

Je vous remerciai de la confiance que vous aviez mise en moi, mais je vis avec quelle peine vous vous décidiez à aborder la question. Les pensées venaient en foule obséder votre esprit : vous ne saviez pas par où commencer, vous leviez les yeux au ciel et vous abordiez tous les sujets, sauf le véritable; votre conversation suivait des chemins détournés où vous essayiez de m'attirer, espérant que je finirais par deviner votre pensée et par vous poser des questions qui rendraient plus facile l'aveu que vous vouliez me faire. Mais j'hésitais à mon tour, je n'osais m'engager dans une voie qui pouvait ne pas être la bonne, je voulais éviter de vous froisser; et puis vous pouvez bien le dire, si vous vous égariez dans des théories un peu vagues sur le mariage, c'est que vous vouliez gagner du temps, et pendant que vous parliez ainsi, vous livrant aux fantaisies de votre imagination, vous vous demandiez si vous alliez me faire votre confidence; vous craigniez que je ne vinsse à soulever quelques objections invincibles contre vos projets. Mais il s'agissait de l'avenir de votre fille, et votre amour maternel l'emporta sur vos convenances personnelles. Vous aviez pris le parti de tout me dire; vous m'aviez parlé du mariage tout d'abord, puis vous vous étiez rapprochée du but en me parlant du mari en général.

— Allons, madame, vous dis-je, vous avez un projet, vous n'osez pas me le dire.

— Je n'en ai pas un seul, j'en ai plusieurs malheureusement, et c'est ce qui m'embarrasse. Je vois trois excellents partis pour la chère enfant, mais j'ai des scrupules, je suis hésitante.

Je vous devinai, madame; j'avais cru remarquer l'accueil que vous faisiez à un jeune homme qui n'était plus un homme très jeune, du moins pour le mariage, car il frisait la quarantaine; il était beau garçon, il paraissait vigoureux, il était riche, je crois même qu'il avait un titre, ce qui flattait votre vanité : il était comte. Mais votre fille n'avait que dix-neuf ans, et il me semble bien qu'il en avait trente-huit, c'est-à-dire dix-neuf ans de plus qu'elle, le double de son âge; vous sentiez que l'écart était considérable, et vous aviez pris soin aussitôt de me citer plusieurs de vos amies dont les maris avaient dix-neuf ans de plus que leur femme. Il est vrai que quelques-uns de ces mariages n'avaient pas très bien tourné : vous vouliez connaître mon sentiment parce que vous saviez que j'avais un peu plus que vous l'expérience de la vie.

J'approuvai l'idée de marier votre fille; je crois en effet qu'une jeune fille peut se marier à partir de dix-sept ans : je ne parle pas ici de l'âge légal, mais de l'âge hygiénique; mais j'avais une idée assez arrêtée sur l'âge du mari, et je vous déclarai nettement qu'à mon avis, le mari ne devait pas avoir au delà de onze ou douze ans de plus que la femme. Je vous développai mon opinion; vous ne cherchiez pas à marier votre fille pour la marier, comme on le fait trop souvent aujourd'hui, vous ne cherchiez pas non plus à prendre au hasard un numéro à cette loterie, vous ne vouliez pas davantage vous préoccuper exclusivement de la question d'argent et traiter le mariage comme une affaire; vous teniez à avoir un gendre qui serait un brave homme, qui rendrait votre fille heureuse; l'écart des âges me parut trop considérable. Songez que votre fille sera dans tout l'épanouissement de la jeunesse, qu'elle voudra aller dans le monde et au théâtre, mener une vie un peu active, prendre les plaisirs qu'elle n'a pas connus, tout cela avant de s'attacher plus exclusivement aux devoirs qu'elle connaîtra plus tard. Ne craignez-vous pas qu'un mari de trente-huit ans qui doit être nécessairement un peu blasé ne réponde pas à ses désirs? Je vous le dis avec tristesse : si les jeunes filles se marient toujours pour goûter en somme une vie nouvelle qui leur apparait, dans leurs rêves, remuante, un peu agitée et toute remplie de plaisirs, les hommes un peu âgés se marient trop souvent pour se reposer des fatigues d'une jeunesse trop bruyante et trop surmenée.

L'écart trop grand des âges explique la divergence des goûts et des habitudes. Madame voudra aller en soirée, monsieur sera fatigué et voudra se coucher de bonne heure parce qu'il n'a plus l'emportement des jeunes années. Je fis à ce propos une comparaison qui vous choqua, mais qui rendait bien ma pensée; je vous dis : « Il faut que dans un attelage les chevaux soient bien appareillés, sinon l'attelage ira mal; il en est de même du mariage. »

Je vis que vous étiez contrariée, mais vous aviez passé à un autre candidat, il s'agissait d'un cousin germain; je vous fis mes objections, je vous citai les exemples de parents trop rapprochés qui se mariaient entre eux et dont les enfants étaient malingres, idiots, sourds et rachitiques. Vous étiez trop mère pour insister. Vous avez abandonné le cousin.

Vous étiez restée pensive pendant quelques instants et après un silence vous avez repris : « Une jeune fille ne peut donc pas épouser un mari trop âgé pour elle, elle ne peut épouser son cousin germain; quels sont ceux encore qu'elle ne doit pas épouser? »

Elle ne peut épouser, madame, un homme dont les parents directs ont une maladie héréditaire comme le cancer, la phtisie, la folie; je ferais quelques réserves en faveur de l'épilepsie, mais vous comprenez bien vous-même les conséquences terribles d'un mariage accompli dans ces conditions; non seulement la femme peut en être la victime, mais les enfants, s'ils ne sont pas fatalement voués à recueillir ce triste héritage d'une maladie meurtrière, sont singulièrement exposés.

Je ne vous conseillerais pas davantage de donner votre fille à un homme qui aurait une maladie de cœur; non pas que la santé de la femme ou des enfants dût en souffrir, mais parce que le mari pourrait être enlevé plus ou moins rapidement à l'amour du foyer domestique.

Je vois bien la réponse qui se présente immédiatement à vos lèvres; vous allez me dire qu'il est bien difficile de savoir la vérité, que le mariage est livré alors à toutes les incertitudes et à tous les hasards, qu'il devient par cela même une aventure, et vous avez poussé ce cri du cœur : « Vous savez bien, mon ami, comment les mariages se font aujourd'hui; les jeunes filles se marient difficilement dans notre fin de siècle que vous appelez, je crois, utilitaire; il faut d'abord que la jeune fille ait une dot, car on ne l'épouse plus guère pour sa beauté, et puis, — j'aurais dû commencer par là, — on ne trouve pas aisément de mari parce que nos jeunes gens ne veulent plus se ma... er ou ne veulent se marier que tard, lorsqu'ils ne sont plus bons à rien; et alors on vous en signale un qui n'est pas trop mal, vous le prenez, oh! je vous l'avoue, un peu à l'aveuglette; il nous était inconnu la veille, huit jours après, nous le recevons à notre table, quinze jours après il est fiancé, et ils se marient trop souvent tous les deux sans se connaître. Croyez-vous qu'on puisse avoir l'historique de l'existence de l'homme auquel vous donnez ce que vous avez de plus cher au monde? Si encore on avait un casier médical comme on a un casier judiciaire; car enfin vous avez raison, il semble qu'il n'y ait que les questions d'argent, mais il y a encore les questions de santé!

— Vous vous exagérez singulièrement la situation, madame; il y a des malades, il n'y a pas que des malades, fort heureusement. L'immense majorité de nos jeunes gens est vigoureuse et bien portante, et quand vous paraissez croire qu'on ne peut, avant de se marier, se livrer à une enquête, vous vous trompez, vous le savez bien; quels sont les parents qui ne se sont pas entourés de tous les renseignements avant de marier leurs enfants?

» Vous vous rappelez vous-même que votre mère s'inquiéta de la santé des parents de votre mari; votre beau-père était mort, on demanda à quelle maladie il avait succombé; on se préoccupa aussi de la santé de vos beaux-frères et de votre belle-sœur, et on prit les informations les plus minutieuses sur la santé de votre mari par des amis, par des connaissances...

» Mais pas par son médecin, répondites-vous, c'est-à-dire par celui qui aurait pu exactement vous dire la vérité, car vous avez inventé le secret professionnel; passe encore le secret professionnel pour toutes nos maladies, mais quand il s'agit du mariage, est-ce qu'à ce moment le secret professionnel doit exister, est-ce que le médecin qu'on consulte, et qui sait que le mariage projeté peut avoir des conséquences funestes, doit se taire; est-ce qu'il ne devient pas complice des malheurs qui surviendront? Est-ce qu'il ne doit pas, dans l'intérêt de la santé publique, être là pour opposer son *veto*; est-ce qu'il n'a pas une mission sacrée à remplir? Je sais bien ce que vous allez me répondre, car vous autres médecins vous poussez le respect du secret professionnel jusqu'à laisser commettre ce que j'appellerai un assassinat : vous direz que vous êtes en règle avec la société? Ne vous est-il pas arrivé en certaines circonstances d'être le médecin de deux familles qui devaient s'allier? Vous aviez soigné le jeune homme qui n'était pas, par ses antécédents, en situation de se marier; vous aviez recueilli ses confidences : et vous n'avez pas empêché le mariage. Il vous suffisait de dire un mot pour le rompre, vous ne l'avez pas dit. Est-ce moral? est-ce humain? Je sais bien que vous avez dû multiplier vos efforts pour dissuader le jeune homme, que vous avez dû faire appel aux sentiments d'honnêteté de sa famille? mais il s'agissait du bonheur de leur enfant; ils trouvaient vos scrupules exagérés. Vous avez échoué dans votre tâche. Le secret professionnel a triomphé, le mariage s'est consommé et vous savez ce qui est arrivé.

Je ne pouvais vous suivre sur ce terrain, madame; vous auriez été vous-même la première à vous plaindre d'une violation du secret professionnel; vous auriez pensé que le médecin aurait commis une trahison s'il avait fait la confidence de vos petites misères à des étrangers. Je conviens que le rôle du médecin n'existe guère dans l'enquête que les familles poursuivent lorsqu'il s'ag'' de marier leurs enfants. Nous n'avons pas pour les maris comme pour les conscrits un conseil de revision; et vous ne pourriez me charger d'aller ausculter, percuter et interroger votre futur gendre. Vous êtes obligée de vous fier à vos renseignements et à l'honnêteté, et vos renseignements sont presque toujours très complets et l'honnêteté n'a pas encore été chassée de ce monde. J'admets avec vous qu'il vaut mieux marier nos enfants dans le monde de nos relations personnelles et ne pas les exposer à connaître leur mari plusieurs mois après le mariage.

Et cependant, madame, vous auriez tort de vous exagérer les conséquences d'un mariage improvisé. Il en existe beaucoup, et il y a beaucoup de ménages heureux. L'amour a suivi le mariage au lieu de le devancer, mais il n'y a pas seulement des mariages d'amour, il y a des mariages de raison ou de convenance, comme il y a des mariages d'argent. Vous ne pourrez pas changer la société; il faut la prendre avec ses qualités et avec ses imperfections.

La conversation que nous avons eue ensemble n'avait pas été inutile; elle avait eu l'avantage de vous rendre plus prudente et plus attentive lorsqu'il s'est agi de marier votre fille.

Elle est aujourd'hui fiancée à un excellent garçon qui est un ami de votre famille, qui a vingt-huit ans, qui a une petite fortune et une situation brillante. Je vous en félicite

LE VOYAGE DE NOCE

Lorsque vous m'avez annoncé cette nouvelle, vous avez laissé échapper une larme, je crois bien que c'était une larme de joie et de tristesse à la fois. Vous étiez heureuse en pensant qu'elle serait heureuse, vous étiez attendrie en songeant qu'elle allait vous quitter. Vous avez mis dix-neuf ans à l'élever pour qu'elle appartînt à un autre qu'à vous. Votre futur gendre vous avait bien promis cependant qu'il ne vous abandonnerait pas, qu'il viendrait souvent vous voir avec sa femme, vous ne demandiez qu'à croire à ses promesses, et au fond vous y croyiez, et puis la réflexion vous venait, et vous ne vouliez plus y croire : il me promet tout aujourd'hui, il aura tout oublié demain.

Et puis cette séparation avait un prologue que vous considériez comme la préparation à une séparation définitive : c'était le voyage de noce.

Ah! ce fameux voyage de noce, il vous causait

mille inquiétudes, je souriais et vous répondiez avec vivacité : « Vous ne pouvez pas le comprendre, il n'y a que les mères qui peuvent comprendre; » mais vous essayiez de vous faire une raison : le voyage de noce est une tradition, c'est un usage, et vous alliez même jusqu'à dire : « C'est une question de convenance »; vous ajoutiez : « La pudeur de la jeune mariée est sauvegardée par le nombre de kilomètres qu'elle met entre elle, ses parents et ses amis. Quelle serait sa situation si elle revoyait le lendemain ceux qu'elle a vus la veille, si elle reprenait ses habitudes; la majesté du mariage et le respect des convenances y perdraient.» Mais le voyage de noce consommait la rupture.

Vous vous étiez résignée à cette nécessité; n'étiez-vous pas d'ailleurs l'esclave des traditions? Mais vous fûtes un peu surprise lorsque je me permis de vous dire mon avis sur le voyage de noce.

Je convins aisément que les jeunes mariés devaient chercher une retraite loin des regards de la foule, loin des parents et des amis, où ils pussent en repos faire leurs confidences, échanger leurs pensées, leurs impressions et leurs espérances. J'admettais fort bien qu'ils pouvaient aller s'installer dans quelque ville ou quelque campagne; mais ce voyage de noce tel qu'on l'entend n'est-il pas une sottise, un contresens, une de ces erreurs énormes qu'entretiennent les habitudes et les préjugés? Il ne s'agit pas, remarquez-le bien, d'aller habiter quelque coin ignoré où l'on pourra jouir de sa liberté et de cette vie commune si nouvelle; il s'agit de voyager, de multiplier les étapes, de courir de ville en ville, de passer des journées entières et peut-être des nuits en chemin de fer, de courir d'une auberge dans une autre où l'on est souvent mal couché, mal nourri et mal soigné, où l'on dort mal quand on dort; il faut faire son petit tour de France, ou son petit tour de Suisse, ou son voyage en Italie ou en Espagne et pratiquer consciencieusement le surmenage. Il y a pour les jeunes mariés un programme qu'il faut remplir pour ne pas se singulariser. C'est convenable, c'est de bon ton. Et quand on a mené cette vie errante, quand on a imposé à ses jambes les fatigues excessives des promenades, à son estomac les nourritures douteuses des hôtels, à son cerveau le sommeil agité, interrompu, dans les lits des hôtels, au milieu du bruit des allées et venues des voyageurs, on tombe malade parfois dans une petite localité où il n'y a qu'un mauvais médecin, on se préoccupe, on s'inquiète, on est si loin de chez soi! On est retenu huit jours à la chambre, on poursuit le voyage parce qu'il ne faut pas donner une mauvaise opinion de sa santé au mari; les fatigues nouvelles imposent une nouvelle station, et on revient bien vite pour se reposer des épreuves du voyage de noce. Mais les jeunes mariés ne sont pas tous malades; vous exagérez, me direz-vous; et moi je prétends que quand les jeunes mariés vont faire ce fameux voyage de noce, ils sont déjà dans de mauvaises conditions hygiéniques que vous aggravez encore par cette tournée obligatoire, par les fatigues, par la nourriture des hôtels, par les mauvais lits, par le chemin de fer.

Songez à ce qui se passe pendant les fiançailles. La jeune fille mène une existence agitée, absorbante; je ne parle pas de ses émotions, elle peut en avoir, elle en a certainement, et alors elle dort mal et se nourrit mal; elle a des cauchemars et elle a des troubles digestifs. Mais elle doit s'occuper, avec la mère, du trousseau, elle court les magasins, elle reste pendant des heures chez la couturière où elle doit essayer la robe blanche, la robe de voyage, la robe de la mairie, que sais-je encore? Elle doit assister à quelques dîners de famille, à quelques soirées, faire des visites aux parents et aux amis, présenter son fiancé. Ses fiançailles durent bien six semaines ou deux mois au plus; mais c'est surtout dans les derniers jours que les fatigues se multiplient; on est en retard avec la couturière, on a oublié de voir quelques amis, on doit penser aux objets du ménage, on reçoit des cadeaux et on fait des visites pour remercier, on est obligée de satisfaire certaines jalousies qui se produisent et d'accepter les dîners chez des amis froissés. Et puis, l'heure solennelle approche, la jeune fiancée a des nuits de plus en plus agitées, elle ne prend plus ses repas régulièrement parce qu'elle n'a pas faim ou parce qu'elle n'a pas le temps. On la trouve pâle, un peu amaigrie, les yeux fatigués; elle passe par les émotions de la soirée du contrat et par les troubles de la cérémonie à l'église; et c'est le soir de ce beau jour de fête qu'elle va prendre le train, voyager pendant dix heures pour échouer dans un hôtel, au nom des convenances, au nom de la pudeur, au nom de la tradition. Et à cette jeune fille qui va devenir une femme, qui a traversé déjà de grandes épreuves, vous offrez comme repos le voyage de noce.

Non, mille fois non, votre tradition n'est pas raisonnable. C'est une absurdité.

Vous êtes toute surprise, madame; c'est que j'ai assisté à beaucoup de mariages et que j'ai vu beaucoup de fiancées. Elles ont fait ce que nous faisons tous, elles sont parties en voyage et elles sont tombées malades en route, les unes avec des maux de gorge dans le courant d'air des chemins de fer, des gares et des couloirs d'hôtel, les autres avec des embarras gastriques, les autres avec des crises de nerfs et avec d'autres maladies que vous me permettrez de ne pas énumérer, car la liste en serait trop longue. Elles étaient malades moins par le fait du voyage de noce que parce qu'elles étaient déjà dans de mauvaises dispositions en partant, et je suppose que vous ne connaissez pas de fiancées qui ne soient pas fatiguées; elles étaient dès lors, par suite de cet affaiblissement, exposées à toutes les indispositions et à toutes les petites misères.

J'ai connu d'autres fiancées qui vous auraient bien scandalisé, madame, parce qu'elles n'avaient pas observé rigoureusement la tradition; elles s'absentaient, mais elles s'établissaient bien commodément dans une campagne aux environs de Paris quand c'était en été, dans une ville du Midi quand c'était en hiver. Elles passaient là leurs vingt ou trente jours. Elles s'y reposaient, elles suivaient une bonne hygiène, elles menaient une vie bien simple et bien bourgeoise, elles se portaient bien, elles pensaient que ces débuts en ménage avec leur mari accaparaient leur affection, occupaient suffisamment leurs loisirs et remplaçaient les curiosités des villes qu'elles auraient pu parcourir; elles s'imaginaient peut-être ingénument qu'elles pourraient faire plus tard ce voyage, dans de meilleures conditions, alors que les émotions et les fatigues se seraient éloignées, alors qu'elles auraient recouvré la plénitude de leur santé; c'étaient des sages. Mais je vous le répète, je ne songerais pas, madame, à donner ces conseils à votre fille. Ce voyage est pour elle la préface de sa nouvelle existence et comme le dernier terme d'une trilogie : la mairie, l'église, le voyage. C'est pour elle, elle le croit du moins, le repos, l'heure des épanchements intimes; elle pense que ces épanchements ne sont véritablement intimes que s'ils sont emportés au loin par la locomotive d'un train; elle a fait sa première étape à Bordeaux, elle veut aller encore plus loin, gagner Biarritz et Saint-Sébastien, car le bonheur n'est entier que lorsqu'il a passé la frontière. Je respecte ces illusions, je vous ai dit ce que je pensais comme j'ai l'habitude de vous dire tout ce que je pense. Je n'insiste pas.

Vous étiez rayonnante, madame, le jour où votre fille se rendit à l'église, elle était ravissante dans sa robe de mariée. L'église était pleine, les parents, les amis, les connaissances étaient venus en grand nombre. On vous félicitait, et dans cette heure de fierté et d'ivresse vous ne pensiez plus au lendemain. Ces quelques instants de joie ne paraissaient pas devoir finir. Vous étiez distraite par le défilé de ceux qui ne vous ménageaient ni les compliments ni les témoignages d'amitié.

Mais l'heure de la séparation était arrivée; j'étais là au moment du départ, je vous vis embrasser avec passion votre fille et contenir vos larmes. Votre gendre avait vu votre émotion et vous avait rassurée : « Nous vous écrirons, nous reviendrons bientôt. » Et lorsque la porte se referma, vous avez laissé échapper ces larmes qui vous étouffaient; j'essayai de vous consoler en vous promettant de venir vous voir : vous me fîtes un petit signe de reconnaissance, qui disait trop que je ne pourrais pas combler la place vide. Je revins le lendemain, vous aviez reçu une première dépêche excellente, semblable d'ailleurs à toutes les dépêches qui sont envoyées en pareille circonstance; la seconde était moins bonne, la jeune femme était très fatiguée, elle avait eu un embarras d'estomac, elle devait rester dans la ville où elle se trouvait, trois ou quatre jours de plus. Vous étiez inquiète, mais elle avait continué le voyage, vous étiez rassurée. Elle dut encore s'arrêter dans une autre ville, elle avait des malaises nerveux, elle vous écrivit qu'elle renonçait à poursuivre ses étapes, qu'elle se reposerait une dizaine de jours à Biarritz et qu'elle reviendrait ensuite. Elle remplit consciencieusement ce programme et elle revint terminer son voyage de noce, brusquement interrompu, dans votre campagne. Je la vis avec vous, elle nous fit le récit de son odyssée.

C'est elle qui fut sévère sur les oscillations énervantes des chemins de fer, sur les chambres d'hôtel, sur l'absence de confortable au moment même où on en aurait le plus besoin, sur les voyageurs qu'elle accusait de la regarder comme une bête curieuse, sur les domestiques qui ne vous soignaient pas quand vous étiez souffrante, sur les préoccupations qu'elle éprouvait de condamner son mari à faire l'office de garde-malade, sur les inquiétudes qu'elle ressentait à la pensée qu'il faudrait peut-être rester des semaines dans une ville où l'on ne connaissait personne! Son mari avait des préoccupations d'un autre genre. Il craignait qu'elle ne fût pas bien soignée, et l'isolement augmentait encore ses angoisses. L'air de la campagne, le repos, la joie de se retrouver auprès de vous apaisèrent ce système nerveux surexcité. Votre fille alla s'installer à Paris, tout près de vous : vous aviez gagné votre dernière bataille.

LE MÉNAGE

Je la vis, la jeune mariée, dans son ménage. Elle avait traversé les six mois d'une lune de miel pleine d'espérances. Son mari allait à ses affaires. Elle s'occupait du soin de son intérieur qu'elle avait organisé très coquettement, elle dirigeait la maison. « J'ai ma maison à diriger, » comme elle disait aux amies qui voulaient l'entraîner dans des promenades trop longues; et le fait est qu'elle la dirigeait réellement. Elle faisait tous les matins sa petite inspection, voyait si les chambres avaient été bien aérées, si les meubles avaient été bien secoués, bien battus, car elle était née sous le règne du microbe qui nous fait peut-être plus de mal aujourd'hui depuis que nous nous en occupons davantage, et elle savait que les miasmes, les poussières impures s'attachaient aux rideaux, aux meubles, aux tapis; elle avait appris l'hygiène, un peu de cuisine, et son professeur d'hygiène lui avait enseigné très complètement la manière de se nourrir; elle savait composer un menu, le varier : quand elle avait rempli ses devoirs de ménagère, elle faisait sa promenade habituelle, car on lui avait dit que la vie sédentaire était nuisible, qu'elle affaiblissait les muscles, ralentissait les digestions, ne nous aguerrissait pas contre les variations de température et nous exposait aux refroidissements; qu'elle était surtout pernicieuse chez les femmes qui, étant plus impressionnables et souvent nerveuses, devenaient hypocondriaques par l'inaction. Elle occupait son intelligence, dont on avait soigné particulièrement l'éducation, par des lectures intéressantes et solides; c'était pour elle comme une nécessité et un besoin; elle n'oubliait pas ses anciennes relations, elle s'en créait de nouvelles qui pouvaient être utiles à son mari, elle menait bien sa vie et la préparait aux devoirs prochains qu'elle pouvait être appelée à remplir.

Ce sont les femmes vigoureuses qui donnent des générations vigoureuses, elle le savait et elle ne négligeait rien pour pouvoir remplir utilement son rôle. Elle avait été bien élevée par sa mère, on ne l'avait pas dressée comme une poupée destinée à faire figure dans le monde; on ne lui avait pas appris seulement quelques arts d'agrément, on n'avait pas dirigé son goût exclusivement du côté de la coquetterie et des plaisirs. On ne lui avait pas persuadé qu'elle était destinée seulement à plaire et à ne rien faire; mais on lui avait enseigné ses devoirs de maîtresse de maison et son rôle de mère. On lui avait meublé son intelligence, et elle aimait les choses de l'esprit.

Vous le savez, madame, l'histoire que j'ai racontée dans ces pages est une histoire vraie; elle n'est pas l'histoire de toutes les mères, car toutes les mères n'ont pas eu votre sollicitude, elles n'ont pas été toutes absorbées, comme vous l'avez été, par les soucis de la santé et de l'éducation de leur enfant; mais elle est l'histoire exacte de leur ignorance et de leur inexpérience.

Les jeunes femmes de la fin du siècle nous donneront les femmes du siècle de demain. Je demande qu'elles nous donnent des filles comme la vôtre, des filles qu'on préparera à leur rôle d'épouse et à leur rôle de mère. Je ne veux certes pas qu'elles abdiquent une partie de leur personnalité, qu'elles soient exclusivement des mères sachant diriger et régler l'éducation de nos filles; je demande qu'elles soient véritablement des femmes.

Vous me comprenez, madame, car vous vous êtes pénétrée de votre mission; mais combien de femmes ne l'ont pas comprise comme vous; elles ont trop souvent cru et elles croient trop souvent qu'elles affirment une supériorité en donnant aux futilités la première place, en s'exerçant à plaire et à être admirées, en se mettant en vue dans les réunions et les fêtes mondaines, en composant un salon où elles montreront à un grand nombre d'imbéciles quelques hommes illustres. C'est un aveu d'impuissance qu'elles essaient de dissimuler sous des apparences brillantes; c'est l'infériorité d'une éducation incomplète qu'elles masquent par le tapage d'une existence décorative.

Mais la femme qui n'a pas été élevée seulement à la dignité d'une parure et d'un objet de luxe, la femme qui a été assez instruite pour devenir la compagne utile et au besoin la collaboratrice du mari, qui a développé son intelligence par une éducation solide, qui a su attirer à elle des amis par le charme de son esprit et par délicatesse de son cœur, qui a su se composer un salon dont elle était la véritable souveraine; la femme qui a su être le premier médecin et la première institutrice de son enfant, qui a su diriger ce grand ministère qu'on appelle le foyer domestique et jouer ce rôle si complexe d'épouse, de mère et de femme du monde, c'est cette femme-là qui affirme sa véritable supériorité, c'est elle qui nous donnera des femmes qui seront véritablement des femmes, exerçant une autorité solide et durable et reprenant dans la société une influence qu'elles ont à peu près perdue.

Cette femme, madame, vous nous l'avez donnée. C'est pour vous un honneur, ce sera pour les autres mères un exemple.

FIN

TABLE

Paris. — Charles Unsinger, imprimeur, 83, rue du Bac.

DERNIÈRES PUBLICATIONS

FORMAT GRAND IN-18 A 3 FR. 50 LE VOLUME

	vol.
EMILE AUGIER	
Théâtre complet	7
RENÉ BAZIN	
A l'Aventure	1
DUC DE BROGLIE	
Marie-Thérèse, impératrice	2
F. BRUNETIÈRE	
Nouvelles questions de critique	1
ÉDOUARD CADOL	
La Fiancée anonyme	1
ALEXANDRE DUMAS FILS	
Nouveaux Entr'actes	1
CH. EDMOND	
Jean Dhesp	1
H. DE LA FERRIÈRE	
Marguerite d'Angoulême	1
ANATOLE FRANCE	
La Vie littéraire	3
GABRIEL GÉRIN	
Au Pays des Étangs	1
GYP	
Monsieur Fred	1
LUDOVIC HALÉVY	
Notes et Souvenirs	1
HENRI HOUSSAYE	
Aspasie, Cléopâtre, Théodora	1
EUGÈNE LABICHE	
Théâtre complet	10
PIERRE LOTI	
Le Livre de la pitié et de la mort	1
J. DE PONTEVÈS-SABRAN	
Notes de voyage d'un hussard	1
J. RICARD	
Huguette	1
LÉON DE TINSEAU	
Plus fort que la haine	1

Paris. — Imprimerie A. DELAFOY, 3, rue Auber.

www.ingramcontent.com/pod-product-compliance
Ingram Content Group UK Ltd.
Pitfield, Milton Keynes, MK11 3LW, UK
UKHW020607230726
13926UKWH00005B/2258

9 782013 653442